희망하는 인간

전환의 길을 묻다

희망하는 인간 전환의 길을 묻다

Aspiring Sapience Pathways to Humanity

조인원 지음

경희대학교 출판문화원

펴내며

사유와 함께하는 삶. 그 삶의 여정은 필시 축복일 것이다. 이 땅 위에 하늘 아래 사유와 함께하는 삶, 생각의 무궁한 지평을 열어 가는 일은 인간의 특권이자 행운이다. 그 사유의 열린 세계에서 우리는 오늘을 살고 내일을 꿈꾼다. 인류가 이룬 '이 모든 것의 역사.' 그 인위의 세계는 현실의 피안, 희망의 미래를 펼치게 한 주된 동인이다. 그러나 인간사 본모습이 그렇듯, 사유세계의 이면엔 또 다른 삶의 국면이 있다. 고뇌와 번민, 심려와 절망. 떼려야 뗄 수 없는 원천의 인간 심리는 내면 의식의 전회와 승화 여부에 따라 긍·부정의 경계를 가른다.

'진화 또는 절멸' '지구 운명의 날 100초 전.'*

---

* 2021년, 세계원자과학자협회(Bulletin of the Atomic Scientists)는 '지구 운명의 날 시계(Doomsday Clock)'를 '23시 58분 20초'로 설정한다고 발표했다. 1947년부터 매년 인류의 위기와 붕괴 가능성을 알리는 분침을 설정해 왔다. 2020년, 사상 최초로 분침을 초침으로 변경했다. '자정 100초 전'이란 매우 이례적인 설정으로 인류사회가 처한 위기와 재앙의 긴급성을 '상징적'으로 담아냈다. 세계원자과학자협회 https://thebulletin.org.

전례 없는 문명사적 성취가 꽃피는 가운데 들려오는 메시지다. 오늘의 시간대를 규정하는 이 충격의 메시지는 오랜 기간 인류와 함께해 왔다. 예지의 힘으로, 예언의 힘으로, 믿음과 신앙의 세계에서 구전과 기록으로 전해졌다. 그러나 지난 반세기, 특히 수년 전부터 학계와 국제사회가 다급히 전하는 '실존적 위협(existential threats)'의 경고는 이 시대 우리가 맞닥뜨린 현실의 참모습이다.

인류가 그간 쌓아 온 힘과 이익의 역사. 배타적 경쟁과 패권의 역사는 성장과 팽창의 시대를 열어 왔다. 그러나 현대사회의 무모한 질주는 '가공할 첨단무기의 양산' '돌이킬 수 없는 기후 재앙과 환경파괴' '불평등 심화'란 어두운 그림자를 짙게 드리웠다. '여섯 번째 대멸종' '희망 아니면 굴복.' 절규와도 같은 국제사회의 목소리는 인류의 미래가 과연 얼마나 더 지속될지, 큰 충격과 우려로 다가선다.

이제 더 이상 잃어버릴 시간이 없다. 인류사회는 임박한 재앙과 붕괴의 가능성을 직면해야 한다. 의도하지 않은 파국을 헤쳐 갈 삶의 지혜, 실천 과제를 지체 없이 수행해야만 한다. 거대한 '전환적 노력'이 필요하다. 인간과 인간, 인간과 생명과 자연이 상생, 공존할 수 있는 세상의 미래를 여는 일은 이제 더 이상 피해 갈 수 없는 시대의 소명이다.

이 책에 수록된 많은 연설문의 기저엔 그런 문제의식이 자리했다. 아주 큰 전환의 시대를 맞아 학술·교육기관의 눈으로, 정치학과 미래학의 눈으로, 함께 살아가야 할 이 시대의 문제의식을 글과 말로 옮겼다. 때론 현실의 무게에 치여 갈피를 잡지 못했다. 좌고우면의 시간을 보내기도 했다. 이제 이를 뒤로해야 할 때다. 그것이 이 미흡한 연설문집을 지금 내는 이유다. 계층과 세대, 관념과 이념의 경계를 초월해 일상에 존재하는 '사유세계의 열린 공간' '실천의 가능성'을 함께 찾아 나서야 한다. 예견된 '초현실적 재앙'의 가능성은 균열의 현대사회를 결집하는 새로운 전기를 마련할 수 있을지 모른다.

이 책은 4개의 장으로 구성돼 있다. '전환의 길목에서' '배움의 여백' '연결과 모색' '미래를 깨우려면'에 수록된 연설문 순서엔 특별한 의미는 없다. 지난 10여 년 각종 행사와 자리에서 행한 연설을 독자와 함께 호흡했으면 하는 바람의 순서로 엮었다. 미흡하고 부족하다. 하지만 이 시대 인간과 문명, 자연과 사회, 미시와 거시 세계의 초연결성의 시대적 의미를 고민해 온 독자와 문제의식을 함께 나눴으면 한다.

우리의 현실 인식은 사회와 정치, 국제사회의 미래를 결정하게 될 추동인(推動因)이다. 인류는 지금 인간 활동과 개입이 지구 행성의 미래, 인류문명의 미래에 크나큰 영향력을 행사하는 '인류세(Anthropocene)'를 살고 있다. '진화 혹은 붕괴.' 시대에 주어진 화두인 역사의 분기(分岐)는 우리의 생각과 실천 여하에 달려 있다. 미래는 결국 우리의 선택이다.

그간 책 출간을 위해 힘써 주신 분들께 깊이 감사드린다.

이 책을 코로나 팬데믹으로 고통받는 모든 분과 인간의 가치, 시민의식, 초월, 전환적 미래에 관심을 기울여 온 '미래 시민'께 헌정한다.

목차

2 배움의 여백

3 연결과 모색

4 미래를 깨우려면

1

전환의 길목에서

전환의 시대:
현실, 진실, 학문의 길

신입생 여러분, 반갑습니다. 경희의 학문세계에서 배움의 길을 열게 된 것을 환영합니다. 자녀들의 입학식을 화상으로 보고 계신 학부모 여러분께도 감사와 환영의 마음을 전합니다.

신입생 여러분. 여러분이 대학에 첫걸음을 내딛는 이 시점은 특별한 의미를 갖습니다. 지금 우리는 '전환의 시대'를 맞이하고 있습니다. '4차 산업 시대'가 서막을 알렸습니다. 아직은 친숙하지 않은 '특이점(Singularity) 시대'에 관한 관심도 나날이 커져 갑니다. 인간의 사유 능력을 넘어선 인공지능의 자율세계가 그간 인류가 경험해 보지 못한 미래를 기약할 수 있다고 합니다.

그러나 미래학자들은 경고합니다. '전환의 미래가 도래하기 위해선 안정적 삶의 여건이 필수적이다.' 역사를 돌이켜 보면 이 말의 무게감을

2017학년도 입학식 환영사, 2017년 2월.

느낄 수 있습니다. 이유는 이렇습니다. 현대사회는 지난 수 세기에 걸쳐 산업화, 세계화, 정보화 시대를 숨 가쁘게 달려왔습니다. 산업화 이전 시기에 비해 인류는 과거 그 어느 때도 누릴 수 없던 풍요와 번영의 시대를 열었습니다. 그러나 그 변화의 여정은 결코 순탄치 않았습니다. 대립과 갈등의 정치사회적 혼란. 수많은 무고한 생명을 앗아 간 전쟁과 폭력. 그런 역사의 격변이 줄을 이었습니다. 지구 행성의 환경과 생태계도 크게 다르지 않습니다. 산업화의 욕망이 번성하면 할수록 지구의 자연은 변형과 왜곡, 파괴의 어두운 그림자를 드리웠습니다. 풍요와 번영과 편익. 이를 기약하는 4차 산업 시대가 거론되는 지금 이 시점에도 역사문명 전망 기관들은 '더 나은 미래'는 결코 쉽게 오지 않을 것이라는 전망을 내놓고 있습니다.

'희망과 불확실성'이 교차하는 전환의 시대. 그 시대가 지금 우리가 맞이하고 있는 역사의 흐름입니다. 산업화, 세계화, 첨단화의 문명사적 파고가 그 어느 때보다 드세지만, 그것이 과연 인류의 지속 가능한 미래를 담보할 수 있을지, 여전히 불투명해 보입니다. 과학철학자 어빈 라슬로(Ervin Laszlo)의 지적처럼, 우리는 어쩌면 아주 큰 전환의 시대 도래와 함께 "멸절 아니면 진화"라는 극단의 선택지를 받아 들고 있는지 모릅니다.

왜일까요? 우리는 왜 인류사상 유례없는 이런 선택지를 받아 들게 된 것일까요? 앞서 언급한 현대사회의 문제 외에 어떤 또 다른 국면을 마주하고 있는 것일까요? 오늘은 여러분과 이 문제를 함께 생각해 보고자 합니다. 먼저 시 한 구절을 인용하겠습니다. 문명에 대한 남다른 성찰로 노벨 문학상을 수상한 비스와바 쉼보르스카(Wislawa Szymborska)의 시입니다. '유토피아'란 시에서 그는 이런 마음을 전합니다.

> 모든 것이 명백하게 설명되어 있는 섬. …
> 이곳에는 … 논리적인 가설의 숲이 … 우거져 있다. …
> 오른쪽에는 의미가 보관된 동굴.
> 왼쪽에는 … 깨달음의 호수. …
> 하지만 이 모든 매력적인 조건에도 불구하고, 섬에는 사람이 살지 않는다.

'명쾌한 논리가 가득한 섬,' 그 섬엔 왜 사람이 살지 않는 것일까?

인류는 지난 수백 년 '산업화의 대장정'을 이어 온 문명 성장을 경험해 왔습니다. 유럽에서 미주로, 각 대륙으로 그 여파가 퍼져 나가면서, 지구는 성장과 풍요의 시대를 열었습니다. 산업 발전과 경제성장이 안정된 삶의 기반과 행복을 보장할 것이란 확신에 찬 믿음을 키웠습니다. 현실정치는 근래에 들어 "문제는 경제야"라는 논리와 함께 그 추세를 더욱 강화하고 있습니다.

그러나 그런 확신에 찬 신념에도 불구하고, 세계는 또 다른 역사의 국면과 맞닥뜨려야 했습니다. 성장문명으로부터 소외된 사람들의 절규. 삶의 터전인 지구 행성 파괴. 문명 효용의 예찬 속에서 삶의 기반은 점차 훼손돼 왔습니다. 그런 가운데 정치의 공적 신뢰도 취약성을 드러냈습니다. 현상의 본질과 미래의 가능성을 함께 성찰하고 예찰하는 안목,

경제성장과 인간의 인간적 가치를 조화시키는 공적 실천의 취약한 기반. 그런 인류의 가치를 더 키워 내지 못한 채, 현대사회는 나날이 이념 간 대립과 쟁투로 점철된 '사람이 살지 않는 섬'의 제국, '서로 나뉘어 각축하는 편견의 제국'으로 변해 가는 경향을 보이고 있습니다.

얼마 전 국제사회의 주목을 끌었던 "파리 기후협약"이 체결됐습니다. 지구가 내뿜는 이산화탄소 배출량을 통제해 지구 기온 상승폭을 산업화 이전 시기에 비해 1.5도로 제한한다는 내용입니다. 파리 협약이 공표되자 많은 이들이 기뻐했습니다. 현장에서 그 광경을 직접 목격한 사람들은 서로를 껴안고 발을 구르며 감격과 환호의 시간을 가졌다고 합니다. 협약의 역사가 그만큼 지난했다는 사실을 말해 주는 장면입니다.

지난 반세기 국제사회는 기후 문제를 풀기 위해 많은 노력을 기울였습니다. 코펜하겐과 리우에서, 교토와 비엔나에서, 그리고 세계 도처의 도시에서 많은 회의가 열렸습니다. '기후변화는 실재다.' '거짓이다.' 이 상반된 현실 인식을 둘러싸고 치열한 공방이 있었습니다. 화석연료를 생산과 교역의 주동력으로 사용해 온 초국적 기업. 생산과 소비 여건의 지속 가능성을 주장해 온 전문가 집단과 시민사회. 서로 다른 생각 간의 충돌이 반세기 넘도록 시련의 여정을 이어 왔습니다. 파리 협약은 그런 역사적 배경에서 태동됐습니다. 그러나 어렵사리 성취된 그 역사는 또다시 기로에 섰습니다. 미 트럼프 행정부는 파리 협약 탈퇴를 선언했습니다. 자국 경제성장 우선의 정치 강령을 앞세워 화석연료 산업을 다시 부활하겠다는 입장을 분명히 했습니다.

기후변화는, 트럼프 행정부 사례가 말하듯이, 해석을 달리할 수 있는 위기의 한 단면이라 할 수 있을지 모릅니다. 사회와 국가의 관심사에 따라 위기의 실상은 다르게 표현될 수도 있습니다. 그러나 지금 진행 중인 기후변화는 전혀 다른 차원의 문제입니다. 이로 인한 극한의 기상이변이 머지않은 미래에 지구촌을 뒤덮게 되면 인간의 경작지와 거주지, 그리고 지구 생명체의 서식지가 무너져 내립니다. 또 다른 사회적, 국가적 관심사에 대처할 여력도, 의지도 일거에 사라질 수 있습니다. 최근의 연구 결과들은 바로 이 점에 주목합니다. 오늘의 기후 현상은 그간 인류가 단 한 번도 경험하지 못한 거대하고 위중한 위기 상태로 급격히 전환될 수 있다고 합니다. 돌이킬 수 없는 인류문명의 붕괴 가능성을 초래할 수 있다고 합니다.

이제 우리는 무엇을 해야 할까요? 기성의 기후변화 대응 체계가 혼선을 빚고 있는 지금, 미래세대의 배움의 기회를 제공해야 하는 대학은 어떤 길을 걸어야 할까요? 반세기 전 토인비(Arnold Toynbee)가 남긴 생각이 큰 울림으로 다가섭니다.

> 세계가 지금 겪고 있는 대량 살상 무기의 위협, 빈부격차, 식량난과 같은 문명사적 난제를 헤쳐 가기 위해서는 정치가 선린과 우호의 관계를 설정해야 합니다. 정치는 자국의 이익뿐 아니라, 그것이 가능해지는 세계를 열어야 합니다. 그것이 정치가 해야 할 일입니다. 그러나 세상의 정치(the politics of the world)가 의지를 보이지 않는다면, 대학이 나서야 합니다.

'대학이 나서야 한다.' 이 말은 지금 우리가 겪고 있는 전환 국면과 관련해 두 가지 시사점을 줍니다.

대학은 전통적으로 'Veritas,' 진리(truth)를 추구해 왔습니다. 사물과 현상, 인간과 세계의 이치를 찾아 나섰습니다. 누군가는 인문의 이름으로, 누군가는 과학의 이름으로 그 세계를 열었습니다. 그 전통은 아직도 이어집니다. 여러분 가운데엔 원자와 양자의 극미세계, 세포·신경·화학 물질의 미시세계에 관심을 갖고 있는 분들이 있을 것입니다. 정치·경제·사회의 거시세계, 천체와 우주의 초거시 세계에 대한 관심으로 전공을 선택한 분들도 있을 것입니다. 이 모든 분야는 진리의 세계, 진실의 세계를 찾아 나서는 숭고한 과업입니다. 그 과업을 수행하게 될 여러분은 수많은 담론과 가설을 만나게 될 것입니다. 철학과 사상, 이론을 접하면서 전공 지식을 쌓아 갈 것입니다.

그러나 그 과정에서 놓치지 말아야 할 것이 있습니다. 진리의 세계엔 인간이 있어야 한다는 점입니다. 성찰적 대안과 과학적 대안 모색이 늘 함께해야 한다는 점입니다. 앞서 말씀드린 파리 협약의 예처럼, 편협한 인식은 재앙을 부를 수 있습니다. 인간 존재와 실존의 기반을 총체적인 위기로 이끌 수 있습니다.

인문과학자 제러미 놀스(Jeremy Knowles)는 이런 말을 전합니다. 대학의 '최우선 가치는 누군가가 당치 않은(부패한) 말을 할 때(when someone is talking rot), 알아차리게 하는 것'입니다. '그것이 대학의 중요한 덕목입니다.' 일상의 실재를 탐색하는 일. 궁극의 진실을 찾아 나서는 일. 이를 통해 합당한 시대의 가치, 세계의 문화를 일궈 나가는 일. 전환의 시대는 이 과업을 요구합니다. 우리 모두의 내일을 있게 할 지식과 지혜를 청합니다.

두 번째 시사점은 학문의 사회적 실천, 지구적 실천에 관한 것입니다. 현대 대학은 '사회적 기여'를 주된 덕목으로 설정해 왔습니다. 이웃과 지역, 사회와 나라의 문제를 함께 풀어 가는 것을 대학의 또 다른 소명으로 간주해 왔습니다. 이제 대학은 새로운 인간의 가능성을 향해 더 많은 노력을 기울여야 합니다. 인간이 처한 자연과 환경, 세계와 문명을 이해하면서 인간이 인간으로서 실천해야 할 가치와 소임의 범주를 넓혀야 합니다.

우리는 지금 "초연결의 시대"를 살고 있습니다. 인문과학의 새로운 발견과 함께, 나와 타자, 국가와 국제사회, 인간과 자연이 서로를 전제하며 공진화한다는 사실을 잘 알고 있습니다. 무한할 것 같은 지구는 유한하고, 그 제한 속에서 인간은 무한한 욕망의 세계를 키워 왔다는 사실 또한 잘 압니다. 부와 성장의 편중된 집적이 사회 안정을 기할 수 없고, 편견의 정치가 충돌의 비극을 부른다는 사실도 역사가 입증해 왔습니다. 초연결의 시대. 그 시대엔 미래를 가능케 할 상생의 지혜가 필요합니다. 협력과 공존, 공영의 실천적 가치가 요청되는 것이 지금 우리가 살고 있는 이 시대입니다. 이제 대학을 비롯한 교육기관은 미래세대를 위해 더 많은 길을 찾아 나서야 합니다. 개인과 세계, 유한과 무한 사이의 지적, 실천적 교량을 놓으면서 인간의 가치와 실천 범주를 넓혀 가야 합니다.

신입생 여러분. 여러분이 입학한 경희는 "학문과 양심의 자유"를 추구해 왔습니다. "인간의 인간세계"를 모색해 왔습니다. 이를 통해 대학이 무엇인지, 어떤 미래를 꿈꿀 것인지, 그 꿈을 위해 무엇을 할 것인지, 고민과 성찰을 거듭해 왔습니다. 그 노력은 지금도 계속됩니다. 그러나 경희의 길은 아직 미완의 세계입니다. 미래를 이끌어 갈 여러분 세대는 젊음의 열정과 패기, 창의성으로 더 진취적인 세계, 조화로운 세계를 만들어 가야 할 것입니다.

그간 우리 사회는 산업화, 민주화, 세계화의 성취를 이뤘습니다. 그러나 오랜 기간 쌓여 온 불공정과 부조리는 여전히 우리 곁에 있습니다. 편견과 왜곡의 역사를 극복해 내지 못하는 현실에서 시름하고 있습니다. 얼마 전 실시된 한 여론조사의 결과는 이렇게 전합니다. '이 시대를 살아가는 국민 대다수는 "공정사회"를 원한다. "양극화 해소"를 최우선 가치로 삼고 있다.' 과거엔 부와 경제성장이 최우선 가치였습니다. 달라진 시대정신과 함께 새 희망의 미래를 열어야 할 때입니다. 이 땅 위에, 하늘 아래 펼쳐지는 '4차 산업 시대'의 기운이 우리 사회의 시대적 가치, 기후변화와 같은 거대한 문명사적 위기를 저버리지 않는 방향에서 펼쳐지길 소망해 봅니다. 경희와 함께할 여러분의 학문적 여정이 '현실 속 진실' 찾기를 위한 뜻깊은 여정이 되길 기원합니다.

큰 전환의 시대를 살아간다는 것: 실존과 희망

신입생 여러분, 반갑습니다. 여러분의 선택이 미래를 위한 의미 있는 디딤돌이 됐으면 하는 바람입니다.

몇 주 전 여러분 선배들의 졸업식이 있었습니다. 〈끝과 시작〉이란 어느 시인의 시선집을 화두로 축사를 했습니다. 우리가 만들어 가는 삶의 '영원한 변증의 고리'에 놓인 끝과 시작, 시작과 끝이 서로 다르지 않다는 점을 말하고 싶어서였습니다. 여러분께도 같은 말씀을 드리려고 합니다. 오늘과 내일, 내일과 오늘을 연결하는 열린 가능성과 함께 상상과 희망의 나래를 한껏 펼치시기 바란다는 취지입니다.

신입생 여러분. 우리는 지금 전환의 시대를 살고 있습니다. 아주 큰 전환의 시대입니다. 눈앞에 펼쳐지는 오늘의 미래가 과거와 크게 달라지고 있습니다. 과거엔 상상치 못했던 일. 예상하지 못했던 일. 그럼에도

2019학년도 입학식 축사, 2019년 2월.

이젠 현실이 되어 버린 일. 그 전환의 기류가 지금 우리와 함께하고 있습니다.

얼마 전 일입니다. 유엔 총회엔 특별한 일이 있었습니다. 유엔 인사와 인간형 로봇 '소피아(Sophia)'가 대화를 나눴습니다. '로마의 휴일' 주인공을 본떠 만들었다는 소피아는 많은 이들이 예상치 못한 모습을 보여주었습니다. 유엔 인사가 던진 질문에 거침없는 답을 냈습니다. 이런 내용으로 기억합니다. '인공지능이 앞으로 인류에 어떤 도움을 줄 수 있을까요?' '환경, 자원, 기아와 빈곤…, 그런 일에 인류를 도울 수 있다고 생각합니다.'

사람들은 몇 해 전만 해도 인공지능의 산술 능력이 바둑계 최고수를 능가한다는 사실에 충격을 받았습니다. 충격이 채 가시기도 전에 소피아의 유엔 발언은 또 다른 파문을 일으켰습니다.

앞으로 인공지능이 인간과 어떤 관계를 맺게 될지. 크게 두 가지 관점이 있습니다. 여러분도 잘 아시듯이 낙관과 우려입니다. 낙관론은 더 편리하고 풍요로워질 인간의 미래에 주목합니다. '기술 유토피아'가 가져올 이익과 기여를 말합니다. 그러나 너무 빠른 속도로 펼쳐지는 기술 향상이 우려를 자아냅니다. '특이점(Singularity)' 이야기입니다. 인공지능이 인류가 쌓아 온 지식 총량을 자율적으로 활용하게 되면, 예기치 못한 일이 벌어질 수 있습니다. 몇 해 전 스티븐 호킹 박사가 우려했던 일이기도 합니다. 인간 통제 밖의 전혀 다른 세계가 펼쳐질 수 있습니다.

인공지능 발달이 성장과 풍요를 제공하는 낙원과 같은 세상이 될지, 아니면 기술에 의해 인간이 역지배받는 세상이 될지, 판단은 섣부를 수 있습니다. 그러나 한 가지 사실은 분명해 보입니다. 산업문명의 빠른 진전과 함께 인간 안위에 관한 '실존적 사유'를 서둘러야 할 때라는 점입니다.

지난여름 우리나라는 무척 더웠습니다. 기상관측 사상 유례없는 열파에 시달렸습니다. 서울을 비롯해 전국 주요 도시에 섭씨 40도를 웃도는 더위가 기록됐습니다. 경제협력개발기구(Organization for Economic Cooperation and Development, OECD) 회원국 중 이산화탄소 배출량 4위, 지난 10년간 탄소 배출 증가율 2위. 우울한 소식이 보도되는 가운데, 우리는 지난해 극심한 폭염의 현실을 겪어야 했습니다.

최근 들어 지구온난화에 얽힌 보도를 자주 접하곤 합니다. '과수와 작물 경작지가 나날이 북상한다.' '우리나라는 물 부족 국가다.' '녹조와 적조 현상이 심해진다.' '생물 다양성이 눈에 띄게 감소한다.' 모두 걱정스러운 일들입니다. 그런데 더 큰 걱정도 있습니다. 이런 다양한 현상들이 우리 손만으론 해결하기 힘든 지구 행성의 기후 재앙 가능성에 잇대어져 있다는 사실입니다.

관측 온도 섭씨 48도, 50도, 52도…, 체감 온도 60~70도…. 다른 행성 이야기가 아닙니다. 인류의 집 지구 행성의 이야기입니다. 유럽과 미주, 동아시아를 비롯한 북반구 도처에 발생한 이례적인 열파가 이젠 열대와 아열대, 심지어 극 지역에서조차 맹위를 떨칩니다. 이와 함께 찾아온 전례 없는 규모와 빈도의 태풍과 허리케인 그리고 토네이도. 극지방 빙권의 빠른 감소와 영구동토층의 대규모 메탄가스 분출 가능성. 서식지, 경작지 대량 파괴에 따른 동식물 멸종과 식량 위기. 해수면 상승과 급증하는 기후난민. 이 모두 산업혁명 이래 '문명의 엔진'으로 활용한 화석연료 산업의 급신장이 초래한 전례 없는 지구적 재앙입니다.

몇 해 전 파리에선 국제협약이 체결됐습니다. 유엔 '기후변화에 관한 정부간 협의체(Intergovernmental Panel on Climate Change, IPCC)'가 제출한 보고서가 채택됐습니다. 유엔 회원국 197개국이 지구 평균기온을 금세기 말까지 '산업화 이전 시기'를 기준으로 섭씨 1.5도, 2도 훨씬 아래로 제한한다는 내용입니다. 지난해 인천에서는 〈지구온난화 섭씨 1.5도(Global Warming 1.5 Degree Celsius)〉로 알려진 IPCC의 또 다른 보고서가 채택됐습니다. '2030년까지 이산화탄소 배출량을 2010년 기준으로 45% 줄인다.' '2050년까지 100% 줄여 탄소중립 경제를 이룬다.' 보고서의 주 내용입니다. 그러나 트럼프 행정부의 파리 협약 탈퇴 선언과 회원국의 미온적인 태도로 유엔의 처방은 지금 표류하고 있습니다.

기후학자들은 말합니다. '산업문명, 탄소문명이 지금처럼 작동된다면 지구온난화 추세는 곧 섭씨 2도를 넘어서게 된다.' 지금에 비해 불과 1도 상승한 지구 평균기온입니다. 그렇게 되면 지구는 이른바 '열실지구(Hothouse Earth)'의 길로 접어들게 된다고 합니다. '돌이킬 수 없는 급작스러운 기후변화(irreversible, abrupt climate change),' 순식간에 3~4도, 4~5도, 그 이상을 훌쩍 넘어서는 기온 상승을 초래할 수 있습니다. 결과는 가공할 지구적 재앙입니다. 인간 존재의 '실존적 위협'입니다. 지구 빙권의 급작스러운 감소와 함께 해수면은 10~60미터까지도 오를 수 있습니다. 지구의 지도가 크게 바뀝니다. 생태계는 처참히 무너집니다. 지구에서 일어난 다섯 차례 '대멸종 사건'과 같은 파멸의 길을 피할 수 없습니다.

지난 10월 구테흐스 유엔 사무총장은 다급한 어조의 경고를 이어 갔습니다. '우리는 지금 벼랑 끝에서 심연의 바닥을 보고 있습니다.' '소닉 붐과 같이 변하는 상황에 경종을 울립니다.' 환경운동의 원로 레스터 브라운(Lester Brown)은 인류가 처한 현실을 이렇게 전합니다. '지금은 전시와 같은 속도로 대처해야 합니다.' '문명의 미래가 걸려 있습니다.'

지구와 인류의 미래가 앞으로 과연 어떤 길로 접어들지. 저는 온전히 답할 수 없습니다. 기후학자들의 분석에 의존할 따름입니다. 최근 자료에 따르면, 세계 과학자 97%가 이런 내용에 공감하고 있다고 합니다. '기후변화는 진실이다.' '인간 활동에 기인한다.' '적극적인 대책이 필요하다.'

학계의 공감대가 이뤄지기까지 참 오랜 시간이 걸렸습니다. 기후 문제가 본격 제기된 80년대 이후 40여 년이란 세월이 흘렀습니다. 치열한 진위 공방이 학계와 국제사회에서 지루하게 이어졌습니다. 정치경제적 이해관계가 얽힌 사안에 대한 서로 다른 입장의 각축. 그런 가운데 이어진 "과학계의 침묵(scientific reticence)" 또는 "현실 안주(complacency)"….

이젠 그 애석한 역사를 뒤로할 때입니다. 화석연료에 의존한 경제를 청정에너지 체제로 시급히 전환해야 합니다. 위기에 처한 미래를 위해 새로운 '현실의 지도' '인식의 지도'를 그려야 합니다. 지구적 차원, 정치적 차원의 결단이 필요한 때입니다.

지난해 세계의 과학자들이 참여하고 시카고대학이 발행하는 원자과학자협회보는 '지구 운명의 날 시계(Doomsday Clock)'를 자정 2분 전으로 조정했습니다. 히로시마에 원자폭탄이 투하된 1945년엔 자정 3분 전. 냉전 위협이 줄어든 1994년엔 자정 15분 전. 그러던 분침이 지난해엔 사상 가장 위태로운 상태 자정 2분 전으로 조정됐습니다. 기후변화 문제가 그 어느 때보다 절박하기 때문입니다. 파괴적 첨단무기의 확산이 감당하기 힘든 위협으로 다가서고 있기 때문입니다.

신입생 여러분. 여러분은 이제 학문세계에 도전하게 됩니다. '교학상장(教學相長)'을 통해 다양한 전공 지식을 쌓아 가게 될 것입니다. 그런 학문세계의 여정에 여러분의 사회 진출을 위한 탁월성이 형성되길 바랍니다. 자신과 사회, 문명과 지구의 미래에 대한 '실존적 성찰'이 늘 함께하길 희망합니다.

불가능해 보이는 것에서 '가능의 세계'를 끊임없이 모색하는 일. 더 나은 미래를 위해 '불가능의 예술'을 만들어 가는 일. 큰 전환의 시대를 맞아 더 큰 자아와 희망, 포부와 용기를 키워 가시기 바랍니다.

경희의 미래, 인류의 미래

저는 오늘 경희의 역사 앞에 겸허히 섰습니다. 그간 경희가 이룬 변화와 창조의 반석 위에 또 다른 미래를 열기 위해 이 자리에 서 있습니다.

지난 반세기여 경희는 괄목할 발전을 이뤄 왔습니다. 서울, 국제, 광릉 교정에는 3만여 재학생이 자신과 사회의 미래를 위해 노력하고 있습니다. 1,100여 교수진이 교육 · 연구에 매진하며 경희의 학풍을 만들어 가고 있습니다. 3,700여 교직원분들도 경희 학술의 미래를 위해 지원과 노력을 아끼지 않고 계십니다. 자랑스러운 경희의 역사를 만들고 있습니다.

이런 학문적 열정 외에도 우리에겐 또 다른 전통이 있습니다. "인류평화"를 위한 노력입니다.

경희대학교 제13대 총장 취임식 취임사, 2006년 12월.

그간 경희는 지식과 학문의 길을 위한 노력과 함께 인간애, 인류애를 향한 꿈과 비전을 키워 왔습니다. 국내에선 '잘살기운동' '자연보호운동' '밝은사회운동' '남북이산가족재회추진운동'과 같은 사회운동을 전개해 왔습니다. 국제적으로는 '유엔 세계평화의 날과 해' 제정, '세계대학총장회' 결성, '1999서울NGO세계대회' 개최, '세계평화대백과사전' 발간과 같은 인류평화운동을 펼쳐 왔습니다. 이 모두 대학의 궁극 목표가 더 나은 인류의 미래를 지향해야 한다는 설립 정신에 기초한 노력입니다.

경희는 지금 "제2 도약"을 준비하고 있습니다. 3년 후 맞게 될 개교 60년. 그 상징적 미래를 함께 바라보면서 새로운 미래를 설계하고 있습니다. 이를 통해 새 시대의 '문화세계'를 열어 갈 세 가지 목표를 구현하고자 합니다.

첫째 목표는 "학문적 권위의 재건"입니다. 우리는 현대사회를 살아가면서 학문과 지식의 중요성이 날로 커지고 있다는 사실을 잘 압니다. 과거를 이해하고 미래를 이끌어 갈 힘의 원천이 바로 지식과 학문의 깊이에 있기 때문입니다. 그러나 변화를 이끌며 미래를 선도해야 할 학문과 지식이 사회 변화와 시대 흐름에 좌우되는 수동적인 모습으로 변해 왔습니다. 기능적인 학문. 사회 변화 추세에 이끌려 가는 지식. 이 모두 지식과 학문의 위상을 위축시키는 시대의 흐름입니다.

이와 같은 위기를 극복하기 위해서 이제 우리는 학문세계 본연의 모습을 회복해야 합니다. 사회 변화를 선도하고 역사 창조의 축이 되는 지식과 학문세계의 긍지를 회복하는 것이 무엇보다 중요한 대학의 책무입니다. 이를 위해서는 변화와 창조의 본질을 깊이 있게 성찰해야 합니다. 새 시대, 새 역사를 준비하는 지식과 학문의 무한 가능성을 열어야 합니다. 경희는 학문의 자긍심을 되찾고, 미래를 선도하는 대학으로 거듭날 수 있도록 만전을 기할 것입니다.

두 번째 목표는 "소통의 학문세계"를 이루는 일입니다. 더 나은 미래를 위해서는 변화와 창조의 원인을 포괄하고 종합하는 노력이 필요합니다. 인간과 사회, 문명과 자연의 연결성에 주목하면서 변화와 창조의 원인과 처방을 깊이 있게 분석해야 합니다. 공감할 수 있는 미래를 일궈 내는 도전적 과제가 우리 앞에 있습니다. 현실과 이상을 종합하고, 삶의 본질과 요청을 연계하는 학문적 노력이 절실한 때입니다.

이 점에서 학문과 학문, 학문과 현실 간의 원활한 교류가 중요합니다. 학문과 삶의 편협성을 극복하는 "소통의 학문세계"가 필요합니다. 교류와 협력, 그리고 궁극적으로 인간과 인간, 인간과 자연의 통합을 지향하는 학문세계는 풍요로운 미래를 기약할 수 있을 것입니다.

끝으로 21세기 새로운 문화세계를 위한 "화합과 창조의 미래사회"를 준비하고자 합니다. 학문과 학문, 학문과 현실의 창조적인 만남을 주선해 원숙한 지적 세계와 풍요로운 삶의 미래를 여는 일입니다. 서로의 경계를 허물고 차이를 극복할 때 진정한 학문 발전이 이뤄질 수 있습니다. 우리 모두가 소망하는 지속 가능한 미래의 새로운 지평이 펼쳐질 수 있습니다. 경계는 소통과 화합을 지연합니다. 지연된 소통과 화합은 더 큰 미래, 더 나은 미래의 걸림돌입니다.

바로 이 점이 경계를 허물고 차이를 인정해야 하는 까닭입니다. 학문과 학문, 학문과 현실의 소통을 주선해야 하는 이유일 것입니다. 그럴 때만이 대립과 갈등의 반복적 현실을 포용의 미래사회로 전환할 수 있습니다. 다양성이 살아 숨 쉬는 역동적인 미래사회를 펼칠 수 있습니다. 우리가 그런 미래의 모습을 함께 그려 냈으면 합니다. 학제간 교류와 협력, 삶의 세계를 포괄하는 대학 운영의 새 패러다임을 위해 뜻을 모았으면 합니다.

앞서 말씀드렸듯이 경희는 3년 후면 개교 60주년을 맞이합니다. 경희의 교시 "문화세계의 창조"는 미래를 향한 지성의 도전이자 대학의 책무입니다. 60주년을 바라보면서 미래를 이끌어 갈 문화세계를 함께 만들어 보자는 제언을 드립니다. 21세기 "학문과 평화의 전당." 경희의 미래가 대학의 미래이자 인류의 미래라는 책임의식과 함께 문화세계의 새 활로를 개척하자는 말씀을 드립니다.

어려울 때 떠올리던 여러분이 잘 아시는 헤세의 문구를 소개하면서 취임사를 마치겠습니다.

> 새는 알을 깨고 나온다.
> 알은 새의 세계다.
> 태어나려는 자는 하나의 세계를 깨뜨려야 한다.
> 새는 신에게로 날아간다.
> 그 신의 이름은 아브락사스다.

'새로운 세계' '멋진 미래'는 우리의 선택입니다.

21세기 수월성

졸업생 여러분, 축하합니다. 자리를 같이해 주신 학부모 여러분, 환영합니다.

오늘 이 자리는 저에게 특별한 의미를 갖습니다. 취임 후 갖게 되는 첫 공식 행사입니다. 재학생과 공적으로 만나는 첫 기회이기도 합니다. 그러나 아쉽게도 여러분은 이제 정든 교정을 뒤로하게 됩니다. 물론 사회 곳곳에서 활동하면서 다시 만날 기회가 있겠지만, 재학생 신분으로는 마지막입니다. 오늘 이후 동문의 일원으로 새 인연이 시작됩니다.

이 자리의 또 다른 의미도 있습니다. 여러분과 제가 경희의 새로운 전기가 될 시점에 함께 서 있다는 점입니다. 이제 2년 후면 개교 60주년입니다. 60주년을 바라보면서 '새로운 역사의 길'이란 목표와 함께 미래를 준비하고 있습니다. 경희의 어제와 오늘을 성찰하고 내일을 내다

2006학년도 학위수여식 졸업식사, 2007년 2월.

보면서 '대학다운 미래대학'의 길을 준비하고 있습니다. 비록 여러분과 함께할 수는 없지만 그 아쉬움이 경희의 미래를 향한 더 큰 애정으로 돌아오리라 믿습니다.

오늘은 여러분과 함께 '수월성(excellence)'이라는 말을 생각해 보았으면 합니다. 이른바 '경쟁사회'를 대면하는 여러분도 제2 도약을 꿈꾸는 경희도 수월성 또는 탁월성 함양을 통해 내일을 준비해야 하기 때문입니다.

수월성의 일반적 의미는 '빼어남' '뛰어남' '우수함'입니다. 타인과 비교해 빼어나고 뛰어난 무엇. 이 말들이 상징하는 것이 수월성입니다. 그리고 이 말은 일반적으로 산업화, 상업화, 시장화, 세계화란 역사의 추세와 함께 생산성, 효율성, 경쟁력과 같은 개념으로 받아들여지는 경향이 있습니다. 현대의 경쟁사회에 얼마나 잘 적응할 수 있는지 여부가 수월성의 근간으로 인식됩니다.

현대사회의 수월성을 향한 갈망은 많은 것을 남겼습니다. 과학의 진보와 산업 발전. 세계화와 시장의 팽창. 대학의 양적 성장. 이 모두 수월성을 지향했던 현대적 삶의 결과입니다.

그러나 그 이면엔 다른 결과도 있었습니다. 성장과 팽창을 도모하는 가운데 수월성의 또 다른 면모가 간과돼 온 것도 오늘의 현실이 아닌가 합니다. 사람들은 수월성을 추구하고, 최선의 실적을 내기 위해 치열하게 노력해 왔습니다. 하지만 그 의미는 아직 온전히 발견되지 않았습니니다. 결과는 안타깝게도 소외된 개인, 왜곡된 사회, 수월성에 대한 신뢰와 권위 실추로 이어졌습니다.

새 세기가 요청하는 "참된 수월성." 어떤 모습일까? 더 나은 개인과 기관이 되기 위해 무엇을 준비해야 하나? 수월성에 대한 깊은 성찰이 요구되는 시점이 바로 우리가 지금 살고 있는 이 시대가 아닌가 합니다.

취임 후 어느 지인으로부터 선물을 하나 받았습니다. 다른 대학에 재직하고 계신 분입니다. 책 한 권을 보내셨습니다. 하버드대 문리대 학장으로 재직하던 분의 책 〈Excellence Without a Soul(영혼 없는 수월성)〉입니다. 제목이 말하듯이 이 책은 대학이 추구해 온 수월성의 문제를 다룬 책입니다. 내용 중에 특히 기억에 남는 부분이 있습니다. 대학이 추구해 온 수월성이 구성원에 대한 참된 배려를 외면한 채, 지나친 경쟁적 분위기를 만들어 냈다는 점입니다. 그리고 바로 이 점에 대한 반성적 사유가 학풍 조성에 중요한 의미를 지닐 것이라고 합니다.

최근 하버드는 교과과정을 개편했습니다. 인간과 우주, 공동체의 근원적 성찰을 통해 미래를 준비하자는 것이 변화의 요체입니다. 이 시도는 중요합니다. 끊임없는 경쟁 추구는 어찌 보면 개인의 생존과 성취를 위한 '현실'일지 모릅니다. 그러나 '영혼 없는 노력' '성찰 없는 경쟁'은 자칫 지나친 자기중심의 세계관을 양산할 수 있습니다. 우리가 지금 당면하고 있는 사회의 모순과 지구적 난제를 풀어 가는 데 걸림돌이 될 수 있습니다.

그 점에서 수월성의 의미를 다시 생각해 보는 일이 중요합니다. '성찰적 수월성.' '창조적 수월성.' 어떤 표현이든 현대사회의 왜곡과 모순을 살피면서 그 너머 또 다른 지평을 찾아 나서는 일이 필요합니다. 그런 고민이 깊어지는 가운데 반가운 일도 있습니다. 최근 들어 성찰의 기류가 만들어지고 있다는 점입니다.

펜실베이니아대학에서는 몇 년 전부터 "From Excellence to Eminence(수월성에서 탁월성, 존엄성으로)"라는 슬로건과 함께 변화를 기하고 있습니다. 재정지원이 필요한 개도국 영재에게 문호를 개방하고, 지역사회와 도움이 필요한 지구촌에서 봉사활동을 활발히 전개하고 있다고 합니다. 기업들도 공적 책임에 더 많은 관심을 기울이고 있습니다. "위대한 기업"이란 말이 요즘 어렵지 않게 들립니다. 시민단체와 손잡고, 국제기구에 참여하면서 기아와 빈곤, 거주, 환경 같은 지구 의제를 풀어 가려는 기업이 늘어나는 추세를 보이고 있습니다.

지구촌에 일고 있는 변화의 추세는 수월성의 또 다른 국면을 가리킵니다. 인식의 주체가 개인이든 기관이든 이 시대의 영혼 없는 경쟁을 넘어 소통하고 협력하면서 상생과 공영의 기틀을 모색하자는 노력입니다. 변화의 기저엔 자기성찰이 있습니다. 이를 통해 타인과 자연에 대한 배려의 문화를 만들어 가자는 생각이 있습니다. '새로운 관계의 미학(美學)'을 열어 가는 실천 인식이 최근 주목받고 있습니다.

졸업생 여러분.

여러분이 경희와 함께한 나날들이 기억에 남는 경험이 되길 기원합니다. 개교 이래 경희는 미래를 혁신하는 대학을 추구해 왔습니다. 서울, 국제, 광릉 캠퍼스에는 3만여 재학생들이 학업에 매진하고 있습니다. 1,200여 교수진은 경희의 학문세계를 위해 열과 성을 다하고 계십니다. 3,700여 교직원분들도 지원과 노력을 아끼지 않습니다. "문화세계의 창조." 그 가치와 함께 학문적 탁월성을 이어 가는 자랑스러운 경희인들입니다.

지난 반세기여 경희엔 또 다른 목표가 있었습니다. '평화로운 인류사회'를 위한 노력입니다. 국내에선 '잘살기운동' '자연녹화운동' '밝은사회운동' '이산가족재회추진운동'과 같은 활동을 전개해 왔습니다. 나라 밖으로는 '세계대학총장회' 결성, '유엔 세계평화의 날과 해' 제정, '세계평화대백과사전' 발간, '1999서울NGO세계대회' 개최와 같은 일을 추진하면서 지속 가능한 미래를 위한 발걸음을 재촉해 왔습니다.

여러분은 이제 캠퍼스를 떠나 사회생활을 시작합니다. 어느 곳에 가든 아마도 "수월성"이란 화두를 곁에 두고 생활하게 될 것입니다. 경쟁이든 소통과 배려든 수월성의 어떤 국면에 치중할 것인가는 여러분의 몫입니다. 그러나 당부하고 싶은 말이 있습니다. 앞으로 여러분이 스스로 개척해야 할 미래가 과연 무엇을 더 필요로 할 것인가라는 질문을 잊지 말아 달라는 점입니다.

우리는 과거에도 그랬듯이 앞으로도 인류의 보편 가치와 소통하는 배움의 전당을 지향할 것입니다. 사람과 지구, 문명과 자연에 대한 성찰을 통해 "학원의 민주화" "사상의 민주화" "생활의 민주화"를 이어 갈 것입니다. 더 나은 미래를 향한 소통과 창조의 길을 열어 갈 것입니다. '대학이 왜 존재하는지.' '어떤 가치를 확장할 것인지.' '현실과 이상의 조화로운 결합을 어떻게 이뤄 낼 것인지.' 그런 문제의식을 이어 갈 것입니다.

여러분의 앞날에 무궁한 발전이 있기를 기원합니다.

보람과 희망, 함께 만들 미래

여러분, 반갑습니다.

지난 연말 이 자리에서 만나 뵌 지 벌써 1년이 지났습니다. 지난해 개교 60주년을 기념하면서 음악대학 오케스트라가 베토벤 합창 교향곡을 웅장하게 연주했습니다. 교가를 함께 부르며 뜻깊은 한 해를 마무리했습니다. 그러던 것이 바로 엊그제 같은데, 오늘 이곳 평화의 전당에서 다시 뵙게 됐습니다.

올해 경희엔 많은 일들이 있었습니다. 대학의 근간인 교육과 연구 분야에서 좋은 일들이 많았습니다.

지난 9월 후마니타스칼리지가 출범식을 가졌습니다. 새 시대가 요청하는 고등교육의 미래를 위해 교양교육의 새 터전 후마니타스칼리지가

Magnolia 2010 인사말, 2010년 12월.

출범했습니다. 경희는 이와 함께 인간과 자연, 문명과 지구의 새 가치를 찾아 나설 것입니다. 더 나은 미래, 지속 가능한 미래를 위한 발걸음을 재촉할 것입니다. 국내 한 일간지 논설은 고등교육이 기능화되어 가는 이 시대에 경희의 시도가 "상찬을 받아 마땅하다"고 했습니다. 또 다른 매체는 경희의 실험이 "대학과 사회 전반으로 퍼져 갈 수 있도록 지원해야" 한다며 응원을 보냈습니다. 감사한 일입니다.

전공교육 분야에도 의미 있는 성과가 있었습니다. 응용화학과에 재학 중인 한 학생은 화학 분야의 권위 있는 학술지 〈안게반테 케미(Angewandte Chemie International Edition)〉에 VIP(Very Important Paper) 논문을 게재했습니다. 학부생으로는 상상하기 힘든 큰 영광입니다. 국제경영학부 학생도 제너럴일렉트릭(General Electric) 본사가 전 세계 2,300여 인턴을 대상으로 연 리더십 대회에서 한국 팀을 최정상으로 이끌었습니다. 기계공학과 학생은 특허전략 유니버시아드 대회에서 특허청장상을, 한의학과 학생은 교육과학기술부가 나라를 이끌어 갈 인재에게 주는 대한민국 인재상을 받았습니다. 모두 자랑스러운 경희의 학생들입니다.

지난 몇 년간 교수 학술 부문에서도 큰 성취가 있었습니다. 올해도 그 추세가 이어졌습니다. 한의과대학이 침구경락 연구 부문 세계 최정상의 영광을 안았습니다. 인문사회과학 분야도 매해 약진을 거듭하고 있습니다. 특히 올해, 학술 연구 부문의 성장 면에서 국내 정상에 올랐습니다. 과학기술 분야도 〈Nature〉 〈Science〉 〈Biomaterials〉와 같은 저널에 교수님들의 성취가 이어졌습니다. 예체능 분야도 국내외 주목을 끈 탁월한 성취가 있었습니다.

올해 경희가 이룬 교육·연구 부문 성취의 배경엔 남다른 열정이 있었습니다. 늦은 밤 불 꺼지지 않는 연구실과 실험실과 도서관. 교직원분들의 헌신적인 대학 행정. 우리 모두의 열정과 노력이 더 큰 경희의 미래를 열었습니다.

이제 새해를 맞이하고 있습니다. 한 해 성취를 뒤돌아보면서 미래를 향한 또 다른 질문을 던져야 할 때입니다. "21세기 새로운 명문의 조건은 무엇인가?"

몇 년 전에 경희학원 설립자께서 이런 말씀을 하셨습니다. '경희는 지난 세월 허허벌판에서 시작했습니다.' '수많은 사람들의 각고의 노력으로 오늘의 경희를 이뤘습니다.' '다음 세대의 몫은 하버드보다 멋진 대학을 만드는 일입니다.' '하버드보다 멋진 대학.' 무슨 말일까? 두 차원에서 해석의 여지가 있지 않을까 합니다.

우선 학문적 탁월성입니다. 대학은 학술기관입니다. 학술기관으로 탁월한 교육과 연구에 매진해야 하는 것은 너무도 당연한 일입니다. 경희인은 지난 몇 년간 이를 위해 많은 노력을 기울였습니다. 오늘의 성취는 대학 본연의 모습을 이어 가려는 우리 모두의 열정의 표현입니다.

또 다른 의미는 이런 차원에서도 생각해 볼 수 있을 것 같습니다. 얼마 전 하버드대 드루 파우스트(Drew Faust) 총장의 연설을 읽을 기회가 있었습니다. 이런 말들이 있었습니다. '지난 1년간 하버드는 공공 봉사의 해를 설정해 노력을 기울여 왔습니다.' '대학의 새 역할은 이를 위해 더 많은 노력을 기울이는 일입니다.' 시카고대 마사 너스봄(Martha Nussbaum) 교수도 비슷한 생각을 합니다. '미래대학의 모습은 차이와 경계를 극복하는 세계시민을 양성하고 지구 차원의 문제를 적극적으로 해결해 가는 데 있습니다.'

훌륭한 말씀입니다. 대학의 공적 기여, 지구적 참여는 미래대학의 또 다른 모습일 것입니다. 경희의 역사·전통도 이 가치 위에 서 있습니다. 개인과 사회, 지구사회의 넓고 깊은 지평을 위해 '학문과 평화'의 전통을 이어 왔습니다. 학문의 가치와 미래를 깊이 성찰하면서 인류문명의 또 다른 가능성을 위한 실천적 노력을 기울여 왔습니다.

지난 60여 년 이어 온 사회공헌과 의료봉사, 민주시민교육과 세계시민사회 참여. 경희의 역사는 대학이 무엇을 위해 존재해야 하나 하는 문제를 물었습니다. 학문의 끝과 시작, 시작과 끝은 결국 사람이고, 학문은 더 나은 세상을 위해 존재하기 때문입니다.

경희엔 미래대학의 새 가능성을 열어 갈 열정이 곳곳에 살아 숨 쉬고 있습니다. 국제경영학과 한 학생은 재학 중에 3,200여 시간의 봉사활동을 했습니다. 학부 학생들로 구성된 경희봉사단은 홀로 사는 노인분들을 찾아 자서전을 써 드렸고, 호텔관광대 학생들은 동료 장학금을 마련하기 위해 자신들이 직접 만든 빵과 차를 팔았습니다. 노숙인과 재소자를 위한 실천인문학 과정도 올해 1,500여 명의 졸업생을 배출했습니다. 다문화가족지원센터는 이주 가족이 우리 사회에 조기 정착할 수 있도록 지원활동을 펼쳤습니다.

이외에도 자랑스러운 경희인은 너무도 많습니다. 도움의 손길이 필요한 곳을 찾았습니다. 의료진은 아이티 참사 현장과 동아시아 지역에서 구호와 진료의 손길을 내밀었고, 연평도 포격으로 고통의 시간을 보내는 주민들을 위해 의료봉사 활동을 펼쳤습니다.

학문과 실천의 결합. 이것이 경희의 미래일 것입니다. 상아탑 너머 열린 미래의 인간적 세상을 위해 실천적 노력을 아끼지 않는 것이 경희의 전통이자 지향입니다. 이제 한 해를 마감하면서 새해, 새 희망의 미래를 함께 열었으면 합니다. 격려하고 성원하고 서로 도우면서 더 나은 오늘의 미래를 향한 꿈과 도전을 이어 갔으면 합니다. 감사합니다.

인간, 정치, 문명:
평화 담론은 어디로

올해로 세계평화의 날이 31주년을 맞이했습니다. 1981년 유엔이 '세계평화의 날'을 제정, 선포한 후 경희는 매해 국제회의를 개최했습니다. 반세기 전 이 날의 제안자 경희학원 설립자께선 평화의 날에 담긴 가치와 철학을 이렇게 말합니다. "역사는 인간 마음의 거울입니다. … 우리가 어떻게 살아왔고, 어떻게 살고 있고, 또 어떻게 살아갈 것인지. 우리 마음에 달려 있습니다." "평화의 날은 이런 생각의 지구적 표현입니다." 유엔은 선포에 즈음해 이 날의 또 다른 의미를 이렇게 전했습니다. 평화의 날에 깃든 "평화 이념을 기념하고 강화하기 위해 … 유엔은 모든 노력을 다할 것입니다. …" "다양한 교육수단을 통해 … 정부, 세계시민과의 협력을 아끼지 않을 것입니다."

그런 역사적 배경과 함께 유엔과 경희는 지난해 특별한 행사를 열었습니다. 평화의 날 제정 30주년을 함께 기념했습니다. 뉴욕 유엔 본부와

유엔 제정 세계평화의 날 31주년 기념 Peace BAR Festival 개회식 환영사, 2012년 9월.

이곳 평화의 전당에서 국제회의가 개최됐습니다. 세계로 화상 중계된 회의 주제는 "평화에 또 다른 기회를(Give Peace Another Chance)"이었습니다.

반기문 총장께선 환영사에서 '민주주의, 기후변화와 같은 지구 의제를 위해 세계의 대학과 지성이 나서 줄 것'을 당부했습니다. 뒤이은 기조 발제에서 경희는 '세계기금' 설립을 제안했습니다. 인류가 직면한 인도적 의제를 다루고 지구촌 대학사회의 시민교육과 공공 봉사를 지원하기 위해서입니다. '폭력과 억압을 거부하는 인류.' '기아와 소외로부터 자유로운 인류.' '민주주의와 인권을 수호하는 인류.' 이런 꿈과 함께 고등교육기관의 고양된 역할을 제안했습니다.

올해 국제회의 주제는 30여 년 경희가 쌓아 온 평화의 날 전통 위에 서 있습니다. '인간, 정치, 문명'의 문제를 다룹니다. 이 주제는 새롭지 않습니다. 그러나 우리는 이 문제를 거듭 다뤄야 합니다. 인간, 정치, 문명은 인간사 거의 모든 것을 담아내는 '그릇'이기 때문입니다. '폭력 없는 평화.' '삶의 기초 욕구를 충족하는 평화.' '자유로운 소통과 협력을 고양하는 평화.' 포괄적 의미의 평화를 위해 인간과 정치, 문명 성찰은 거듭돼야 한다고 생각합니다. 평화를 위한 인식 전환을 이뤄야 합니다.

두 세기 전 니체는 현대사회의 위기를 경고했습니다. 인간의 죽음을 말했습니다. 군중의 현실 인식이 인간 존재의 창조적 여정을 가로막는다고 했습니다. 같은 시대의 문호 괴테도 세속의 유혹 앞에 무너져 내리는 인간 영혼을 말했습니다. 인간이 세속의 판단과 이익 앞에 얼마나 무기력한지 보여 줬습니다. 인간의 길. 그 길을 향한 열정과 양심은 이 두 거장의 이야기처럼 시대의 속박, 세속의 유혹으로부터 비교적 자유로워야 할 것입니다. 성찰과 창조의 '영원한 도전'과 함께, 자신과 세계의 열린 가능성을 향해 나래를 펼쳐야 할 것입니다.

인류 진화의 여정만큼이나 긴 역사를 가진 정치도 이와 크게 다르지 않습니다. 오늘의 정치는 '보편의 힘' '긍정의 힘'을 잃어 가고 있습니다. 현대의 현실정치는 조국과 국민, 보편과 통합을 말합니다. 그러나 세속적 판단과 편향된 이익, 권력의 굴레로부터 자유롭지 못합니다. 타산적 선거 공학의 발전과 함께 정치의 현실은 표심을 읽어 내는 '통합 정치' '섬김의 정치'를 내세웁니다. 그러나 인간의 내면과 공적 실천을 담아내는 정치는 우리와 멀게만 느껴집니다. 여전히 인간의 인간적 역사, 인류 보편의 미래는 풀어야 할 과제로 남아 있습니다.

현대사회, 현대정치의 이런 모습과 함께 오늘의 문명사적 흐름 역시 순탄치만은 않습니다. 질주하는 시장과 성장의 논리. 그 앞에 방향 잃은 현대문명은 '더 많이' '더 빨리' '더 편하게'를 강조합니다. 그러나 지구촌 곳곳에는 굶주림과 소외 같은 기본적 삶의 문제가 뿌리 깊게 남아 있습니다. 서구사회 역시 '점령하라 시위'와 같은 위기의 징후가 크게 대두되고 있습니다.

누군가는 "세상은 평평하다(The World is Flat)"고 말합니다. 깊어지는 상호 의존과 연결이 과학기술과 정보통신 혁명과 함께 평평한 세상을 만들어 간다고 합니다. 소통하고 교류하고 협력하는 공감의 시대가 목전에 있다고 합니다. 그러나 카뮈(Albert Camus)가 말하던 '못다 이룬 인간 역사의 반 토막,' '사랑과 관용'의 역사는 아직 요원해 보입니다.

지구촌 도처에 풍요와 번영의 상징인 마천루가 솟기 시작한 지 오랜 세월이 흘렀습니다. 최근엔 유튜브, 페이스북, 인터넷 물결이 지구촌을 덮고 있습니다. 시장과 사회의 성장이 눈부신 속도로 이뤄집니다. 그러나 그런 가운데도 깨끗한 물 한 모금의 절규, 쌀 한 톨의 고통, 억압에 항거하는 투쟁의 목소리가 귓전을 맴돕니다.

이 모든 것이 무엇을 말할까? 인간의 위기, 정치의 위기가 시대 변화에도 불구하고 풀리지 않고 있다는 점입니다. 이 문제를 되짚어야 합니다. 그러지 않을 때 우리가 염원하는 평화의 미래는 신기루에 불과합니다. 하이젠베르크(Werner K. Heisenberg)의 지적처럼 현대의 인류는 '부분과 전체'의 괴리가 만연한 세상에 살고 있습니다. 분절된 사고와 패러다임의 홍수 속에 인류는 '단절의 역사'를 경험하고 있습니다. 인간과 정치, 문명 간 대화가 절실한 이유일 것입니다.

최근 리더십 변화가 지구촌 곳곳에서 일고 있습니다. 미국과 러시아에서, 중국과 일본에서, 다가올 연말엔 우리나라에서도 대선이 치러집니다. 문명 위기의 징후도 일상을 깊이 파고듭니다. 쓰나미로 인한 원전 위협. 녹아내리는 극지방 빙하. 거리로 내몰린 실직자들의 고통. 넋 놓은 기아와 질병의 절규. 폭정에 시달리는 시민의 분노. 이처럼 일상화된 인류의 위협, 지구의 위험은 근본을 되짚으라는 메시지를 보냅니다.

이 위기의 시대에 오늘은 특별한 분을 모셨습니다. 예일대 월러스타인

(Immanuel Wallerstein) 교수님이십니다. 월러스타인 교수님께선 인간과 문명에 관해 오래 천착해 오신 석학이십니다. 자본주의 세계체제의 역사와 진화, 문명과 정치에 큰 관심을 기울여 오셨습니다. 저도 최근엔 월러스타인 교수님의 〈유토피스틱스(Utopistics)〉와 〈지식의 불확실성(The Uncertainties of Knowledge)〉을 접할 기회가 있었습니다. 지구사회와 미래 문명을 열어 갈 탁월한 안목과 혜안을 주고 계십니다. 결례가 될지 모르지만, 월러스타인 교수님, 자리에서 잠깐 일어서 주시겠습니까? 큰 환영의 박수를 부탁드립니다.

이제 환영사를 마감하면서 올해 흥미롭게 읽은 두 권의 책을 소개하고자 합니다. 스티븐 그린블랫(Stephen Greenblatt)의 〈빗나감(The Swerve: How the World Became Modern)〉과 에드워드 윌슨(Edward O. Wilson)의 〈지구의 정복자(The Social Conquest of Earth)〉입니다.

그린블랫은 '현대성은 어떻게 형성됐나'라는 문제를 추적합니다. 흥미로운 이야기를 이어 갑니다. 그 중심엔 고대 철학자 루크레티우스(Lucretius)의 철학적 서사가 있습니다. 〈사물의 본질에 대하여(On the Nature of Things)〉란 시입니다. 중세 암흑기 감시의 눈초리를 피해 암암리에 회자되던 루크레티우스의 시가 15세기 어느 날 책 수집가에 의해 세상에 나옵니다. 2,000년 전 태어난 그 시엔 놀라운 관찰이 담겨 있습니다. '인간과 지구가 우주의 중심이 아니다.' '사후세계는 없다'고 말합니다. '우주는 원자가 서로 교차하고 충돌하는 가운데 오묘한 생성과 소멸의 질서, 혹은 무질서를 만든다'는 상상을 펼칩니다. 고대에서 중세 암흑기로 넘어오는 과정에 루크레티우스의 서사시가 지하에 숨겨진 채 빛을 보지 못했다는 점은 충분히 이해가 갑니다. 그런 그의 생각이 1,000년이란 세월이 훌쩍 지나 당대 지성의 큰 관심을 받았습니다. 미켈란젤로, 레오나르도 다빈치, 단테, 셰익스피어, 괴테, 홉스, 스피노자, 마키아벨리…. 르네상스 시대와 그 후 지성사에 큰 영향을 미쳤습니다. 현대사상의 큰 흐름을 이뤘습니다.

윌슨 교수의 〈지구의 정복자〉는 전혀 다른 내용을 담아냅니다. 그러나 이 책 역시 제겐 큰 여운으로 다가섭니다. 윌슨 교수는 진화생물학자로 널리 알려진 분입니다. 1975년 진화생물학을 이끈 〈사회생물학(Sociobiology)〉을 출간했습니다. 그 책에서 윌슨 교수는 지구상 진화 과정이 종족과 혈연의 안위를 위해 봉사하는 종을 선택한다는 이른바 '친족 선택(kin selection)' 이론을 펼칩니다. 그 후 이 이론은 학계 정설로 자리 잡았습니다. 오랜 기간 많은 추종자를 양산했습니다. 그러나 윌슨 교수는 올해 펴낸 책에서 전혀 다른 이론을 내놓습니다. 자신의 주장을 스스로 뒤집습니다. 그의 새로운 '그룹 선택(group selection)' 이론은 이렇게 말합니다. '지구를 정복한 인간의 진화는 공동체 보존을 위한 가치를 도모하는 그룹 활동으로 더 잘 설명될 수 있다.' 자신이 함께한 학계 정설을 뒤엎는 주장인 셈입니다.

환영사에서 책 소개를 하는 것은 어울리지 않습니다. 그럼에도 오늘은 송구하게도 장황하게 했습니다. 경희가 개교 이래 모색해 온 '학문과 평화'의 전통을 최근 학문적인 표현으로 전하기 위해서입니다. 경희는 지난 60여 년 학문의 미래를 열어 왔습니다. 학문이란 대학 본연의 가치와 함께 또 다른 소명을 추구해 왔습니다. '학문의 지구적 실천'입니다. 이를 통해 '평화로운 인류사회'를 구현해 왔습니다. '학문과 평화.' 이 두 가치를 추구하면서 '우주의 기원' '생명의 진화' '더 나은 문명 창달을 위한 지구적 실천'의 의미를 되새겨 왔습니다. 인간과 문명의 열린 가능성을 말해 왔습니다.

그 가능성은 그린블랫과 윌슨 교수의 노작이 담아내려는 키워드가 아닌가 합니다. 동시에 경희가 지난 60여 년 추구해 온 가치이기도 합니다.

오늘부터 3일간 학술회의와 예술행사가 열립니다. '인간, 정치, 문명의 미래'가 필요로 하는 '학문과 평화' 담론의 또 다른 가능성을 열어 주시기 바랍니다.

‘정치’와 대학 행정

이번 합동교무위원연찬회 주제는 ‘미래대학의 길, 우리는 어디에…’입니다. 친숙한 주제입니다. 이젠 꽤 오랫동안 고민했던 주제입니다. 특히 지난해부터는 ‘전환’의 주제를 다뤘습니다. 학술기관의 탁월성을 향해 어떤 행보를 이어 갈 것인지, 현주소는 어디인지, 이런 문제를 다뤘습니다.

오늘 강연에 모신 김용민 포항공대 총장님께서 대학의 기상에 관한 말씀을 주셨습니다. 시각자료로 보여 주신 연어의 모습이 인상적이었습니다. 목적을 위한 투지라 해야 할지. 본능의 위대함이라 해야 할지. 물길을 헤쳐 오르는 모습이 인생과도 닮은 부분이 있습니다.

그간 교무위원 여러분과 함께해 온 ‘경희의 여정’에 우리는 서로 도우며 많은 변화와 창조를 이어 왔습니다. 비전을 수립하고 목표를 설정했

2012학년도 2학기 합동교무위원연찬회 인사말, 2012년 8월.

습니다. 관행에 개선이 필요한 부분을 찾아 나섰습니다. 문제해결을 위한 대안도 함께 마련했습니다. 그런 노력 덕분에 이젠 어느 정도 기틀을 다졌다고 생각합니다. 다음 단계를 준비해야 할 때입니다.

'함께 걸어온 길, 우리는 지금 어디를 향하고 있을까?' '그간의 성취를 기반으로 무엇을 할 것인가?' 현시점에 중요해 보이는 물음들입니다. 저는 오늘, 엉뚱한 생각이지만, 이 문제를 다루기 위해 '정치'의 의미를 함께 생각해 보자는 말씀을 드립니다. 특히 우리가 희망하는 대학의 미래, 학술의 미래를 더 성공적으로 열기 위해 인간사 거의 '모든 것이 정치(It's all politics)'라는 정치학의 한 명제를 짚어 보자는 말씀을 드립니다.

보통 '정치' 하면 좋지 않은 이미지가 떠오릅니다. 목적 달성을 위해 수단 방법을 가리지 않는 것이 정치라는 일반적인 생각 때문입니다. 이 생각의 원조 중 한 사람은 여러분이 잘 아시는 인물입니다. 니콜로 마키아벨리입니다. 선이든 악이든 수단을 가리지 않고 '권력이란 목적의 문고리'를 장악하는 것이 정치의 본질이라 생각했던 사람입니다. 물론 좀 더 깊이 살피면 마키아벨리가 생각했던 것은 다른 측면도 없지 않은데, 아쉽게도 '세속 정치의 현실'에 익숙한 사람들은 이 명제를 사고와 행동의 규준으로 받아들이는 경향이 있습니다. 결과는 비극적입니다. 역사가 말해 주듯이 정치세계엔 치열한 경쟁과 각축이 넘쳐 났습니다. 왜곡과 비루한 투쟁의 현실, 다양한 형태의 폭력 현장이 있었습니다. 그런 연유에서 많은 사람들이 정치를 '부정적인 것'으로 받아들이는 것 같습니다.

정치에 대한 해석이 옳든 그르든 현실정치를 바라보는 관점은 이것만이 다가 아닙니다. 전혀 다른 각도에서도 볼 수 있습니다. 자기표현과 공동의 가치 측면입니다. 인간이 자신을 표현하고 타인과 관계 맺는 가운데 자아를 찾아 가는 과정. 자신의 이익과 가치를 실현해 가면서 타인과 소통의 지점을 찾아 나서는 과정. 그런 관점에서 정치를 바라보면 정치는 전혀 다른 의미로 다가섭니다. 차이와 조화, 공감과 합의의 과정을 말할 수 있습니다.

인간사 거의 '모든 것'을 만들어 내는 정치, 앞서 말씀드린 서로 다른 정치의 의미에서 무엇을 선택할 것인가? 힘든 문제입니다. 주어진 현실과 우리의 소망이 공존하기 때문입니다. 그러나 현실과 소망이 항상 혼재된 채 공존한다는 사실이 오히려 희망을 줍니다. '더 나음'을 향한 개개인의 꿈과 열정을 함께 말할 수 있기 때문입니다.

연찬회 석상에서 정치 이야기를 오래 해 미안하게 생각합니다. 그러나 그 취지는 현실 너머 세계에 주목하자는 것입니다. 구성원 한 사람 한 사람의 자아실현과 자기 성취를 위해 노력해 보자는 것입니다. 소통과 공감의 지대를 만들어 갈 때 더 나은 대학의 미래를 말할 수 있습니다. 대학 행정의 또 다른 모습을 찾아 나설 수 있습니다.

이런 목표를 위해서는 제도의 과감한 혁신이 필요합니다. 자기강화를 지원하는 정책이 중요합니다. 앞서 경영대학장께서도 지적하셨지만 대학의 제도나 규정 중엔 경직된 부분이 있습니다. 그동안 많이 개선해 왔지만, 아직 더 노력해야 할 부분도 있습니다. 물론 대학은 다양한 구성원으로 이뤄져 있어, 보편적인 제도와 정책을 추구하기가 어렵습니다. 그러나 유연성을 견지하면 '공감과 합의'를 위한 공간은 항상 열려 있습니다. 학과나 단과대학, 개인 발전에 도움이 된다면, 제도나 정책을 최대한 유연하게 조율하는 것이 필요해 보입니다. 다양성이 수렴될 때 더 큰 역동성이 가능해집니다. 긍정적 의미의 정치는 이 가능성을 찾아 나섭니다. 그리고 우리의 책무가 바로 여기 있지 않나 생각합니다.

끝으로 오늘 원탁회의에서 공간에 관한 토론도 있었습니다. 특히 자연과학, 의학 계열, 공학 계열은 연구를 위한 실험 공간이 필요합니다. 올해 연말 착공하는 캠퍼스 마스터플랜 사업을 통해 공간 수요를 최대한 충족시키고자 합니다. 그러나 완공까지 2~3년의 시간이 필요합니다. 그때까지 부족 부분을 방치할 수 없습니다. 대안이 필요합니다. 국제캠퍼스는 가건물 건축을 통해 필요한 부분 일부를 충족했지만, 여전히 공간이 더 필요합니다. 서울캠퍼스 역시 비슷한 상황이라고 합니다. 양캠퍼스 노후 건물도 대안 마련이 필요합니다. 연찬회 후 건설사업단, 캠퍼스 부총장실이 협의해 방안을 마련해 주시기 바랍니다.

건축 규제가 다소 완화된다고 합니다. 그렇게 되면 교육·연구 필요 시설을 만들 수 있습니다. 활용 계획을 창의적으로 준비해야 합니다. 면밀한 조사를 통해 안정적 재정 기반도 마련해야 합니다.

'미래대학의 길, 우리는 어디에…'라는 주제는 지금 우리의 현 위치를 점검하자는 취지를 담고 있습니다. 더 큰 그림을 그리면서 우리 모두가 염원하는 미래대학을 함께 만들자는 의미입니다. 그 과업을 이루는 과정에 구성원 한 사람 한 사람이 자신의 성취와 보람을 찾을 수 있도록 최대한 지원하는 제도와 정책, 행정을 펼쳤으면 합니다. 이번 연찬회가 그 가능성을 열었으면 합니다.

함께 생각하는 대학의 근본

올 한 해도 건강한 모습으로 마감하게 되어 기쁘게 생각합니다. 새해도 더 활기찬 모습으로 많은 일 이루시기 바랍니다.

며칠 전 학생들과 자리를 함께했습니다. 새로 구성된 학생회 대표들과 간담 시간을 가졌습니다. 교내 식당에서 오랜 시간 이야기를 나눴습니다. 학생들이 갖고 있는 진솔한 생각과 문제의식을 접할 수 있었습니다. 그 자리에서 한 학생이 질문을 했습니다. "총장님은 등록금 문제를 어떻게 생각하세요?" 이런 생각을 전했습니다.

> 2년 전 우리 대학은 '미래협약'을 맺었습니다. 교수, 학생, 직원 대표가 오랜 숙의 과정을 거쳐 협약을 체결했습니다. 협약의 핵심은 서로 배려하고 존중하는 대학 문화입니다. 구성원이 공감하고 합의할 수 있는 지점을 찾아내는 일이 중요합니다.

Magnolia 2013 인사말, 2013년 12월.

이 대화를 소개해 드리는 이유는 대학 발전을 위해 "공감과 합의"가 소중하기 때문입니다. 경희의 교훈은 "학원의 민주화" "사상의 민주화" "생활의 민주화"입니다. '민주화'는 분분한 의견에도 불구하고 서로 다른 의견과 입장을 존중합니다. 합의할 수 있는 공감대를 형성하는 일이 민주주의의 요체일 것입니다.

오늘 경희의 이런 전통과 함께 대학의 근본에 관한 몇 가지 생각을 함께 나눴으면 합니다. '대학의 문호'와 학생들의 '영예 제도'에 관한 문제입니다. 그 철학에 관한 이야기입니다.

얼마 전 서울 소재 대학 총장님들과 오찬을 했습니다. 공교육 정상화 이야기가 나왔습니다. 대학이 학생 선발에 변화를 기하면 사교육 문제에 도움이 될 수 있지 않나 하는 이야기였습니다. 이 문제는 오래된 문제입니다. 우리 사회가 오랜 세월 고민과 숙의를 거듭해 온 사안입니다. 그러나 풀어야 할 과제는 여전히 남아 있습니다. 누구나 공감하는 대학입시의 바람직한 방향이 여전히 멀게만 느껴지는 것이 현실입니다.

이 문제를 생각하면 떠오르는 사례가 하나 있습니다. 프랑스의 대학입시입니다. 이 나라엔 1주일간 시행되는 바칼로레아라는 제도가 있습니다. 바칼로레아는 첫날 철학적 질문을 하는 것으로 시작합니다. 미래를 짊어질 젊은이들의 사유의 깊이를 가늠할 수 있는 문항을 던집니다. 짧은 문항을 통해 학생들의 인생관, 세계관을 묻습니다.

이 제도에도 사교육이 개입할 여지가 있을지도 모릅니다. 그러나 언젠가 접했던 프랑스 고교 교재는 다른 생각을 하게 합니다. 우리나라 대학과 대학원 학생이 읽어도 될 만한 깊이 있는 내용을 담고 있었습니다. 그러나 그 깊이는 매우 평범한 삶의 근원에 관한 것입니다. 자신의 삶과 교실의 학습에 충실하면 또 다른 교육의 필요성을 느끼지 않아도 될 만큼 근본적인 문제를 다룹니다. 이런 유형의 문제를 통해 미래세대를 선발합니다.

우리 사회가 생각하는 고등교육의 존재이유는 무엇일까요? 제 자신도 사회의 '정론'을 아직 잘 모릅니다. 그러나 한 가지 사실은 느끼고 있습니다. 대학이 개인과 사회, 인류에 기여하는 학술의 전당으로 다시 서야 한다는 점입니다. 미래세대가 드넓은 학문세계를 통해 자신과 세계의 더 나은 미래를 위해 안목과 식견, 시민성과 전문지식의 견실한 토대를 쌓아 가야 한다는 점입니다.

공교육은 대학이 변할 때 더 나은 곳으로 나아갈 수 있습니다. 대학의 변화는 사회와 정부 인식이 바뀔 때 힘을 받습니다. 교육의 진취적 변화를 일궈 내는 일. 이 시대의 큰 과제입니다.

대학의 근본에 관해 숙고해야 할 또 다른 사안도 있습니다. 영예 제도입니다. 학생의 학문적 성취에 관한 영예와 보상 제도입니다. 대학들은 경쟁적 풍토 속에서 이 제도를 이어 갑니다. '경쟁' 위주의 장학제도를 시행합니다. 탁월한 학문 성취는 개인과 사회, 세계 발전에 기여합니다. 그런 만큼 대학이 이를 이어 가는 일은 당연합니다. 그러나 학업성적 차이에 편중된 학사 제도엔 문제가 있습니다. 몇 점 차로 진입 여부가 결정되는 대학의 관문. 그 관문을 통과하면 또 이어지는 학점 위주의 영예와 보상 제도. 그런 제도 속에서 과열 경쟁이 일어납니다. 경쟁을 위한 배타적 경쟁이 만연합니다.

대학의 근본 소명은 학문의 깊이를 이끌어 내는 것입니다. 학문의 깊이는 경쟁을 전제로 하지 않습니다. '경쟁'보다는 '수신(修身)'의 관점에서 바라봐야 합니다. 깊은 성찰과 탐구, 진리를 향한 치열한 노력을 통해 쌓고 또 쌓는 것이 학문입니다. 이를 통해 개인과 사회, 세계의 미래를 열어 가는 것이 학문입니다. 그 소임을 위해 교육은 경쟁을 위한 경쟁을 지양해야 합니다. 학문과 삶의 의미를 찾아 나서는 열정과 노력에 힘을 더 실어야 합니다. 몇 점 차에 좌우되는 영예와 장학 제도는 긴 호흡이 필요한 학술 발전을 저해할 수 있습니다. 학문적 깊이에 전념하는 학생들의 고민과 좌절을 더 깊게 합니다.

최근 변화가 일고 있습니다. 학생들의 향학열을 위한 정부 지원이 늘었습니다. 바람직한 방향입니다. 그러나 아직 충분치 않습니다. 대학도 노력을 더 기울여야 합니다. 일 때문에 시간에 쫓겨 학문에 매진하지 못하는 학생들을 위한 변화가 필요합니다. 재정적으로 큰 어려움 없이 학문을 도모하고, 자신과 사회, 세계의 성취를 함께 이루려는 학생들을 더 도와야 합니다. 정부와 대학 그리고 사회가 뜻을 모아야 할 때입니다.

몇 달 전 출판사로부터 신간 추천사를 써 달라는 요청을 받았습니다.

저자는 해외 대학 종신 교수로 재직 중이신 80대 초반의 원로 교수님이십니다. 지난해 400여 쪽의 〈지구의 정복자〉란 저서를 출간하셨습니다. 학계와 언론의 큰 관심을 받았습니다. 지난 5월 그 교수님을 특별 강연에 모시고자 했습니다. 부득이 올해는 방문하지 못하신다는 회신이 왔습니다. 아프리카 대륙 어느 지방의 생태계 탐사 계획이 있다고 합니다. 아쉬웠습니다. 그러나 많은 것을 생각하게 했습니다. 만년의 학술 연구를 위한 생태계 탐사…. 우리가 존경해 마지않는 그런 학자의 모습입니다.

학문의 끝없는 여정을 향해 정진하는 교수. 그런 스승의 가르침과 함께 자신과 사회, 미래를 꿈꾸는 제자. 또 그런 열정을 성심껏 지원하는 대학 행정. 누구나 바라는 고등교육의 이상향일 것입니다. '대학다운 대학'의 모습일 것입니다. 그러나 그 모습의 구체적 현실은 아직 더 만들어 가야 할 미래입니다.

오늘 말씀드린 두 문제는 대학 교육의 근간을 이룹니다. 대학다운 대학의 미래를 열어 가는 데 중요한 사안입니다. 대학에 진학할 미래세대를 위해, 그리고 미래를 이끌어 갈 후학을 위해 더는 늦추지 말아야 할 사회적 화두입니다. 이 화두에 중지를 모았으면 합니다. 공감과 합의의 미래를 열었으면 합니다.

내년은 개교 65주년입니다. 경희는 그간 대학의 근본 강화를 위해 노력해 왔습니다. 연구 부문에 괄목할 만한 성취가 있었습니다. 앞선 영상에서 보셨듯이, 경희는 지난해에 이어 올해도 탐사용 인공위성을 우주로 보냈습니다. 교육 면에서도 큰 변화가 있었습니다. 재학생 학습 만족도가 올해 정상에 올랐습니다. 실천과 봉사 면에서도 따뜻한 손길이 이어졌습니다. 필리핀 태풍 피해 지역에 의료봉사단이 다녀왔습니다. 지구사회봉사단은 교육 기부 기관 중 가장 영예로운 상을 수상했습니다. 애써 주신 모든 분들께 감사드립니다.

끝으로 최근 소식 하나를 전하고자 합니다. 몇 주 전 세계대학총장회(International Association of University Presidents, IAUP)로부터 제안이 있었습니다. 내년 6월 열리는 이 기관의 정기총회에 참석해 달라는 요청입니다. 이듬해 영국 옥스퍼드에서 개최되는 세계대학총장회 창립 50주년 기념 회의에도 참석을 제안해 왔습니다. 세계대학총장회는 경희학원의 설립자와 해외 대학 총장 몇 분께서 발의해 1965년 옥스퍼드대학에서 출범했습니다. 대학의 '사회적 책임' '지구적 실천'과 함께 더 나은 미래를 열자는 취지를 갖고 있습니다. 그 취지는 경희의 전통과 맥을 같이 합니다. "대학의 미래" "인류의 미래"를 지향하는 것입니다. 60주년을 맞아 유엔 경제사회국(United Nations Department of Economic and Social Affairs, UNDESA)과 함께한 세계시민포럼, 2년 전 유엔 아카데믹임팩트(United Nations Academic Impact, UNAI)와 공동 주최한 "평화에 또 다른 기회를(Give Peace Another Chance)"이란 주제의 국제회의도 맥을 같이합니다.

우리는 그간 대학의 근본 가치 강화를 위한 도전을 거듭해 왔습니다. 그 위에 현대사회의 미래를 향한 열정을 키웠습니다. 내년엔 그 가치와 열정을 세계와 공유하고자 합니다. 유엔 문명연합(UN Alliance of Civilizations, UNAOC)과 UNAI, 유엔 글로벌콤팩트(UN Global Compact, UNGC)

도 협력 의사를 밝혀 왔습니다.

세계와 함께하는 경희. 평화로운 미래를 지향하는 경희. 그 전통 위에 고등교육의 새 지평을 함께 열었으면 합니다.

진실과 평화의 전위, 미래를 깨우려면

'세계평화의 날' 기념행사가 올해로 34회를 맞았습니다. "함께할 우리의 가치, 그 가능성의 미래"를 주제로 '평화주간'의 의미를 다시 한번 새기고자 합니다. 이번 행사를 위해 영상 축사를 보내 주신 반기문 유엔 사무총장님. 이리나 보코바 유네스코 사무총장님. 깊은 감사와 존경의 마음을 전합니다.

오늘 이 자리엔 특별한 분들이 함께하셨습니다. '벨벳 혁명'의 주역 바츨라프 하벨 전 체코 대통령의 명예 평화학 박사학위 수여식을 위해 이반 하벨 박사님 내외분이 내방하셨습니다. 큰 박수로 환영해 주시면 감사하겠습니다. 다른 특별한 분들도 자리를 함께해 주셨습니다. 토마쉬 후삭 주한 체코 대사님. 카렐대학교 마르틴 부트나 교수님. 체코국립음악대학 레오쉬 체피츠키 교수님. 참석해 주셔서 감사합니다.

고(故) 바츨라프 하벨 전 체코 대통령 명예박사학위 수여식 기념사, 2015년 9월.

34년 전 유엔 본부에선 특별한 일이 있었습니다. 1981년 11월 36차 유엔 총회에서 유엔 회원국 전원 찬성으로 '세계평화의 날'이 제정, 선포됐습니다. 유엔은 그 후 9월 셋째 주를 '평화의 날 주간'으로 설정했습니다. 우리 시간으로 오늘 밤 유엔 사무총장의 '평화의 종' 타종을 시작으로 평화주간이 시작됩니다.

경희도 유사한 전통을 이어 왔습니다. 1981년 세계평화의 날 제정 후 33년, 매년 인류와 지구의 미래를 위해 다양한 학문적, 실천적 주제를 논의하는 행사를 개최해 오고 있습니다. 여기엔 남다른 배경이 있습니다.

1981년 7월 영세중립국 코스타리카 수도 산호세에선 세계대학총장회 6차 총회가 열렸습니다. 총회에서 경희는 유엔 '세계평화의 날과 해' 제정을 제안했습니다. 1979년, 소련의 아프가니스탄 침공. 뒤이은 미·소의 "Space War" 논쟁과 3차 세계대전의 공포. 신냉전 시대의 도래와 함께 산호세에 모인 세계 대학 총장들은 결의를 다졌습니다. '유엔에 세계평화의 날과 해를 제안한다.' 로드리고 카라조 코스타리카 대통령은 세계대학총장회의 결의를 그해 유엔 총회에 상정했습니다. 오늘 우리가 기념하는 세계평화의 날은 1981년 11월 그렇게 탄생했습니다.

지난 60여 년 경희는 "평화는 개선(凱旋)보다 귀하다(Peace is more precious than triumph)"는 가치를 표방해 왔습니다. 인간의 인간적 삶을 위해 '학문과 양심의 자유,' 고등교육의 문명사적 소임을 구현해 왔습니다. 65년 전 피로 물든 한국전쟁의 와중에 집필된 설립자의 저서 〈문화세계의 창조〉 도입 문구는 그 정신의 시대적 갈망을 이렇게 전합니다.

> 새로운 세기는 새로운 정치 이념을 필요로 합니다. 세계는 지금 조난당한 난파선! 창망한 바다 한가운데서 구원을 기다리고 있습니다. 평화 없는 냉엄한 현실은 성난 파도처럼 포효하고, 우레처럼 진동하며, 때로는 만경창파와 같은 살풍경입니다.

'자유와 평등' '민주와 공산'의 치열했던 대립. 서로가 서로를 겨냥한 폭력과 파괴. 한반도는 그런 첨예한 역사의 시험장이었습니다. 체제와 이념 차이가 빚어낸 참혹한 역사의 현장이었습니다. 그 치열한 삶의 현장에서 인간의 진실과 존엄, 양심과 가치를 논하는 것은 사치였을지 모릅니다. 그러나 절망과 절규 속에서도 희망의 불씨는 찾아져야 했습니다. 저자는 피난길에서 만난 한 농부의 간절한 사연을 이렇게 기억하고 있었습니다.

> 낮에는 인공기, 밤에는 태극기…, 우리 같은 민초에겐 그저 목숨만 지켜 주고, 먹고살게 해 주면 그게 다인데….

'국민의 안전과 생명을 지키고 먹고살게 해 주는 것.' 너무도 근원적인 국가의 책무입니다. 그 어렵고 힘겹던 시절엔 더 그랬을지도 모릅니다. 그러나 역사의 현장이 말하듯이 현실의 정치세계는 반드시 그런 것만은 아닙니다. 좌와 우, 공산과 자유의 세계는 국가의 근본 책무인 인간의 기본욕구가 외면됐던 수많은 삶의 현장을 만들었습니다.

무엇이 문제인지. 왜 이념과 체제의 대립과 폭력이 끝없이 이어지는지. 우리는 이제 더 깊이, 더 넓게 '진실'에 접근해야 합니다.

30여 년 전 어느 정치인은 정치의 또 다른 지평을 위한 사유의 단초를 이렇게 전했습니다. "체제 억압은 인간성을 소외시킵니다. 동시에 다수의 침묵은 체제를 지탱시킵니다." 체제와 이념에 틀 지어진 사유와 삶의 위험을 이처럼 경고한 분은 "힘없는 자의 힘"의 저자, 잠시 후 만나 뵙게 될 고(故) 바츨라프 하벨(Václav Havel) 전 체코 대통령입니다.

한평생 저항 지성으로, 무혈 민주혁명 '벨벳 혁명'의 주역으로, 인간의 진실과 존엄, 자유와 책임을 강조했던 정치인 하벨. 그는 닫힌 체제의 억압적 삶, 폭력의 실체를 깊이 들여다봤습니다. 체제는 권력을 위해 자유로운 삶을 위협하고 체제에 친숙한 삶의 양식은 그 체제의 생명력을 연장한다는 것이 그의 생각입니다. 내면의 진실에 귀 기울이고 이를 위한 시민의 책임을 다할 때, 우리는 '진리 안의 삶'을 향할 수 있다고 합니다.

'억압적 현실의 벽에 맞서 침잠된 삶에서 벗어나는 일.' 이를 위한 하벨의 정치적 실천은 그가 속한 동구권의 역사에서 비롯됐습니다. 그러나 오랜 세월 인류와 함께한 '전체성'의 위협은 더 넓은 의미를 가집니다. 과거 동구에 주어진 문제가 개인에 우선하는 억압사회의 위협이라면, 세계가 지금 처한 현대문명의 문제는 다수 개인의 삶의 양식으로 자리 잡은 시장 편향의 지향입니다. 지역과 나라 경계를 자유롭게 넘나드는 자본과 상품의 물결. 점점 더 물화되어 가는 인간의 영혼. 더 많은 소유와 소비, 욕망의 덫과 함께 펼쳐지는 현대문명의 틀과 구속은 다양한 인간의 문제, 지구의 문제를 야기하고 있습니다. 1972년 출간된 로마클럽 보고서 〈성장의 한계〉가 경종을 울렸던 굶주림과 자원 고갈, 환경파괴 같은 현대사회의 문제가 그 심각성을 더해 갑니다.

최근의 한 미래 전망 보고서는 전합니다. 지금 지구상엔 1.5달러 미만으로 하루를 살아가는 이들이 10억 명에 이른다고 합니다. 또 다른 이들은 앞으로 30~40년 내 지구의 거의 모든 어장과 화석연료가 고갈되고, 기후변화로 인한 자연재해는 더 이상 감당할 수 없는 국면으로 접어들 것이라 합니다. 지난해 공표된 영국 국방부 '미래전략연구소' 보고서(〈Global Strategic Trends—Out to 2045〉, Development, Concepts and Doctrine Centre, DCDC)는 또 다른 충격을 전합니다. 수십 년 내 막대한 자본과 첨단기술을 갖춘 초국적 기업이 국가를 대신해 전쟁을 치를 수 있다고 합니다. 21세기 인류에게 가용한 나노기술과 인지과학, 로봇공학, 생화학 지식은 인류가 전혀 경험하지 못했던 새로운 폭력과 전쟁을 초래할 수 있습니다.

이제 우리는 또다시 물어야 합니다. 미래는 어디를 향하고 있는 것인가? 앞으로 무엇을 해야 하나?

시대의 지성과 양심은 미래에 대한 무한 책임을 안고 있습니다. 차세대의 지속 가능성을 이어 가기 위해선 상상과 창조의 지구시민의식이 필요합니다. 그러나 그 길은 쉽게 오지 않습니다. 우리 스스로 시장의 욕망과 편의, 이윤과 실리에 젖어 있는 한 변화는 쉽게 찾아오지 않을 것입니다. 또 다른 점에선 체제의 규범과 문화로부터의 이탈은 '소외의 두려움'을 부릅니다. 생산과 소비, 무한 성장의 체제 지향은 이를 지탱하는 사회의식의 관성을 이어 가게 합니다. 21세기 현대문명에 드리운 그림자는 그래서 쉽게 거둬들일 수 없습니다. 결과는 어렵지 않게 예측할 수 있는 미래입니다. 거듭된 경종에도 불구하고 지속되는 지구적 차원의 위협입니다.

우리의 미래는 근본적인 대안을 요청하고 있습니다. 더 나은 미래, 지속 가능한 미래를 향한 새로운 가능성은 시급히 탐색돼야 합니다. 누군가는 이를 위해 '예언자적 역량'의 시대적 필요를 말합니다. 과거, 현재의 문제를 깊이 성찰하고, 미래를 내다보는 예찰의 힘이 우리 안에 내면화돼야 한다고 합니다. 또 다른 이들은 '영혼의 불꽃' '의식의 힘'에 귀 기울일 것을 주문합니다. 우리가 구하는 진실과 정의란 무엇인지. 시대와 함께해야 할 내면세계와 문명의 관계는 무엇인지. 세계는 이 원천적 물음에 답해야 한다고 합니다.

세계화의 지구문명이 쌓아 온 인위의 진실, 타산적 욕망의 침묵을 넘어서기 위해선 내 안의 또 다른 진실과 가치의 지평을 찾아 나서야 합니다. 미래로의 책임과 이를 위한 '초월의 역량'을 모색해야 합니다. 우리는 지금보다 더 멀리 내다볼 수 있습니다. 주어진 현실의 심층을 생각할 수 있습니다. 지금 여기 내가 영위하는 삶 너머 세계를 꿈꾸는 것, 현대문명이 이뤄 낸 성취와 한계를 성찰하는 것. 그것이 이 시대를 살아가는 우리의 책무가 아닌가 합니다.

앞서 말씀드린 〈성장의 한계〉 집필에 참여한 저자가 최근 또 다른 40년을 내다보는 전망을 책으로 출간했습니다. 이 시대에 던져진 '오래된 경고'를 다시 한번 들려줍니다. 소외를 부른 현대문명, 사유와 삶의 억압을 부른 시장문명의 한계에 관해 이런 '결론 아닌 결론'을 내립니다. "할 말이 딱 하나 더 있습니다." 성장과 팽창의 문명이 드리운 어두운 그림자에 관한 "내 예측이 틀리도록 도와주길 바랍니다."

인간의 인간을 위한 진실과 가치에 주목하지 않으면 '더 나은 미래'는 결코 쉽게 오지 않습니다. 우리 안의 또 다른 '진실'과 '가치'를 일깨울 때, 인류와 지구의 미래를 말할 수 있습니다. 현실에 머무는 나는 오늘을 반복할 뿐입니다. 더 나은 미래는 내가 나를 넘어설 때 가능해집니다. 우리 안에 주어진 초월의 역량과 함께 미래를 말해야 합니다. 꿈과 희망을 찾아 나서야 합니다. 지속 가능한 인류의 내일을 위해 고군분투하는 일. 오늘을 살아가는 우리에게 주어진 시대의 과업입니다.

잠시 후 우리는 세계인 하벨의 영혼과 철학을 만납니다. 한평생 그가 주창한 "실존 혁명"의 인간적 과업에 경희의 명예를 헌정합니다. 지난 66년 경희는 그 정신 혁명의 가능성과 함께 "학문과 평화"의 길을 걸어왔습니다. 인간 내면의 양심과 가치, 진리세계의 무한한 가능성을 탐색하며, 더 나은 인간의 길, 정치의 길, 평화의 길을 모색해 왔습니다. 우리가 함께 그 여정의 전위(前衛)를 자청할 때, 그리고 미래를 깨울 때, 우리는 미래세대의 내일을 말할 수 있습니다.

미래의 회상

졸업생 여러분, 진심으로 축하합니다.

여러분은 이제 대학 생활을 뒤로하고 새로운 출발점에 섰습니다. 설렘과 근심. 아직 가 보지 않은 세계를 맞이할 때 항상 이 두 마음이 교차할 것으로 생각됩니다. 오늘은 그런 교차하는 마음을 위해 한 예술가 이야기로 졸업식사를 시작할까 합니다. 마르크 샤갈(Marc Chagall, 1887~1985) 이야기입니다.

샤갈은 지난 세기 피카소와 함께 초현실주의를 선도한 분입니다. 색채의 마법사로도 널리 알려져 있습니다. 그런 성취가 있기까지 많은 명작을 남겼습니다. '인간 창조' '혁명' '곡예사' 그리고 '도시 위에서'가 대표적인 작품입니다. 이들 화폭엔 그만의 특징이 있습니다. 안온한 모습으로 창공을 부유하는 인물들의 모습이 있습니다. 러시아 혁명과 1차 세

2015학년도 학위수여식 졸업식사, 2016년 2월.

계대전이 발발했던 시점에 완성된 '도시 위에서'란 작품엔 그런 특징이 두드러집니다. 평온하지만 환상적인 느낌을 주는 인물들이 소박한 도시의 상공을 여유롭게 날아가는 모습을 담고 있습니다. 샤갈이 겪어야 했던 시대의 참상과 유대인으로 핍박받던 처지, 그리고 이로 인해 정처 없이 떠돌아야 했던 이주와 도피의 여정을 생각하면 통념을 뛰어넘는 그림입니다.

왜일까? 왜 샤갈은 자신의 현실세계와 너무도 상반된 상상의 지평을 화폭에 담은 것일까? 해석의 여지는 많아 보입니다. 저는 그가 걸어온 현실 너머 세계에 존재할지 모르는 미래를 자신만의 현실로 승화해 내려는 치열함이 깃들어 있지 않나 생각합니다.

고뇌와 절망의 현실에서 희망의 세계를 꿈꾸는 일. 이를 통해 고통과 소망의 역설을 이뤄 내는 일. 그 과업을 통해 샤갈은 스스로를 창조하고 심적 혁명을 이루는 '곡예사'의 꿈을 영혼 안에 들였을지 모른다는 생각을 해 봅니다.

올해 초 한 일간지의 기획 연재물을 읽을 기회가 있었습니다. 이 시대 청년세대가 마주한 현실과 미래에 대한 인식을 담고 있었습니다. 제 자신도 어느 정도 알고 있었지만 마음 아픈 내용들이 많았습니다. 연재물에 소개된 이 시대 청년들의 이야기를 일부 옮기겠습니다.

> '대학에 들어와 취업 준비에 밤낮없이 공부해야 하니 마치 대학입시를 준비하던 고교 시절 같습니다.' '학벌의 벽을 넘어서야 하는 경쟁

의 문이 너무도 비좁게 느껴집니다.' '취업 후에도 쉼 없이 이어지는 고단한 직장생활과 실직의 불안이 항상 마음을 무겁게 누릅니다.'

학력과 학벌이 중시되는 과도한 경쟁사회. 세대와 계층 간 반목이 반복되는 현실사회. 그런 인식과 함께 많은 청년들은 사회의 큰 변화가 일기를 희망했습니다. 인간의 존엄과 행복이 이어질 수 있는 또 다른 미래를 갈망했습니다.

졸업생 여러분. 여러분은 이런 인식의 흐름이 낯설지 않으리라 생각합니다. 같은 세대라는 점에서도 그렇고, 유사한 인식 조사에 참여한 경험이 있어서일 것입니다. 2년 전 경희는 물었습니다. 자신과 대학 그리고 미래를 바라보는 생각이 무엇인지. 어떤 소망을 품고 있는지. 이런 큰 줄기의 질문에 대한 여러분의 인식을 담아낸 〈미래대학리포트〉가 지난해 발간됐습니다. 이 자리에 계신 많은 분들도 함께하셨으리라 생각됩니다. 1만 4,000여 경희의 재학생이 함께했습니다.

여러분은 이런 마음을 전했습니다. '우리에게 가장 소중한 가치는 행복입니다.' '자아실현을 원합니다.' '사회 현실을 헤쳐 가기 위해서는 취업과 경제력이 중요하고, 미래엔 자신과 타인을 위해 부를 창출하는 사람들이 존경받을 것입니다.' 또 다른 생각과 희망도 있었습니다. '인격 형성에 도움이 되는 정신적 스승을 원합니다.' '50년 후 가장 유망한 직종은 종교 분야에 있습니다.'

그런 여러분의 인식을 놓고 교수님들이 고민에 빠졌습니다. 어떻게 해석해야 할지 치열한 논의를 거듭했습니다. 이런 이야기가 오갔습니다. '항목별 결과가 서로 모순 관계다.' '오히려 학생들의 인식에서 현실적 필요와 이상적 가치의 조화를 보았다.' 의견이 분분했습니다. 그러나 오랜 숙의 끝에 하나로 모아지는 결론이 있었습니다. '버거운 현실에서 행복을 꿈꾸고 더 넓은 정신세계를 갈망하는 절규로 받아들여야 한다'는 것입니다. 저 역시 그런 느낌을 가졌습니다. 미래세대의 절박성을 다시 한번 확인했습니다.

지난 학기, '총장과의 대화'가 있었습니다. 서울과 국제에서 가진 여러 분과의 만남에서 이 시대 청년들이 마주한 현실과 미래에 대한 생각을 생생히 들을 수 있었습니다. 창업을 준비해 온 한 학생이 이런 말을 했습니다. '지나친 경쟁사회에서 벗어나 자신의 가치를 위해 치열함을 발휘하고 싶습니다.' '너는 왜 대세를 따르지 않니?' '너는 왜 취업을 준비하지 않니?' '그런 물음이 없는 다양성을 존중하는 사회에 살고 싶습니다.'

이 자리엔 시인이 되기 위해, 작가가 되기 위해, 예술가가 되기 위해, 그리고 다양한 분야에서 내 역량을 발휘하기 위해 진력해 온 분들이 많으시리라 생각합니다. 그런 노력은 너무도 마땅히 존중돼야 합니다. 이를 통해 여러분은 특유의 개성과 역량을 발휘할 수 있습니다. 그러나 '획일화'의 길을 걷고 있는 기성사회는 다른 길로 가고 있습니다. 다양한 삶의 가치와 의미를 헤아리지 않는 경향을 보입니다.

왜일까요? 무엇을 해야 할까요? 이 두 간단한 물음을 사회와 국가 그리고 개인 차원에서 깊이 생각해야 합니다.

청년세대는 미래의 주역입니다. 미래엔 '100세 시대'가 가능하다고 합니다. 그런 전망에 따르면 여러분은 지금부터 80여 년을 더 살아갈 것입니다. 이것은 '축복'입니다. 그러나 그 축복은 여러분이 갈망하는 '행복'과 '자아실현' 그리고 '존엄과 희망'의 미래가 펼쳐질 때 그렇게 느껴질 수 있습니다.

최근 부쩍 늘어난 문명 담론이 우리의 눈길을 끕니다. '지금의 체제와 삶의 가치로는 더 나은 미래가 쉽게 오지 않는다.' '인류와 지구에 주어진 시간은 짧으면 30~50여 년일지도 모른다.' 지나친 경쟁과 소비, 생산과 재생산으로 이어지는 현대문명은 위태로운 길을 걷고 있습니다. 지금 우리가 마주한 환경과 생태 위기, 기후변화와 자원 고갈, 테러와 폭력이 이어지면 인간과 지구의 미래는 크게 흔들릴지 모릅니다. 유엔과 국제사회가 '지속 가능한 발전'에 더 큰 관심을 촉구하는 이유입니다.

우리에게 지금 주어진 과제는 결코 쉽지 않습니다. 오랜 타성과 관념에 젖은 획일적 사유와 실천 세계가 오늘의 위기를 증폭시킵니다. 경쟁을 위한 과도한 경쟁이 끊임없이 이어집니다. 성장과 팽창 문화의 확산으로 지구의 환경이 나날이 경고음을 더 크게 울립니다. 무엇을 해야 할까? 중요한 것은 우리의 '인식'입니다. '인식 전환'입니다. 어느 문명 전망가의 말처럼 '결코 쉽게 오지 않을 더 나은 미래'를 위해 지속 가능한 인간의 조건, 행복의 여건을 마련하는 일입니다.

저는 그런 생각에서 "미래의 회상"에 관심을 가져 왔습니다. 미래는 아직 오지 않은 시간입니다. 회상은 과거에 대한 성찰입니다. '미래의 회상'은 도래할 미래를 축으로 상상과 가능성의 세계를 키우는 것입니다. 미래를 지금 여기로 불러오는 일입니다. 그 실천의 세계를 현실로 전환해 내는 일. 지금 그것이 필요합니다. 전망된 미래를 근거로 현실의 한계와 왜곡, 모순을 말하고, 자신과 타인과 자연의 더 나은 연결고리를 찾아 나설 때, 우리는 지속 가능한 내일의 오늘을 말할 수 있습니다.

졸업생 여러분. 앞서 말씀드린 샤갈의 미학은 바로 그런 점에서 의미를 지닙니다. 현실 너머 불가능해 보이는 세계에 대한 상상의 나래를 펼치는 일이 현실의 한계를 헤쳐 가는 힘입니다. 이와 함께 우리는 다양한 개인과 인간, 지구의 존엄을 말할 수 있습니다. 지금 이 시대 우리가 마주한 아픔과 한계를 넘어설 희망을 말할 수 있습니다.

경희는 지난 67년 '학원과 사상, 생활의 민주화'를 꿈꿔 왔습니다. 인간이 함께 지향해야 할 '문화세계의 길'을 위해 노력해 왔습니다. 이제 그 역사와 전통 위에 선 여러분이 인간의 존엄과 희망의 더 넓은 지평을 열어 가시길 기원합니다.

현실, 진실, 희망의 지평

졸업생 여러분. 오늘 이 자리는 여러분의 남다른 성취를 축하하는 자리입니다. 또 여러분의 새로운 시작을 알리는 특별한 자리이기도 합니다. 어느 시인의 표현대로 영원한 변증의 연결고리인 "끝과 시작"의 인생 여정이 출발하는 자리입니다. 이 뜻깊은 의미를 함께 나누면서 여러분의 더 큰 미래를 축원합니다.

최근 한 드라마가 세간의 관심을 모았습니다. 명문대 진학에 얽힌 욕망과 고뇌, 애환의 사회상에 관한 것으로 알고 있습니다. 사회적으로 굳어진 성공가도를 위한 인간의 욕망. 그 욕망의 현실에서 교란되는 젊은 영혼. 이 슬픈 이야기는 새로운 것은 아닙니다. 그런데 이 이야기가 다시 세간의 관심을 모으는 이유는 나름의 설득력이 있다고 봅니다. 화석처럼 굳어진 고정관념에 배어 있는 정형화된 욕망의 분출, 성공의 법칙이 좀처럼 변하지 않는다는 사실 때문일 것입니다.

2018학년도 학위수여식 축사, 2019년 2월.

우리는 누구나 자신이 스스로 소망하는 인생 항로를 원합니다. 내 선택에 따라 의미 있는 삶에 도전해 보고 싶은 것이 많은 이들의 소망일 것입니다. 그러나 경쟁과 쟁취 편향의 사회 흐름, 시장경제의 소용돌이는 그 소망을 뒷전으로 물러나게 합니다.

어느 철학자는 이런 현상이 '주체의 죽음'을 부르는 현대사회의 자화상이라고 말합니다. 또 다른 이들은 사회의 구조적 관성에 의해 변할 수밖에 없는 '수동적 인간'에 주목합니다. 서로 다른 표현이지만 한 지점을 가리킵니다. 존재와 실존에 얽힌 피해 갈 수 없는 삶. 그 삶의 현실이 정체성에 관한 고뇌와 번민을 부른다는 점입니다.

어떻게 대응해야 하나? 자신을 잃지 않고 주체적 삶의 가능성을 구현하기 위해 무엇이 필요한가? 인간의 행위 수행과 삶의 실존에 관한 이 물음들은 현대를 살아가는 우리의 큰 관심사일 것입니다.

지난 세기 아인슈타인은 '시각적 환영(optical delusion)'이란 말에 주목했습니다. 사람들은 세상의 이치를 파악하고 관점을 형성할 때 이런저런 영향을 받습니다. 자신과 가까운 주변 사람. 내가 접한 책과 정보. 매일 매일 접하게 되는 언론의 논거. 세간의 여론. 이런 영향이 쌓이고 쌓여 시각과 관점을 형성한다는 것이 그의 생각입니다.

우리가 겪게 되는 '시각적 환영'은 범인(凡人)에게 주어진 엄연한 현실일지 모릅니다. 그러나 아인슈타인이 정작 지적하고자 했던 점은 다른 데 있습니다. 우리가 스스로 쌓아 온 환영에서 탈피해 내 자신의 길을 열어 가는 것이 진정한 삶의 모습, 창조의 근원이라는 점입니다.

인간에겐 닫힌 현실을 벗어날 수 있는 가능성이 열려 있습니다. 〈우주 알의 균열(The Crack in the Cosmic Egg)〉의 저자 조지프 피어스(Joseph Pearce)의 말처럼, 폐쇄적으로 보이는 세계엔 항상 균열이 있습니다. 자신을 표현할 가능성을 스스로 포기하지 않는 한 그 균열을 통해 화석처럼 다가서는 현실과 욕망의 또 다른 창을 열 수 있습니다. 인간의 오랜 진화 여정. 변천하는 문명의 역사. 그 과정과 역사가 이를 말해 줍니다. 그러나 문제는 자신에 내재된 그 가능성이 어떻게 삶으로 전환될 수 있나 하는 점입니다.

얼마 전 한 소녀의 이야기를 접했습니다. 스웨덴 중학생인 그레타 툰베리(Greta Thunberg) 양은 지난가을 의회 앞에서 일인 시위를 벌였습니다. 그 후에 학교로 돌아갔지만 매주 금요일마다 '학교 파업'을 하고 있다고 합니다. 그 이유는 어린 나이에 감당하기엔 너무도 큰 주제입니다. 인류 문명의 문제, 정치의 문제, 우리의 미래가 걸린 기후변화 문제입니다.

그레타 양은 이렇게 외칩니다. '어른들은 아이들을 사랑한다고 말합니다.' '그렇게 말하면서 우리 미래를 훔쳐 갑니다.' '정치인과 지도자들은 기후변화가 심각하다고 말하지만, 정작 의미 있는 행동을 하지 않습니다.' '돈과 이윤을 앞세운 세상은 변해야 합니다.'….

인류사회는 지난 수백 년 산업문명의 길을 재촉해 왔습니다. 석유와 석탄, 가스를 주원료로 한 산업문명, 성장경제에 박차를 가했습니다. 인류는 풍요로워졌습니다. 그러나 '산업혁명' '탄소문명'의 역작용은 이제 감당하기 매우 힘든 지경에 이르렀습니다. 종전의 방식대로 우리가 살아가면 지구 평균기온 상승이 머지않아 섭씨 1.5도, 2도를 넘어설지 모릅니다. 그렇게 되면 이른바 '열실 지구(Hothouse Earth)'의 궤적으로 들어서게 된다고 합니다. 그럴 경우 인류사상 전례 없는 혹서와 혹한, 태풍과 토네이도, 해수면 상승, 대규모 종의 멸절을 수반하는 '걷잡을 수 없는 기후 재앙'이 초래된다고 합니다. 지난해 유엔이 매우 이례적으로 세계를 향해 '적색경보'를 울린 까닭입니다.

졸업생 여러분. 앞서 말씀드린 교육열과 기후 상황은 우리가 겪는 문제의 한 단면이라 말할 수 있을지 모릅니다. 세상의 다양한 국면과 사건 중에 '어디에 주목할지' '무엇이 중요한지'의 문제는 관점에 따라 달라질 수 있습니다. 오늘 여러분과 나누고자 하는 이야기는 이 문제가 아닙니다. 개개인의 행복과 안위를 위해 사익과 공익을 조합하는 일. 지속 가능한 미래를 함께 여는 일. 새로운 전환 의식을 만들어 가는 일. 그 가능성과 함께 '시대의 한계' '삶의 근원적 위협'을 함께 생각해 보자는 것입니다.

우리 모두에게 미래는 소중합니다. 오늘 이후 앞으로 다가올 많은 나날들이 있습니다. 삶이 다할 때까지 미래는 희망의 원천입니다. 누구에게나 필요한 그 희망의 원천과 함께, 두 분의 이야기를 전하면서 축사를 마치도록 하겠습니다.

몇 주 전 이야기입니다. 세미나가 있었습니다. 발제를 맡은 분이 미래학의 동향을 전했습니다. 미래학은 어떤 미래가 전개될지 분석하고, 예찰하면서 미래를 내다보는 학문입니다. 시나리오 경영(Scenario Management)의 선구자로 알려진 피에르 왁(Pierre Wack)은 미래학의 그런 경지를 넘어설 것을 주문합니다. '불가능의 가능'이란 화두를 전합니다. 현재의 가능세계를 넘어 불가능해 보이는 그 무엇에 도전하는 일. 그것이 미래를 내다보는 의미 있는 일이라고 왁은 말합니다.

인류사를 돌아보면, 치열한 현실세계에서 그런 가능성을 몸소 일궈 낸 분들은 많습니다. 그중 특히 주목하고자 하는 분이 있습니다. 바츨라프 하벨입니다. 체제가 박대한 가문 출신으로, 고등교육을 받지 않은 사람으로, 극작을 하고 시민의식을 익히며 삶과 체제, 문명과 우주의 본질을 평생 고민했던 분입니다. 체코슬로바키아의 전체주의에 맞서 무혈 시민혁명을 이끌며 '초월의 가능성' '불가능의 예술'을 말하고 또 실천한 분입니다. '영원한 자기 초월의 가능성.' 그 세계를 위한 내·외면의 소통을 통해 나와 타자, 이웃과 사회, 자연과 문명의 '전일적 동력'을 만들고자 분투했던 분이 인간 하벨입니다.

지난 70년 경희는 교학상장을 통한 학문의 길을 열어 왔습니다. 전일적 사유와 함께하는 평화로운 미래사회를 꿈꿔 왔습니다. 광활한 우주에 던져진 왜소한 인간의 전환적 사유와 함께 '인간의 문화세계'를 창조해 보자는 소망을 간직해 왔습니다. 그 소망이 여러분과 함께하길 기원합니다. 졸업을 축하합니다.

전환 시대의 대학의 책무

오늘은 뜻깊은 날입니다. 경희사이버대 신임 총장께 구성원의 신뢰와 믿음을 바탕으로 더 큰 경희의 미래를 열어 갈 책무를 위임하는 자리입니다. 교학 행정의 책임자로 시대와 함께할 학술·교육의 새 가능성을 구현해 달라는 경희학원의 뜻을 전하는 자리입니다.

우리는 지금 전환의 시대를 살고 있습니다. 문명사 측면에서 큰 변화의 기류가 일고 있습니다. 과거와 비견할 수 없는 첨단 과학기술의 발전과 진보, 정보와 소통 혁명, 생명과학, 인공지능, 우주과학과 같은 분야에서 진행되는 인류사회의 도전은 과거와 사뭇 다른 변화의 기류를 만들고 있습니다.

지금 우리 사회는 이 변화의 파고와 함께 새로운 학습의 장을 열어 달라는 요청을 하고 있습니다. '4차 산업 시대'를 이끌어 갈 인재를 양성

경희사이버대학교 총장 임명식 임명사, 2019년 11월.

해 달라는 주문입니다. 고등교육기관에 주어진 이 시대의 책무는 중요합니다. 새롭게 펼쳐지는 미래를 열어 갈 학생의 입장에서, 성장과 번영의 새로운 동력을 이끌어 내야 할 나라의 입장에서 이 일은 큰 의미를 지닙니다.

그러나 이에 못지않게 중요한 일이 있습니다. 고등교육기관이자 사회기관인 대학이 주목해야 할 또 다른 과제가 있습니다. 현대 산업문명이 이뤄 온 유례없는 성장의 역사와 함께 더 이상 방치할 수 없는 시대의 과업이 있습니다. 미래를 위한 '책임의 과업'입니다.

철학자 한스 요나스(Hans Jonas)는 현대사회가 안고 있는 '집단 상상'의 문제를 말했습니다. 인간의 물적 편익과 안락. 소유와 성장을 위한 경쟁. 그런 시대정신이 안고 있는 위험의 가능성을 말했습니다. 물적 가치에 집중하는 '기술 유토피아의 신화'가 자연과 환경 파괴를 불러 안정된 미래를 훼손할 수 있다는 점입니다.

안정된 사회의 미래. 이를 위한 합당한 삶의 조건. 그 '책임의 윤리'가 성장 신화 못지않게 지금 이 시대의 '결정적 사안'으로 떠올랐습니다.

올해 초입니다. 세계원자과학자협회(Bulletin of the Atomic Scientists)는 '지구 운명의 날 시계(Doomsday Clock)' 분침을 조정했습니다. 1947년 시작돼 70여 년 지속돼 온 지구 운명의 날 분침을 가장 위협적 시간대인 자정 2분 전으로 설정했습니다. 그 원인은 역설적입니다. 성장을 거듭할수록 더 많은 기회와 번영의 가능성을 줄 것이라 믿었던 과학기술의 빠른 진전이 인류가 감당하기 힘든 역사의 결과를 초래할 수 있다는 것입니다. 인공지능과 핵기술. 생화학과 유전공학. 문명 진보의 전위에 선 첨단기술이 지구 운명의 날을 초래할 또 다른 가능성으로 지적되고 있습니다. 이와 함께 근래 들어 매우 빠른 속도로 펼쳐지는 기후 위기를 또 다른 재앙 요인으로 꼽았습니다. '탄소문명'의 팽창으로 인한 기후 위기. 그 현실이 우리 삶의 근본을 흔들 큰 재앙으로 다가서고 있다는 점입니다.

유엔은 이 문제에 최근 각별한 주의를 기울이고 있습니다. 인류사상 한 번도 경험하지 못한 대기 중 이산화탄소 농도와 열파 현상. 나날이 규모와 빈도, 강도를 더해 가는 폭풍우와 홍수. 광범한 극지방 빙권 유실과 해수면 상승. '여섯 번째 대멸종' 가능성. 이런 가공할 지구적 현상과 함께 매우 강경한 어조의 경고와 성명, 보고서를 연이어 내놓고 있습니다.

'지금보다 지구 평균기온이 0.5도 더 오르면 인류는 더 이상 되돌릴 수 없는 재앙을 맞게 된다.' '인간 활동에 기인한 기후변화는 이 시대의 실존적 위협이다.' '시간이 다 돼 간다.' '올해, 그리고 앞으로 10여 년이 관건이다.'

우리는 지금 풀기 힘든 문명사적 난제와 마주하고 있습니다. 오늘의 대중사회는 더 많은 생산과 소비, 경제성장을 원합니다. 물적 토대의 확장과 함께 더 풍요로운 삶을 원합니다. 그러나 그 '현대적 욕망의 질주' 이면엔 감당하기 힘든 환경 위기, 생태 위기, 기후 위기, 굶주림의 위기가 자리 잡고 있습니다. 무한 성장과 사회의 지속 가능성. 새로운 상상과 서사가 절대적입니다. 지구적 차원의 지혜와 결단이 필요합니다.

경희학원은 지난 70년 "문화세계의 창조"를 꿈꿔 왔습니다. 그 세계는 인간의 상상과 창조, 내면의 성찰적 사유와 함께하는 삶, 인간의 길을 열어 가는 것입니다. 물질과 정신, 육체와 영혼, 존재와 인식의 '새 만남'을 주선해 '후마니타스'의 철학과 가치를 역사 전개의 근본으로 설정하자는 생각을 피력해 왔습니다.

그 길은 '경계의 사고'를 경계합니다. 물질주의에 편향된 경도된 삶의 신념을 넘어 우리 안에 내재하는 초월적 역량의 길을 열어 갈 것을 주문합니다. 새로운 개인과 사회, 세계의 공동 가치를 함께 정초해 갈 것을 요청합니다.

우리가 사는 이 세계엔 다양한 문제가 있습니다. 내면의 깊은 성찰을 요청하는 중층적 과제가 있습니다. 기아와 빈곤, 인권과 소외, 갈등과 폭력…. 우리 사회로 눈을 돌리면 이념과 편견, 분배와 공정, 일자리 창출, 분열의 정치 같은 풀기 힘든 과제도 있습니다. 이 모두 앞서 말한 '경계의 사유'를 뛰어넘는 성찰과 보살핌을 필요로 하는 삶의 주요 국면입니다. 그러나 이 모든 국면의 보살핌이 가능해지려면 미래에 도래할지 모를 재앙의 가능성에도 적극 대응해야 합니다. 기후와 환경, 생태계가 흔들리면 인간사 희로애락의 근본이 무너져 내립니다.

며칠 전 일입니다. 1만 2,000여 명의 과학자들이 세상을 향해 경고를 보냈습니다. 지금 지구촌엔 히로시마에 투하된 원자탄 40만 개에 맞먹는 열기와 에너지가 매일매일 대기로 뿜어져 나오고 있습니다. 70억 명이 훌쩍 넘는 지구 행성 위 인간의 산업 활동에 기인한 것입니다. 그런 와중에 장구한 세월에 걸쳐 진화를 거듭한 각종 생명체 200여 종이 매일매일, 1년 내내 지구 행성에서 사라지고 있습니다. 이처럼 지구촌 기상이변과 환경 재앙의 결과가 예상을 훨씬 초월하는 가운데 과학자들이 집단적으로 나섰습니다. 올해로 세 번째입니다. 머지않아 도래할지 모를 대재앙을 강력히 경고하며 '기후 비상사태(climate emergency)'를 선언했습니다. 교황청도 이례적인 메시지를 냈습니다. 이제 더 이상 "지구 운명의 날을 거론하는 것이 논리의 비약이나 경멸의 대상으로 다가서지 않는다"는 메시지입니다. 지금 당장 에너지 구조의 일대 혁신이 필요하다는 내용도 담았습니다. 그러나 안타깝게도 역사 발전의 중심축인 세상의 정치는 시대의 위기에 적극적인 반응을 보이지 않습니다. 그 심각성을 깊이 헤아리지 않습니다.

아놀드 토인비는 1965년 영국 옥스퍼드에서 열린 제1회 세계대학총장회 기조연설에서 "역사의 중요성(The Importance of History)"이란 글을 발표했습니다. 이런 내용의 말을 남겼습니다. '인류사회의 위기 국면에서 "세상의 정치(the politics of the world)"가 나서지 않으면 대학과 시민사회가 나서야 한다.' 미래세대를 위해 노력해 온 대학은 남다른 노력을 기울여야 합니다. 대학의 책무인 교육과 연구, 실천·봉사를 통해 문제해결을 위한 발걸음을 재촉해야 합니다. 그것이 우리가 지금 체험하는 문명사적 기회와 위기의 위태로운 교착 국면에서 할 수 있는 최소한의 노력일 것입니다.

오늘 경희학원의 임명장을 받는 변창구 총장께선 학자와 교육자, 대학 행정가로서 큰 업적을 쌓아 오셨습니다. 인간의 실존과 생의 통찰, 인류사의 전환적 국면을 작품세계에 담아낸 셰익스피어를 가르치고 그 가치를 대학 행정에 옮기셨습니다. 사이버대학의 더 큰 미래를 열어 주셨으면 하는 마음을 전합니다.

큰 전환의 시대입니다. 그 시대는 우리 내면에 드리워진 '무한한 인간의 역량'과 '초월적 역량'을 발휘해야 할 때입니다. 다가올 미래를 함께 예찰하고, 개인과 사회와 세계를 위해, 미래세대의 미래를 위해 더 많은 노력을 더 기울여야 할 때입니다. 감사합니다.

2

배움의 여백

치유와 공명, 배움의 길

졸업을 진심으로 축하합니다. 오늘 이 자리에 계신 여러분 대부분은 2009년에 입학하셨습니다. 4년이란 세월이 흘렀습니다. 군에 갔다 오신 분, 석·박사 학위를 취득한 분은 입학 연도가 다르겠지만, 많은 분들이 2009년을 함께하셨습니다. 그해엔 특별한 일이 있었습니다. 세계시민포럼을 개최했습니다. 유엔, 유네스코, *Co*NGO(Conference of NGOs)가 자리를 함께했습니다. 소외와 인권, 갈등과 평화 같은 지구 의제를 다뤘습니다. '인간과 문명'의 미래를 함께 모색했습니다.

그간의 대학 생활, 어떠셨는지요? 자신과 세상을 향한 소중한 꿈을 키우셨을 것으로 생각합니다. 다시 한번 여러분의 성취를 마음 깊이 축하하면서 오늘은 앞으로 마주하게 될 캠퍼스 너머 세계를 함께 생각해 보았으면 합니다.

2012학년도 학위수여식 졸업식사, 2013년 2월.

우리나라 국민 30명 중 1명. 국민 10명 중 1명. 어떤 통계인지 궁금하시지요? 최근 열풍을 일으킨 우리 사회의 도서 구입과 영화 관람자 수입니다.

지난 2010년 8월 하버드대 마이클 샌델 교수가 이곳 평화의 전당에서 "정의란 무엇인가"를 강의했습니다. 그해 우리 사회에 '정의 신드롬'을 일으킨 샌델 교수의 책은 출간된 지 1년 남짓한 기간에 100만 부 넘게 판매됐다고 합니다. 놀라운 일입니다. '정의'와 같은 딱딱한 사회과학적 주제가 이처럼 큰 반향을 불러일으키리라곤 예상치 못했습니다.

반응이 왜 이처럼 뜨거웠을까? 이런 관점이 있습니다. '한국 자본주의의 불안정한 구조와 도덕의 붕괴.' '근원적 성찰과 해법 없는 정치.' 정치사회적으로 혼란에 빠져 있는 시민들이 '정의 신드롬'을 불러일으켰다는 시각입니다. 130만 독자, 그 밖의 수백만 간접 독자와 화자가 치열한 자본주의사회에서 '나는 어떻게 살아가야 하나' 하는 물음에 반응을 나타낸 것이라는 해석을 내릴 수 있습니다.

'정의 열풍'이 채 식기도 전에 우리는 또 다른 현상에 놀랐습니다. '레미제라블 신드롬'입니다. 19세기 초 프랑스의 암울했던 사회상과 혁명의 전조를 그린 영화 '레미제라블'이 500만 관객을 넘어섰다고 합니다. 150여 년 전 출간된 빅토르 위고의 원작은 80년대 중반부터 세계에 영화, 뮤지컬, 연극을 통해 소개됐습니다. 국내에서도 1990년대 중반부터 영화와 뮤지컬로 소개됐습니다. 민중의 고통과 인간적 삶의 갈망을 그린 '레미제라블'이 최근 우리 사회와 특별한 만남을 가졌습니다.

한국은 지금 그 어느 때보다 '풍요로운 시대'를 맞이하고 있습니다. 역사 관점에서, 문명사의 관점에서 우리 사회는 산업화, 민주화를 거쳤습니다. 이 시대를 거치며 풍요와 번영의 시대를 누리고 있습니다. 그러나 그 이면엔 시대의 고통, 사회의 아픔이 있었습니다. '풍요 속 결핍'의 사회 심리가 뿌리 깊게 자리 잡고 있습니다.

'치열하고 각박한 경쟁사회와 함께 열린 100만의 실업 시대.' '폭증하는 자살률과 이유 없는 폭력.' '대안 부재 정치와 사회 담론의 빈곤.' 성장 신화에 내몰린 개인의 삶이 무거운 현실을 만들고 있습니다. 각박한 경쟁사회에서 배회하고 있습니다.

여러분은 지난 4년 배움의 길을 걸어왔습니다. 대학에서 전문지식을 접했습니다. 전문지식은 그 자체로 큰 의미가 있습니다. 개인의 성취와 성장 신화에 중요한 기능을 담당합니다. 그러나 지식이 성취와 성장에만 초점을 둔다면, 그 지식은 전문적이되 포괄적이지는 않습니다.

지식과 배움의 이런 한계는 우리 사회가 번민해 온 오래된 숙제입니다. 인간의 무궁한 내면을 제한하는 배움. 사회 안정과 성숙을 포괄하지 않는 배움. 이 배움의 여정은 생래적으로 배타적일 수밖에 없습니다. 사회 불안과 함께 지금 우리가 겪고 있는 증후, 위로와 치유 열풍이 바로 이 불완전한 배움의 결과가 아닌가 합니다.

우리 사회엔 이런 이야기가 반복됩니다. '성공하기 위해선 대학에 가야 한다.' '대학은 전문지식을 배우는 곳이다.' '전문지식은 개인이 원하고 경제가 필요로 하는 수요에 집중해야 한다.' 그러나 이 같은 사회적 강박의 틀 속에선 지식과 배움은 본연의 모습을 잃게 됩니다. 결과는 반복적인 상처와 치유의 증후입니다.

상처와 치유는 내면의 성찰을 요구합니다. 도움을 필요로 합니다. 사회와 공동체는 치유에 필요한 이해와 공명, 연민(compassion)의 연결고리를 만들어 가야 합니다. 이 모든 것의 중심에 있는 것이 배움의 또 다른 길, 또 다른 열림일 것입니다. 자연의 후손인 인간에 대한 근원적 성찰. 공동체가 갖춰야 할 규범과 덕목. 이 둘을 연결할 혁신 의지와 사회적 실천. 이를 위해 더 크고 많은 배움과 학습의 장이 필요합니다.

전통적으로 서구의 대학 총장들은 졸업을 앞둔 4학년 학생들에게 철학과 윤리를 가르쳤습니다. '인간이 된다는 것.' '진리를 추구한다는 것.' 큰 배움의 길을 위해 지식과 학문의 참된 기회를 제공했습니다. 그러나 대학의 세속화와 현대화가 심화되면서 그런 교육과 학습의 기반은 매우 취약해졌습니다. 특히 산업화, 정보화, 세계화 추세가 깊어지면서 배움은 시대가 필요로 하는 전문지식과 경쟁적 성장 논리로 압축되는 경향을 보였습니다. 이런 현상을 두고 서구 어느 대학 총장은 대학의 위기를 이런 말로 전합니다. '고등교육의 도구적 기능은 필요합니다.' '그러나 그것이 교육의 전부가 아닙니다.'

국내 상황은 어떨까요? 더 안 좋아 보입니다. 압축 성장에 따른 사회 혼란이 가중되면서 '큰 배움'의 기회가 위기에 처했습니다. '사회에서 당장 써먹을 지식을 전수해라.' '취업에 필요한 지식을 가르쳐라.' '경쟁력을 키워라.' 국가와 사회, 언론에 회자되는 이 말의 문화적 근저에 대학가의 위기가 있습니다.

개인적 성취와 물적 성장은 현실적으로 중요합니다. 성취와 성장 동력은 인간의 욕구 충족을 위해 이어져야 합니다. 그러나 삶의 안정과 지속 가능성을 위해 우리 사회가 안고 있는 상처와 고통, 불안의 증후는 치유돼야 합니다. 바로 여기에 배움의 또 다른 길, 공명과 연민의 학습이 기여할 공간이 있습니다.

대학은 말 그대로 '大學,' 큰 학문의 장입니다. 큰 학문, 큰 배움은 전공지식과 인간의 길, 자연의 원리를 함께 성찰하는 끊임없는 도전입니다. 영원한 새로움을 창조하며 혁신과 개선을 거듭하는 실천의 장입니다. 그 희망과 도전의 실천이 지금 대학에서 설 자리를 잃어 가고 있습니다.

이제 여러분은 대학 문을 나섭니다. 대학 문을 나선다는 것은 배움의 종결이 아닙니다. 더 큰 자신, 더 나은 사회의 미래를 위해 또 다른 배움의 길을 찾아 나서는 것이 졸업의 의미일 것입니다. 인간은 그때그때 처한 문제 풀이로만 삶을 해결할 수 없습니다. 삶에 대한 근원적 이해와 의미부여, 동기부여가 필요합니다. 안정적 성취와 성장이 필요한 문명사회의 길은 이 기반이 유지될 때 지속될 수 있습니다.

세계에서 유례를 찾기 힘든 '정의'에 대한 열풍. 21세기 우리 사회에 다시 탄생한 19세기 프랑스의 혁명 의식. 이에 대한 열광의 논거는 큰 배움과 성찰의 필요성을 생생하게 들려줍니다.

21세기 '인간화 프로젝트'에 주목하는 정치철학자 로베르토 웅거(Roberto Unger)는 현대사회 모순 해결의 첫걸음으로 "주체의 각성"을 강조합니다. 인간 내면의 무한한 초월적 역량이 사회 억압에 끊임없이 저항할 때, 더 나은 세상이 찾아온다고 합니다. 저는 이 프로젝트의 근간으로 "배움 혁명"을 강조하고 싶습니다. 일생의 학습 현장에서 강조돼야 할 '인간과 생명의 원리' '우주의 기원과 작동 방식' '영원한 새로움과 창조적 보편으로의 도전.' 유한한 생명체로 세상에 던져진 인간의 무한 가능성을 끊임없이 해석하고 창조하는 것이 배움의 원천일 것입니다. 더 나은 미래를 가능케 할 것입니다.

졸업생 여러분. 여러분이 입학한 2009년은 경희가 더 넓은 세상과 만난 해입니다. 앞서 말씀드린 세계시민포럼이 열렸습니다. 후마니타스 칼리지가 기획됐습니다. 두 가지 생각이 그 과정과 함께했습니다. 하나는 경희가 그간 구현해 온 배움의 공적 실천을 강화하는 것입니다. 무한한 인간과 문명의 가능성을 함께 열어 가는 것입니다. 또 다른 구상은 기초와 전공, 실천의 창의적 결합을 통해 자신의 발견과 사회 진보를 아우르는 일입니다. 그것의 연결 지점을 스스로 창조해 '배움의 가교'를 설계하는 일입니다. 이를 통해 경희는 더 많고 더 나은 자신과 사회와 문명의 미래를 열고자 했습니다.

치유와 공명, 배움의 길. 산업화, 세계화, 정보화 시대의 뒤안길을 돌아보는 데 중요한 화두입니다. 고통받고 소외된 이들의 꿈과 희망을 사회

발전과 문명 진보에 참여하게 하는 소중한 과제입니다. 여러분의 지난 4년간의 배움이 이 시대의 과제를 풀어 가는 데 의미 있는 역할을 했으면 합니다.

경희는 그 희망을 이어 갈 것입니다. 시대의 아픔과 고통을 마주하고자 합니다. 여러분이 졸업 후에 함께할 더 큰 배움의 길에 '경희의 교육혁신'이 함께하겠습니다.

5월의 성찰, 새로운 철인을 위해

경희 설립 65주년입니다. 기쁜 날입니다. 그러나 여느 설립 기념일과 달리 마음이 무겁습니다. 세상이 함께 지켜본 '세월호' 참사…, 많은 생각을 하게 합니다. 탐욕과 부조리, 불의와 무책임…, 참담하고 복잡한 감정이 꼬리를 뭅니다. 지난 세기 문명적 비극의 역사와 인간 실존의 현실을 깊이 고민하던 시인 쉼보르스카의 번민이 다시 큰 울림으로 다가섭니다.

> 어떻게 살아야 할까요? 누군가가 내게 편지로 물었다. 이것은 내가 다른 이들에게 묻고 싶었던 바로 그 질문이었다. … 이 순진하기 짝이 없는 질문보다 더 절박한 질문은 없다.

양심과 인간 존중의 가치를 저버린 비극과 함께 우리는 어떻게 살아야 할 것인가? 구원의 서사는 결코 쉽게 오지 않을 것 같습니다. 탐욕과 부

경희대학교 65주년 기념식 기념사, 2014년 5월.

조리의 뿌리 깊은 역사는 쉽게 물러설 것 같지 않습니다. 그러나 희망을 포기할 수 없습니다. 새 아침을 향한 생각과 행동의 힘을 또다시 키워야 합니다. 그것이 이 땅에 살고 있는 모든 이들의 최소한의 도리가 아닐까 합니다.

오늘 개교 65주년을 기념합니다. 개교일을 맞아 함께 생각을 나누었으면 합니다. '어떻게 살아야 할까?' '무엇을 해야 하나?' 인간 존재와 미래를 위해 묻고 또 물어야 할 이 질문과 함께 오늘의 의미를 되짚었으면 합니다.

지난 65년 경희는 "문화세계의 창조"를 꿈꿔 왔습니다. 뒤이은 학술회의에서 그 뜻과 의미에 관해 논의할 예정입니다. 저 역시 같은 맥락의 말씀을 드리겠습니다. "문화세계의 창조"는 경희의 교시입니다. 설립의 꿈과 철학을 담고 있습니다. 해방과 독립, 전쟁의 숨 가쁜 역사 속에서 인간의 세계, 새로운 정치의 지평을 위한 책으로 정리됐습니다. 치욕적인 일제의 압제. 진영 간 대립, 이념이 빚어낸 상잔의 비극. 그 시대의 아픔과 시련을 넘고자 했던 꿈과 희망이 경희 서사의 시작입니다.

시대와 내용은 다르지만 세월호 참사와 '문화세계의 창조'는 유사한 생각거리를 줍니다. 양심이 무너진 현실. 인간이 인간을 위해 걸어가야 하는 삶의 여정. 그 현실과 지향을 향해 문제의식을 던집니다.

경희가 써 내려온 문화세계는 '마음의 정향'입니다. 성찰의 시간에 흔들리는 인간의 양심, 그 마음은 생래적으로 발현됩니다. 내 안에 있습니다. 누가 뭐라 하지 않아도 마음의 거리낌이 드는 인간 본성에서 비롯됩니다. 그러나 또 다른 측면도 있습니다. 우리의 마음과 양심은 사회로부터도 영향을 받습니다. 후천적으로 경험하는 시대의 기류와 학습이 양심의 또 다른 축입니다. 사회의 관습과 관행이 판단의 조건으로 작동됩니다. 이처럼 문화세계는 우리 안팎에서 만들어지는 존재와 현실에 대한 인식으로부터 삶의 가치와 행동의 좌표를 발견해 가는 과정입니다. 그 과정의 동력이 집단적 현상으로 표현될 때, 시대를 풍미하는 '문화세계'가 자리를 잡습니다.

경희의 설립 정신은 그렇게 보았습니다. 인간의 삶을 둘러싼 변화와 불변, 창성과 전회(轉回)의 뒤섞임 속에서 양심과 가치, 문화를 물었습니다. 인간이 인간으로서 가야 할 길, 자유와 평등, 공존·공영의 조화로운 만남을 주선해 가는 일이 인간의 길이라 했습니다. 그 길이 인간의 인간적인 문화이자 정치이고, 교육의 요체가 돼야 한다고 말합니다.

세월호의 비극적 현실을 그런 관점에서 바라볼 수 있습니다. 정부는 무고한 망자의 혼과 유족의 비탄을 온몸으로 끌어안아야 합니다. 현장 참사에 걸맞은 사려 깊은 조치를 내놓아야 합니다. 그러나 그것만으론 충분치 않습니다. 뿌리 깊은 구조적 비리와 왜곡된 사회 풍조를 바로 세우고 인간 존엄의 미래를 열어 가는 문화세계를 정초해야 합니다.

며칠 전 우리 대학 교수님들과 학생들의 겸허한 결정이 있었습니다. 그간의 노고에 제자들의 감사와 위로를 받아야 할 스승의 날을 자진 반납했습니다. 학생들도 개교일 축제를 마다하고 노란 리본을 가슴에 달았습니다. 세월호 사건과 관련된 모든 이들은 우리 사회의 교육기관이 배출한 사람들입니다. 그런 점에서 대학도 막중한 책임감을 느껴야 합니다. 자성의 시간을 마련해야 합니다. 마음의 울림을 행동으로 표현해 주신 경희인 여러분께 경의와 감사의 마음을 전합니다.

우리는 주변에서 불의에 관한 이런 이야기를 어렵지 않게 접합니다. '세상은 그런 거야.' '그게 현실이야.' 현실, 거듭되는 현실, 누가 만들어 가는 것일까? 우리는 물어야 합니다. 내 안에, 우리 안에, 경희 안에 혹 '세월호의 모습'은 없는지 묻고 또 물어야 합니다. 그 물음에 대한 성찰을 통해 이제 새로운 내일을 열어야 할 것입니다.

반세기 전인 1964년. 경희는 설립 15주년을 맞았습니다. 그리고 물었습니다. 인간의 길을 열어 갈 '세계 속의 경희.' 그 미래를 어떻게 만들 것인가? 재학생들이 설문에 동참했습니다. 대학과 인류가 안고 있는 여러 문제에 관한 '젊은 생각'을 표현했습니다. 그 '앙케트'가 지난해 공개됐습니다.

65주년을 맞이해 또 한번 묻고자 합니다. '대학은 무엇인가?' '인간을 위해, 사회와 세계를 위해 어떤 미래를 열어 갈 것인가?' 쉼보르스카가 인간과 문명의 모순, 인간 상실의 시대를 맞아 번민했듯이 또 한번 근본을 물었으면 합니다. 더 나은 미래에 대한 믿음으로 인간 존중의 인간적 가능성을 되새겼으면 합니다.

지난 연말부터 경희는 〈미래대학리포트〉를 준비하고 있습니다. 대학의 미래상에 관한 상상을 담아내고자 합니다. 이제 곧 우리가 함께 참여할 다양한 방안이 공표된다고 합니다. 지금부터 시작입니다. 인간의 문제, 사회의 문제, 문명과 세계의 문제를 되짚고자 합니다. 대학의 미래를 숙고하면서 '나'와 함께할 사회의 미래, 세상의 미래를 고민하는 '성찰의 축전'이 됐으면 합니다.

이 시대는 세월호 참사가 말해 주듯이 양심과 가치, 인간의 문화세계를 청합니다. 물적 성취에 편중된 일상의 무게는 우리를 비좁은 삶의 문으로 안내합니다. 그러나 그 문으론 우리의 미래가 온전히 통과할 수 없습니다. 문호를 넓혀야 합니다. 넓혀진 문을 통해 양심과 가치가 살아 숨 쉬는 미래가 통과해야 합니다. 또 다른 역사의 진보와 성취를 일깨울 실천적 인간이 통과해야 합니다.

저는 '삶의 문'을 확장하려는 인간의 모습을 시대가 부르는 '새로운 철인(哲人)'이라 부르고 싶습니다. 인간과 사회, 자연과 문명의 전일적 사유로 존엄을 지키려는 인간. 인간과 물질의 전도된 지위를 교정하려는 인간. 마음과 세계의 교감을 통해 불의를 개선해 가려는 인간. 그 가능성을 통해 더 넓은 실천의 지평을 열 수 있습니다. 그것이 이 시대 철인의 소명일 것입니다.

팽목항은 외칩니다. '인간의 안전과 최소한의 존엄을 스스로 지키자.' 경희의 문화세계는 말합니다. '인간 존중의 가치와 문화가 우리 자신의 존엄을 회복할 수 있는 길이다.' 새로운 철인의 가능성과 함께 편견과 왜곡을 넘어서려는 '인간의 조건'을 함께 열어 갔으면 합니다.

경희의 길, 그 꿈과 소명

경희대학교 후마니타스칼리지(Humanitas College)와 지구사회봉사단(Global Service Corps) 출범식에 참석해 주셔서 감사합니다.

지난 60여 년 경희엔 꿈이 있었습니다. 시대를 앞서가는 "문화세계의 창조"를 이루자는 꿈입니다. 그 꿈의 세계는 한마디로 사람이 사람답게 사는 세계입니다. 더 나은 자신과 세계를 꿈꾸며 평화로운 인류사회, 풍요로운 미래문명을 창달하자는 것입니다. 경희의 교가는 그래서 "온오한 학술 연구"를 노래합니다. "인류 위해 일하고, 평화 위해 싸우세"라는 실천 의지를 말합니다. 근대 대학 담론의 선구자 훔볼트(Wilhelm von Humboldt)의 지적처럼 미래를 이끄는 문화의 창달, 그 노력을 학술과 실천의 기본으로 설정하자는 취지입니다.

'사람의, 사람에 의한, 사람을 위한 세상.' 경희의 학문적 기조이자 실천

후마니타스칼리지·지구사회봉사단 출범식 인사말, 2010년 9월.

의 지향입니다. 그러나 이 지향은 비단 경희만의 것은 아닙니다. 대학이라면 시대를 초월해 어느 곳에서나 추구해야 할 근본 가치입니다. 그러나 근래에 들어 이 가치는 순탄치 않은 현실을 맞고 있습니다.

하버드대 드루 파우스트 총장은 '정보 홍수의 시대'와 함께 찾아온 지식의 파편화 현상을 이렇게 말합니다. '요즘 학생들은 구글을 하고 문자를 주고받고, 트위팅에 너무 많은 시간을 보냅니다.' '자신을 성찰하고 타인과 공동체 가치를 생각할 시간을 너무 많이 빼앗기고 있습니다.' 우리도 상황이 크게 다르지 않다고 봅니다. 어쩌면 이보다 더 심각한 도전적 과제를 안고 있는지 모릅니다. 사회 곳곳에선 이런 말이 들려옵니다. '대학 교육이 실용교육을 외면한다.' '대학은 기업에서, 사회에서 당장 사용할 지식을 가르쳐야 한다.' '경쟁사회에서 생존하려면 맞춤형 교육이 필수적이다.'

'무한 경쟁 시대'라고 일컬어지는 현실세계에서 학생들이 성공을 거두려면 사회 진출을 위한 전문지식 교육은 강화돼야 합니다. 전문화, 실용화 추세를 이해하고 발전시킬 창의적 노력이 필요합니다. 그런 시도가 있어야 개인의 안위와 안락, 나라의 경제성장으로 이어질 것입니다. 그러나 그런 교육이 지나치면 문제가 생깁니다. 대학이 자칫 개인의 성공과 부 축적, 국가 경제성장의 기능적인 도구로 전락할 수 있습니다.

우리 사회엔 개인의 욕망과 성취, 경제성장 외에도 소중히 가꿔야 할 가치가 많습니다. 비근한 예는 물론 민주주의일 것입니다. 이 시대의 위기에 주목한 너스봄은 인문학 강화가 매우 시급하다고 강조합니다. 자신을 성찰하고 연민을 배워야 한다고 합니다. 타자에 대한 배려와 존중이 살아 숨 쉴 때 진정한 민주주의는 꽃필 수 있기 때문입니다.

우리 삶의 문제, 지구 의제로 떠오르는 지구적 현안 역시 마찬가지입니다. 녹아내리는 빙하, 세계 도처에 자리 잡고 있는 기아와 질병, 파괴와 훼손이 거듭되는 지구환경과 생태, 식량 위기와 자원 고갈, 양극화, 테러와 폭력. 이 모든 문제는 개인의 경쟁력을 넘어선 문제입니다. 지나친 욕망 경제의 범주를 넘어서야 풀어 갈 수 있는 이 시대의 긴급한 과제입니다. 삶의 근본 조건인 지구와 세계의 질서가 흔들리면, 우리 개개인의 꿈과 희망, 나라 경제의 기반은 허물어지고 맙니다.

대학은 준비해야 합니다. 개인의 성취와 경제성장 외에도 긴 호흡으로 대처해야 합니다. 나 자신의, 담장 너머 이웃의, 국경 너머 세상 사람들의 권익과 안위를 위해 노력해야 할 일들은, 앞서 거론한 예들이 말하듯이, 실로 많습니다. 그러나 대학가에 불어닥친 경쟁사회의 압박은 이런 긴 호흡의 노력에 큰 지장을 초래하고 있습니다.

누군가는 인간사회의 실천 의제를 풀어 가는 일은 대학의 몫이 아니라고 합니다. 정부와 시민사회, 국제기구의 몫이라고 합니다. 맞는 말일지 모릅니다. 기본적으로 대학은 학술기관이기 때문입니다. 그러나 이 모든 문제가 사람으로부터 비롯된다는 사실, 결국 사람이 생존과 번영을 위해 풀어 가야 할 과제라는 점은 대학의 존재이유를 다시 한번 묻게 합니다.

대학은 '학문의 전당'입니다. 학문의 깊이를 더하고 넓혀야 합니다. 학문의 진보를 위해 온 힘을 기울여야 합니다. 학문은 그러나 순수 학문만을 위해 존재하는 것은 아닙니다. 사람에 의해 행해지는 학문은 그 시작과 끝, 끝과 시작이 결국 사람입니다. 사람이 만들어 가는 학문의 궁극 목표는 사람을 위해 존재하는 것입니다. 경제와 산업뿐 아니라 사회와 문화, 예술, 보건·의료, 환경과 같은 실존하는 모든 삶의 세계를 망라합니다.

이 점에서 대학의 의미는 명백해집니다. 사람에 대한 깊고 넓은 이해가 다양한 전공 분야에서 전제돼야 한다는 점입니다. 18세기를 살다 간 애덤 스미스(Adam Smith)의 말처럼 '포용적이고 유연한' 인간의 가치가 타자와 연결되고, '내 안의 사유 능력'에 주목한 키케로(Marcus Tullius Cicero)의 말처럼 타자에 대한 '이해와 대응' '문명사적 참여'가 필요합니다. 대학이 교양이란 이름으로 가르쳐 온 기초학문과 인문학의 필요성은 여기에 있습니다. 사람과 사람이 처한 현상을 이해하고, 그것의 사회적, 지구적, 문명사적 함의를 성찰하는 교육이 필요합니다. 그것이 교양교육입니다. 대학과 학문의 근간일 것입니다.

최근 경영학을 선도해 온 어느 미국 대학의 경영학 석사(MBA) 과정은 전공 위주의 오랜 전통을 깼다고 합니다. 인문학을 필수 커리큘럼에 넣었다고 합니다. 거듭되는 경제공황, 기업 부도, 재정위기 때문이기도 하겠지만, 사람이 움직이는 기업을 더 잘 이해하기 위해 사람을 공부하는 것이 필수적이라는 생각입니다. 또 그 대학에선 기업윤리를 서약하고 졸업하는 졸업생 수가 나날이 늘고 있다고 합니다. 우리 사회에도 유사한 일이 있습니다. 한편에선 인문학 위기가 회자되는 가운데, 기업의 최고경영자(CEO)들이 인문학 강좌에 몰리고 있다고 합니다. 셰익스피어와 괴테를 배우고, 맹자와 노자, 정약용을 배운다고 합니다. 경영의 기본은 사람입니다. 사람에 대한 깊이 있는 이해가 '바른 경영'의 기초라는 믿음 때문일 것입니다.

세계 대학 총장들도 목소리를 내고 있습니다. 대학의 공공성, 인간 이해의 중요성, 교육의 사회적 실천을 강조합니다. 중국의 푸단대학과 칭화대학, 미국의 예일대학과 하버드대학에서 그런 움직임이 있습니다. 영국 런던대학과 프랑스 파리대학에서도 비슷한 목소리가 들립니다. 부분적인 예이지만, 이들 대학은 교육이 개인의 성공과 경제적 가치만을 위해 존재할 수 없다는 사실에 주목합니다. 인간의 인간적 감성과 존엄, 지구와 문명사회의 안위가 고등교육의 핵심 가치로 견고히 자리잡아야 한다는 점을 강조합니다.

경희는 지난 60여 년 이런 학문적 기반 위에서 발전을 견인해 왔습니다. 문화세계의 중요성을 생각하면서, 교육과 연구, 실천의 창의적 결합을 모색해 왔습니다. 오늘 출범하는 후마니타스칼리지와 지구사회봉사단은 그 전통 위에 서 있습니다. 전통이 열어 준 새 가능성의 미래, 인간과 사회, 문명의 미래에 도전하는 일입니다.

아인슈타인은 과학도입니다. 그럼에도 과학적 사유의 오류 가능성을 이렇게 전합니다. '과학의 주체는 사람이다.' '사람은 편견과 오류, 주변 환경에 좌우되는 "시각적 환영"을 지닌 존재'라고 말합니다. 칼 포퍼(Karl Raimund Popper)는 '인간과 세상의 불완전성, 비결정성'을 강조합니다. 인간의 세계엔 무한한 열림의 세계만이 존재한다고 합니다. 이런 열린 가능성의 세계에서 우리는 항상 오류를 범할 수 있습니다. 그러나 선택이 오류일지라도, 그 오류가 사람을 위한 것이라면 우리는 이를 기꺼이 받아들여야 합니다. 오늘 우리의 선택도 마찬가지입니다. 오류일 수 있습니다. 그러나 그것이 더 나은 미래를 위한 것이라면 값진 오류일 것입니다. 그리고 경희엔 무엇보다 이 값진 오류의 가능성을 온몸으로 받아들일 '열정과 용기'가 있습니다.

학부생 한 사람이 고교 졸업을 2주 앞두고 교통사고를 당했습니다. 대학에 입학한 후에도 몇 차례 수술을 더 받았습니다. 그 후엔 휠체어에 몸을 의지한 채 학업뿐 아니라 중학생 멘토링, 시민단체 영문 편지 번역 봉사와 같은 일에 열과 성을 다하고 있습니다. 치과대학 한 교수님은 지난여름 러시아 연해주 의료봉사를 위해 2주간 80개의 틀니를 제작했다고 합니다. 하루 1~2시간 수면만 취하면서 준비에 전념하셨다고 합니다. 그 후 러시아 연해주에서 땀방울을 흘리며 틀니 치료를 해주고 생신을 맞으셨다고 합니다. 의과대학 명예교수님이 이끄는 의료봉사단은 무의촌 지역에서 1,400여 주민 환자를 돌봤습니다. 자랑스러운 경희인입니다.

이런 훈훈한 이야기는 캠퍼스 곳곳으로 이어지고 있습니다. 문과대학에선 재소자와 오늘 자리를 함께해 주신 실천인문학 강좌 재학생, 졸업생 여러분과 만학의 기쁨, 자활 의지를 함께 나누고 있습니다. 생활과학대학은 다문화가정을 지원합니다. 문화의 차이와 갈등 해소를 위해 노력하고 있습니다. 경영대학은 기업의 사회적 책임 교과과정을 기획하고 있습니다. 더 나은 기업의 미래를 준비하고 있습니다. 체육대학은 장애아동을 위한 특수 체육 프로그램을, 음악대학은 부산 소년의 집 '알로이시오 오케스트라'와 여름 음악 교실을 열었습니다. 미술대학은 회기동, 미아동 골목길에서 문화거리를 조성하고 있습니다. 지난해 강진으로 피폐화된 아이티 포르토프랭스 재난 지역에선 경희의료원 의료진과 스태프 여러분이 도움의 손길을 내밀었습니다. 공과대학은 수원하이텍고등학교와 협약을 체결해 지역 청소년들에게 새로운 배움의 기회를 제공하고 있습니다. 법과대학에선 무료 법률 지원을, 이과대학에선 '천연기념물 지킴이단' 결성을, 예술디자인대학에선 시민단체 로고 제작 봉사를 하고 있습니다.

지식과 지성의 공익성을 강조한 필립스 브룩스(Phillips Brooks)는 '최선의 자신은 이기심만으로 채워질 수 없다'고 말합니다. 타인에 대한 연민과 배려, 공공성을 지향할 때 충만한 삶이 찾아온다고 합니다. 피터 우스펜스키(P. D. Ouspensky)는 의식의 열린 보편성을 말합니다. 현세적 삶은 '전략적 의식' '도구적 의식'을 필요로 하지만 인간 의식은 이를 넘어서야 한다고 합니다. 이 시대의 수많은 난제를 풀어 가기 위해선 나와 타자의 조화로운 관계, 공동체와 자연의 상호 연결성을 새삼 발견해 가는 '초월의 가능성'이 절실한 때입니다.

경희는 인간적 성찰과 자아의식, 더 나은 미래가 요청하는 창조적 보편을 지향합니다. 오늘 비전을 선포한 후마니타스칼리지와 지구사회봉사단은 그 지향을 담아낼 그릇입니다. 교육, 연구, 실천의 융합을 지향하면서 '더 나은 나' '더 나은 세계'의 미래를 열고자 합니다. 경희의 길, 그 꿈과 소명을 함께 찾아 나섰으면 합니다.

학술 문화의 또 다른 미래

설립자께서 10여 년 전 개교 50주년을 맞아 이런 말씀을 남기셨습니다. "이 대학을 세운 사람이 죽더라도 세계적인 대학을 반드시 만들어 달라." "그 뜻에 모두가 동참해 달라."

"세계적인 대학." 어떤 뜻을 담고 있는 것일까? 일반적인 관점에선 여러 뜻을 담아낼 수 있는 말입니다. 그러나 경희의 역사적 맥락에서 보면 답은 비교적 자명해 보입니다. 대학의 궁극 목표인 진리를 깊이 탐구하면서 탁월한 학술의 미래를 선도하는 대학입니다. 그런 대학 본연의 모습과 함께 큰 학문(大學)의 길, 인류사회에 공헌하는 실천적 책무를 다하는 대학입니다. 설립 시기에 탄생한 교가는 그래서 '온오한 학술 연구'와 '세계' '인류' '평화'를 노랫말 중심에 놓습니다.

지난 몇 년, 경희는 남다른 노력을 기울였습니다. 학문적 기반을 심화

2012학년도 전체교수회의 인사말, 2012년 3월.

하고, 인간과 세계의 더 나은 미래를 위해 노력했습니다. 특히 학술·연구 분야에서 탁월한 성취가 있었습니다. 인문, 사회, 기초과학, 공학, 의생명과학, 예술, 체육…, 거의 모든 분야에서 국내외 대학 가운데 가장 두드러진 위상 변화를 이뤘습니다.

공적 실천 면에서도 보람 있는 일이 있었습니다. 지난해 3월 설립한 후마니타스칼리지는 대학사회가 그간 소홀히 취급해 온 교양 학문과 시민교육의 의미를 새롭게 했습니다. 같은 해 9월 유엔 제정 "세계평화의 날" 30주년을 맞아 뉴욕 유엔 본부와 평화의 전당에서 동시에 개최된 UNAI-경희 국제회의("Give Peace Another Chance")도 특별한 의미를 지닙니다. 경희 60여 년의 전통 "학문과 평화" 위에 아로새긴 또 다른 발자취였습니다.

이제 지난해의 성취를 뒤로하고, 새 희망을 말할 때입니다. 우리보다 앞서 경희에 몸담은 수많은 선배 여러분의 염원인 '세계적인 대학'의 길을 재촉하고자 합니다. 큰 물음을 함께 물었으면 합니다. '21세기, 새 시대가 요청하는 명문대학의 길은 무엇인가?'

지난해 우리는 "대전환"이란 큰 화두를 던졌습니다. 대학의 존재이유를 다시 한번 물었습니다. 올해부터는 그간 함께 생각해 온 실현 방안을 추진하고자 합니다. 오늘은 우선 학술 부문에 관한 이야기를 나누고자 합니다.

많은 분들이 학위를 마치고 교수직에 임할 때 큰 포부를 갖습니다. 내가 추구하는 학문 분야에서 위대한 업적을 이루고, 학자로서 그 분야의 미래를 선도하겠다는 의지를 다집니다. 돌이켜 보면 저 역시 그랬던 것 같습니다. 조교수로 임용될 때 그런 꿈을 키웠습니다. 그러나 막상 생활을 하다 보면 그 꿈이 축소되고 왜소해지는 것을 느끼곤 했습니다.

우리 대학가에 형성된 학문 풍토. 대학 본령을 바라보는 사회의 현실. 이런저런 이유로 적지 않은 분들이 이미 촘촘히 짜인 '한국적 현실'에 적응하게 됩니다. 지금은 예전보다 여건이 많이 개선됐습니다. 하지만 학문의 미래를 선도하는 석학(碩學), 대가(大家), 거장(巨匠)의 길을 여는 풍토는 여전히 부족해 보입니다. 이는 비단 우리 문제만은 아닐 것입니다. 세계의 대학사회에서도 적지 않은 분들이 그렇게 느끼리라 생각됩니다. 현대사회가 요청하는 기능적 학문세계. 전공 분야의 편협한 경계와 담장. 이에 따른 학문과 학문, 학문과 세계 간의 깊이 있는 소통 부재…. 그런 이유에서 큰 학문, 큰 지식의 가능성이 점차 대학사회로부터 멀어져 가는 것은 아닌지, 우려의 목소리가 작지 않습니다.

흔히 석학, 대가, 거장이라 하면, 그분이 갖고 있는 학술 분야의 폭과 깊이, 시대를 넘나드는 통찰을 떠올립니다. 그 통찰의 인류사적 파장과 문명사적 기여를 상기하게 됩니다. 좋은 예가 될지 모르지만, 애덤 스미스와 칼 마르크스를 잠시 이야기해 보고자 합니다. 두 사람은 말 그대로 우리 모두가 잘 아는 거장입니다. 애덤 스미스의 〈도덕감정론〉과 〈국부론〉, 마르크스의 〈정치경제비판〉과 〈자본론〉은 커다란 역사의 발자취를 남겼습니다. 이 저작들에 담긴 주장의 옳고 그름을 떠나, 실로 그 영향력은 지대한 것입니다. 윤리와 논리, 경제사회의 이치를 깊게 탐구한 애덤 스미스. 사회사상과 철학, 자본주의 체제의 작동 기제에 깊은 이해를 보인 칼 마르크스. 두 사람의 학문적 성취는 후대의 학술 연구, 인류사회의 변천사가 말하듯이 시대를 초월한 사상적, 이론적 기초를 제공했습니다.

얼마 전 현대 국가와 경제사회 이론을 연구하시는 사회학계의 석학 한 분이 내방하셨습니다. 이런 말씀을 하셨습니다.

'오늘날 현대적 삶의 근간은 좌우의 틀 속에서 만들어집니다.' '오래전부터 맥을 이어 온 좌와 우, 보수와 진보의 양분적(binary) 맥락이 시대를 규정합니다. 그 세계에서 우리는 여전히 살아갈 뿐입니다.'

전통적으로 좌와 진보는 사회주의 삶의 방식을 동경해 왔습니다. 우와 보수는 자유민주주의 시장경제의 우월성을 말해 왔습니다. 애덤 스미스와 칼 마르크스는 이 두 틀의 역사적 흐름에 크게 기여했던 인물입니다. 수백 년 넘도록 두 사람의 상상력과 학문세계는 경제사회적 삶의 질서, 정치 이념과 체제 형성에 중요한 역할을 해 왔습니다. 그런 질서와 이념과 체제가 과연 '사람' 또는 '인간의 인간적 가치'보다 우위에 놓여야 할지는 또 다른 논의를 필요로 합니다. 말씀드리고자 하는 것은 이들이 만들어 낸 철학과 담론이 20세기를 지나 오늘에 이르기까지 여전히 지대한 영향력을 행사한다는 점입니다.

'세기를 초월한 학문적 성취.' 우리는 '사람의 세상' '더 나은 미래'를 위해 그 성취를 어떻게 이룰 것인가? 이 변화와 전환의 시대에 던져진 중요한 화두입니다. '대학다운 미래대학 건설'을 위해 함께 지혜를 모아야 할 중요한 사안입니다.

앞서 요약 발제된 '학술 문화 2020'은 이런 노력의 일환입니다. 오늘을 기점으로 새로운 학술 문화 구현을 위해 열린 포럼을 개최하고자 합니다. 구체적인 실현 방안을 위한 위원회를 구성하고자 합니다. 이 두 경로를 통해 좋은 의견 많이 주시기 바랍니다. 대학 본부도 준비하겠습니다. 새 시대를 열어 갈 석학, 대가, 거장의 꿈이 살아 숨 쉬는 대학, 우리 학생들이 '너무나 학술적인(all too academic)' 분위기에서 미래를 설계할 수 있는 캠퍼스 문화. 그런 대학과 문화를 위해 행정 역량을 집중하겠습니다.

경희의 "학문과 평화"의 전통 위에 그 길을 함께 놓았으면 합니다. 감사합니다.

나는 누구인가: 초연결 시대와 학습

졸업을 축하합니다. 지금 이 순간이 여러분이 그간 이뤄 낸 성취와 함께 새롭고 멋진 삶의 출발점이 되길 축원합니다.

오늘은 또 다른 기쁜 일이 있습니다. 인류의 미래를 위해 헌신해 오신 이리나 보코바 전 유네스코 사무총장님께서 경희의 일원이 되셨습니다. 앞으로 여러분과 함께 경희와 인류의 미래를 밝혀 주시리라 믿습니다. 오늘 이 자리에서 명예박사학위 수여식을 갖게 된 것을 기쁘고 영광스럽게 생각합니다.

졸업생 여러분. 델포이 신전엔 이런 문구가 있습니다. "그대 자신을 알라(Know thyself)." 우리에게 친숙한 경구입니다. 신전 초입에 이 말이 새겨진 지 2,000여 년이 흘렀습니다. 그 후 인류는 거듭 물었습니다. '나는 누구인가?' 그러나 이 짤막한 물음의 답은 결코 쉬워 보이지 않습니다.

2017학년도 학위수여식 졸업식사, 2018년 2월.

그런 이유에서일 것 같습니다. 지난 세기 건립된 유럽입자물리연구소(European Organization for Nuclear Research, CERN)란 국제기구엔 이런 문구가 있습니다. "우리는 어디서 왔는가, 우리는 무엇인가, 우리는 어디로 가는가?" 델포이 경구의 또 다른 표현처럼 들리는 이 말은 고갱의 유작명입니다. 타히티에서 노년을 보내며 삶과 예술의 궁극을 고심했던 그의 작품명이 8,000여 세계 과학자들이 참여하는 입자물리가속기 연구기관이 설립될 때 또다시 세상과 만났습니다. 물리학과 우주과학, 인문학적 상상을 통해 그간 인류가 풀어내지 못한 우주의 시원, 인간의 기원을 밝혀 보겠다는 강렬한 염원을 담았습니다.

고대에서 현대에 이르기까지 우리는 왜 '모든 것의 시원' '인간의 기원'에 관한 물음을 끊임없이 묻는 것일까? 여기엔 누구나 공감하는 답은 없을지 모릅니다. 그러나 한 가지 자명해 보이는 사실은 있습니다. 기원을 천착하는 일 자체가 생을 통해 인간이 갈구하는 삶의 의미, 미래의 열린 가능성에 영감을 줄 수 있다는 점입니다. 인류 역사의 발전과 인간 존재의 고양(高揚) 가능성을 넓혀 줄 수 있다는 점입니다.

우리는 지금 인류사상 실재에 관한 본원적 물음을 조망하기 좋은 시대를 살고 있는지 모릅니다. 오랜 진화의 여정을 거치며 인류가 쌓아 온 지혜와 경험. 산업화, 현대화가 쌓아 올린 첨단 과학기술의 결실. 개개인의 손안에 들어온 세상의 수많은 지식과 정보. 그 성취와 함께 이제 우리는 '4차 산업혁명의 시대'를 말합니다. 사람과 사람, 사람과 사물, 사물과 사물이 서로 촘촘히 연계된 '초연결의 시대'를 말합니다.

그러나 그런 문명사적 성취에도 불구하고 삶을 둘러싼 '진실의 세계'는 여전히 손에 쉽게 잡히지 않습니다. 어느 원로 학자는 대학인의 눈으로 그 배경을 이렇게 말합니다.

> '30년 동안 … 나는 … 이상을 일찍이 접은 채 … 안정된 일자리에 안주하는 … 냉소주의를 많이 보아 왔습니다.' '학생들은 대학에 들어와 일과 꿈이 하나 되는 삶 … 돈을 벌면서도 일정한 목적과 가치를 실현하는 삶을 … 꿈꿉니다.' '그러나 현실과 맞닥뜨리면서 점차 삶의 비전을 잃어 갑니다.'

해외 학자인 이분의 말은 시간과 장소를 초월해 보편적으로 들립니다. 서구뿐 아니라 우리나라, 지구상 거의 모든 나라가 유사한 현실을 경험하고 있지 않나 합니다. 산업화, 세계화가 심화하면 할수록 대학은 진리와 삶의 의미에 관한 성찰과 거리를 둔 채 경제성장과 경쟁력 강화에 힘을 싣는 경향을 보입니다.

마주한 현실의 이익을 위해 생을 투여한다는 것은 그릇된 일이 아닙니다. 우리는 이를 통해 많은 것을 얻었습니다. 전례 없던 성장과 팽창의 시대를 열었습니다. 그러나 삶의 근원에 대한 성찰을 잃고 이를 위한 노력에 지나치게 편중한다면, 미래는 예상치 못한 위협에 봉착할 수 있습니다.

지난해 마지막 날입니다. 구테흐스 유엔 사무총장이 신년사를 세계로 송출했습니다. 신년사는 이례적인 내용을 담고 있었습니다.

'세상이 거꾸로 가고 있습니다.' '적색경보를 울립니다.' 근래 들어 드세지는 '핵전쟁의 위협, 그 어느 때보다 빠르게 진행되는 기후변화, 불평등, 배타적 민족주의와 같은 지구사회 문제가 심각한 양상을 띠고 있습니다.'

신년사에 담긴 지구사회의 난제는 서로 다른 내용을 담고 있습니다. 그러나 그 기저에 놓인 문제의 본질은 결국 한 지점을 가리킵니다. 우리 스스로 자기 편향의 이익 추구를 성찰적으로 바라보지 못하면, 지속 가능한 삶의 조건은 언제든 붕괴할 수 있다는 점입니다.

여러분은 이제 사회로 나아갑니다. 지금 이 시점에선 세계로 나아간다는 말이 더 어울려 보입니다. 오늘의 세계는 과거엔 경험할 수 없던 많은 일들을 경험하게 해 줍니다. 첨단 과학기술의 급속한 발전과 함께 생명을 연장하고, 가상현실, 증강현실을 향유할 수 있게 됩니다. 화성 여행도 곧 가능해진다고 합니다. 초거대 입자가속기를 활용한 우주 탄생의 비밀에 관한 도전도 활발히 진행 중입니다. 그러나 그런 기회의 세상 이면엔 앞서 거론한 어두운 현실도 있습니다. 내부로 눈을 돌리면 청년실업, 정경유착, 배타적 적자생존의 문화 같은 문제도 산적해 있습니다. 이 모든 것이 지금 우리가 겪는 또 다른 현실입니다.

이제 또다시 물어야 하지 않을까 합니다. 명암이 교차하는 현실에서 각자 소망하는 사적 성취와 공적 성취의 조화로운 결합을 어떻게 이뤄 낼 수 있을 것인가? 과연 그것이 가능한 일일까? 저는 아직 이에 대한 답을 갖고 있지 못합니다. 그러나 나누고 싶은 이야기는 있습니다. 미래를 열어 갈 사유 방식에 관한 것입니다. 새로운 학습의 장에 관한 이야기입니다.

산업화, 세계화, 초연결의 시대는 문명 전환의 큰 토대를 이뤘습니다. 이를 이끈 역사의 축은 과학기술의 빠른 진전이었습니다. 근대의 사상과 이론이 진화하면서 오늘의 물적 풍요가 가능해졌습니다. 특히 '진리에 관한 객관주의'에 기초한 철학과 과학의 대전제는 지금 우리가 누리는 성장과 팽창의 역사를 만드는 데 중추적인 역할을 했습니다.

'실재는 물질의 성질을 갖고 있는 개별 입자와 이들 간의 상호관계로 구성돼 있다.' '인간은 적자생존의 원리를 따르는 진화의 산물이다.' '인간 의식은 그런 진리와 원리의 소산이다.' 일부에 불과하지만, 이 같은 근대 담론의 탄생은 문명과 문화의 큰 줄기를 만들어 왔습니다. 그러나 그 역사의 이면엔 새로운 발견과 가능성을 연 또 다른 담론도 있습니다.

'궁극의 실재를 구성하는 것은 물질로 환원할 수 없는 현상, 상태 또는 정보가 담겨 있는 제3의 무엇이다.' '인간사회엔 적자생존의 원리뿐 아니라 감정과 연민, 상상과 협력 같은 인간적 현상이 존재한다.' '의식은 물질계의 단순 부대 현상이 아니라 '모든 것'의 시원과 연결된 전일적 초연결 세계의 소산이다.'

우주와 인간의 기원을 둘러싸고 이어져 온 이 상반된 견해는 우리의 철학사, 과학사만큼이나 오랜 역사를 갖고 있습니다. 어떤 사유의 길을 택할 것인가? 그 답은 우리에게 달려 있습니다. 우리가 읽어 내는 '모든 것'의 본질과 모습에 따라 우리는 전혀 다른 세상을 인식하고 꿈꿀 수 있습니다. 그래서 또다시 물어야 합니다. '나는 누구인가, 어디서 와서 어디로 가는가?' 이 물음으로의 도전이 지금 여러분을 기다립니다.

개개인은 각자 소망을 안고 삶을 살아갑니다. 소망의 실현 가능성은 현실과 실재의 제약을 받습니다. 우리가 꾸는 꿈, 우리가 함께 풀어야 할 지구와 사회의 난제. 사적 욕망과 공적 열정 사이에서 우리는 그 문제를 풀어 가야 합니다. 그것이 이 시대를 살고 있는 우리의 '인간적 책무'일 것입니다.

이제 여러분의 미래를 향한 긴 여정이 시작됐습니다. 여러분이 마주한 시대는 '100세 시대'라고 합니다. 그 시대엔 단 한 번의 대학 교육이 충분치 않습니다. 평생학습이 필요해 보입니다. 지식과 정보의 회전이 빠릅니다. 사유 방식과 앎의 방식도 빠르게 변합니다. 진리와 실재, 꿈과 포부에 관한 도전적 안목을 확장하면서, 더 나은 나, 더 나은 세계를 향한 큰 성취가 있기를 기원합니다.

내 안의 영웅

신입생 여러분과 경희의 첫 만남을 진심으로 축하합니다. 오늘 이 자리에선 우리가 함께 만들어 가야 할 '꿈과 희망' 이야기를 나눴으면 합니다. 자신을 위해, 사회를 위해 '대학인이 된다는 것.' 그 의미를 되새겼으면 합니다.

경희를 선택할 때 여러분은 고민이 많으셨을 줄 압니다. 어느 대학을 선택할지, 어느 대학이 내게 맞는 배움의 기회를 제공할지, 많은 생각을 하셨을 겁니다.

지난 연말 수시 모집이 있었습니다. 이 자리엔 그때 지원하신 분도 많을 것 같습니다. 수시 입시가 끝난 후에 특별한 소식을 접했습니다. 어느 교수님께서 면접에서 "왜 경희를 택했나"라는 질문을 했다고 합니다. 응답자 거의 모두가 후마니타스칼리지를 이유로 들었다고 합니다.

2013학년도 입학식 환영사, 2013년 2월.

면접을 담당했던 그 교수께서 매우 놀랐다고 합니다. 출범한 지 불과 2년이란 시간이 흘렀는데, 수험생들이 후마니타스칼리지에 많은 관심을 보였기 때문입니다.

지금도 기억이 새롭습니다. 후마니타스칼리지를 준비할 때 두 가지 구상이 있었습니다. 하나는 학문의 궁극 목표, 사람에 관한 것입니다. 대학에서 학문을 한다는 것은 전문지식을 쌓아 가는 것입니다. 하지만 지식의 근간은 인간에 있습니다. 또 다른 관심사는 학문세계의 실천적 의미를 탐색하는 일입니다. 나와 우리가 함께하는 인간의 세계를 위해 학문의 실천적 의미를 창조하는 것이 대학 교육의 근본입니다.

이 구상들은 평범한 사실입니다. 오랜 세월 대학의 역사와 함께해 왔습니다. 그러나 대학의 현실은 근래 들어 많이 변했습니다. 산업화, 정보화, 세계화 추세와 함께 대학이 어느덧 사회 변화를 따라가는 수동적인 모습을 보이고 있습니다. 더 나은 직장과 개인의 성취. 경제성장과 국가 경쟁력. 흔히 말하는 "성장 신화"의 요구로 인해 대학의 전통 가치는 그 기반을 점차 잃어 가고 있습니다.

이 현상은 한국 사회의 "개발 연대"가 말해 주듯이 성장과 번영을 가능케 했습니다. 그 어느 때보다 풍요로운 시대가 도래했습니다. 그러나 그 과정에서 우리는 중요한 것을 잃었습니다. 가치의 전도입니다. 삶의 수단이 돼야 할 성장과 부가 목적 그 자체가 됐습니다. 자신을 성찰하는 학문, 서로 나눠야 할 인간애에 대한 지식은 뒷전으로 물러서게 됐습니다.

여러분은 마이크로소프트사의 설립자 빌 게이츠 회장을 잘 아실 겁니다. 그분은 대학을 마치지 못했습니다. 대학 3학년 시절 중퇴했다고 합니다. 그 후 수십 년이 지난 2007년 하버드대학교는 졸업식에 게이츠 회장을 초청했습니다. 이런 연설을 남겼습니다.

'내가 대학을 떠날 땐 미국 사회 수백만 젊은이들이 적절한 교육의 기회를 상실한 채 살고 있다는 사실을 몰랐습니다.' '개발도상국 수백만 사람들이 이루 말할 수 없는 가난과 질병으로 고통받고 있다는 사실을 몰랐습니다.' 이런 고백을 남긴 후, 게이츠 회장은 연설을 이렇게 마무리했습니다. '하버드대학을 이끌고 계신 교수님, 학장님 그리고 지도자 여러분, 부탁드릴 일이 하나 있습니다.' '여러분이 교수 정년(tenure)을 심사할 때, 커리큘럼을 만들 때, 학생들의 졸업 요건을 결정할 때…, 이렇게 물어 주실 것을 부탁드립니다.' '세상의 가장 큰 문제(가난, 기아, 질병, 불평등과 같은 인류의 난제)를 풀기 위해 우리는 우리의 가장 큰 마음을 헌정하고 있을까요?'

뜻밖의 물음이었습니다. 오늘 우리가 빌 게이츠 회장을 특별하게 기억하는 까닭이 바로 이 물음에 담긴 그의 마음 때문이 아닌가 합니다.

하버드대학교는 2010년을 "공공 봉사의 해"로 선포했습니다. 그해 졸업식사에서 드루 파우스트 총장은 이렇게 말했습니다. '우리 대학 설립자는 교육의 궤적이 자기 발전에서 공공 행동으로 움직인다고 믿었습니다.' '졸업생 여러분에게 중요한 것은 졸업장 그 자체가 아닙니다.' '여러분이 졸업장과 함께 앞으로 무엇을 할 것인가가 문제입니다.'

여러분이 입학한 경희의 전통도 다르지 않습니다. 학문의 시작과 끝, 끝과 시작이 바로 우리 인간이라는 철학적 명제와 함께 역사를 만들어 왔습니다. 인간의 인간을 위한 학문. 이 가치를 지향하면서 더 나은 인간과 세계의 미래를 꿈꿔 왔습니다.

1974년 경희의 설립자께선 세계인류학자대회에서 이런 말씀을 남기셨습니다. '교육은 사람을 … 인간적인 차원의 삶으로 이끄는 가장 … 유용한 방법입니다.' '교육은 … 지식과 지혜 그리고 삶의 의미를 찾는 인간 창조를 가르칩니다.' '전문 지식과 기술을 전수할 뿐 아니라, 다른 사람을 위해 희생, 봉사하는 마음도 개척합니다.'

미래는 역사와의 끊임없는 대화 속에 펼쳐집니다. 우리가 쌓아 온 과거와의 '회귀적 대화'를 통해 무한한 상상력이 발현되는 것이 미래입니다. 경희의 미래도 이런 연장선상에 있습니다. '학술과 평화의 전통과 대화하며, 함께 이루어 갈 상상의 세계.' '더 나은 인간과 세계의 내일을 향한 실천의 세계.' 이 두 세계의 조화로운 결합, 새로운 창조의 길을 열어 가는 것이 경희의 전통이자 미래입니다.

여러분은 이제 경희의 전통 위에서 미래를 펼쳐 갈 것입니다. 더 나은 자신의 미래, 세계의 미래를 그려 갈 학술과 실천의 여정이 여러분 앞에 놓여 있습니다. 설레는 일일 것입니다. 젊은 꿈을 안고 도전과 창조의 길을 나서는 일. 이보다 더 값진 일은 없을 것입니다.

그러나 이 부푼 꿈을 현실로 전환하기 위해선 설렘 못지않은 용기도 필요합니다. 미래를 향한 치열한 자신과의 싸움, 때에 따라선 공동체를 위한 희생과 헌신도 필요합니다.

앞서 언급했지만, 우리 사회는 과도기에 처해 있습니다. 번영과 풍요의 뒤안길에 남겨진 빈곤과 소외, 갈등과 혼란. 이 모두 치열한 숙고와 냉철한 판단을 필요로 합니다. 새로운 실천의 지평을 요청합니다. 눈을 들어 더 넓은 세계를 바라보면, 더 큰 문제가 우리를 기다립니다. 깨끗한 물 한 모금의 비극. 하루 1달러를 마련하지 못해 기아와 병마에 시달리는 생의 절규. 생각 차이, 이념 차이가 빚어내는 갈등과 폭력. 생태파괴와 전례 없는 기후변화의 현장. 대학인, 사회인, 세계인이 함께 풀어 가야 할 도전적 과제입니다.

신입생 여러분. 우리가 사는 세계는 서로 밀접히 연결돼 있습니다. 세계의 문제가 곧 내 문제입니다. 내 문제를 풀기 위해선 세계에 대한 관여와 개입이 필요합니다. 지식과 지혜, 실천의 창조적 결합을 이끌어내는 적극적 참여가 필요합니다. 상황에 대처하고, 세상에 개입하고, 끝없이 내면의 더 나은 자아와 실천의 세계를 열어 가는 일. 저는 이것을 "영웅적 개입(heroic engagement)"이라 부릅니다.

영웅의 사전적 의미는 남다른 지혜와 용기, 재능을 가진 인물입니다. 우리를 위해 내가 할 수 없는 일을 해내는 인물을 말합니다. 그러나 그것은 잘못된 정의라고 봅니다. 내가 갖고 있지 않은 것은 남도 갖고 있지 않습니다. 나도, 영웅도 인간입니다. '인간에 내재된 무한한 열림과 초월의 가능성.' 이를 통해 '더 나은 자신과 세상을 열어 가는 일.' 이런 가능성을 실천에 옮기는 사람이 바로 영웅일 것입니다.

인간은 제한적 존재입니다. 시공간, 특정 제도와 문화에 사로잡힌 존재가 인간입니다. 그러나 우리가 그 '사로잡힘'을 넘어서면 종전에 가졌던 고정관념이 다가 아니라는 느낌을 갖게 됩니다. 편견은 편견일 뿐이라는 점입니다. 또 다른 차원에서 인간은 매우 미약한 존재이기도 합니다. 눈앞의 이익에 무너지고, 이익 추구를 위해 위선과 편견, 조작과 술수를 만들어 내기도 합니다. 그러나 '양심의 순간'엔 '나 너머 진리'와 항상 마주하게 됩니다. 내면과 소통하는 양심은 세상의 굶주림과 소외에 무심할 수 없습니다. 불의와 비리를 바라보면 분노를 느낍니다. 제한적인 나를 넘어서고자 할 때, 우리는 또 다른 존재의 지평과 만날 수 있습니다. 벗어남과 넘어섬, 미래의 나를 끊임없이 오늘로 불러오는 인간의 모습에서 우리는 또 다른 나를 발견할 수 있을 것입니다. 그 삶의 여정을 만들어 갈 수 있습니다. 이것이 아마도, 누군가의 말처럼, '인간이 신(이 모든 것의 기원인 무한의 존재)이 아니면, 인간은 인간도 될 수 없다'는 철학적 명제를 말할 수 있는 이유이기도 할 것입니다.

대학의 근원적 의미는 바로 그런 인간의 모습을 우리 안에서 이끌어 내는 것이 아닐까 합니다. 더 나은 나, 더 나은 세상을 위해 지식과 지혜의 실천적 가능성을 열어 가는 일. 그것이 '큰 학문(大學)'입니다. 큰 배움의 길입니다. 신입생 여러분의 '원대한 나'로의 여정에 응원을 보냅니다.

앎의 세계, 모름의 세계

신입생 여러분, 경희와의 첫 만남을 축하합니다.

오늘 환영사는 20여 년 전 이야기로 시작하겠습니다. 1996년, 12월 어느 날. 스웨덴 한림원은 이런 소식을 세계에 알렸습니다. "이제 막을 내린 인간 의식의 이념적 개조 시대에 폴란드 시인들은 희망의 징표였습니다." 시인 비스와바 쉼보르스카는 "비범하고, 굴하지 않는 순수와 열정으로 인류의 희망을 시어(詩語)에 담아냈습니다."

비스와바 쉼보르스카. 그는 한평생 우주적 상상력과 역사의 진실, 인간 실존을 다루던 시인입니다. 그의 시세계는 모차르트의 '온화함'과 베토벤의 '웅장함'을 동시에 지녔다는 찬사를 받았습니다. 그런 평을 뒤로하고 시인은 겸손한 어조로 노벨 문학상 수상 소감을 이렇게 전했습니다.

2015학년도 입학식 환영사, 2015년 2월.

> 인간의 창작활동을 일깨우는 영감은 예술가나 시인들만의 특권이 아닙니다. … 스스로 세운 부름과 소명에 따라 일을 선택하는 사람들. 애정과 상상력을 다해 그 일을 수행하는 사람들. 그 모든 사람들이 수혜자입니다. … 영감이 무언지는 중요하지 않습니다. 중요한 것은 끊임없이 '나는 모른다(I don't know)'를 스스로 되뇌는 일입니다. 그런 가운데 자신과 세계를 향한 새로운 영감이 솟아납니다.

여러분은 이 이야기를 어떻게 생각하시는지요? 부러운 이야기? 도전하고 싶은 이야기? 그것이 무엇이든, 이 이야기엔 우리를 일깨우는 통찰이 있습니다. '새로운 나와 세상을 부르는 영감.' 그 위대한 인류의 유산이 우리 내면 깊이 존재한다는 사실입니다. 시인이든, 예술가든, 직장인이든, 학생이든…, 개성과 세대, 직업과 시대를 초월해 우리는 '하늘의 선물'인 영감, 그 무한한 가능성의 수혜자입니다.

시인의 이야기엔 또 다른 일깨움도 있습니다. 모름의 문제입니다. "나는 모른다." 이 짤막한 문구의 역설에 관한 시선입니다. 우리는 무언가를 알기 때문에 지금 여기에 존재합니다. 인류의 삶은 그 앎의 세계와 늘 함께해 왔습니다. 생존에 필요한 지식. 타인과 관계 맺고 공동체 질서를 이어 가는 지식. 어제와 오늘을 성찰하고 내일을 전망하는 지식. 그런 지식을 위해 인간은 고군분투해 왔습니다. 치열한 사유의 세계를 탐색해 왔습니다. 그 노고 덕에 '인간의 역사'는 어제에서 오늘로 이어집니다. 또 다른 내일을 열어 갑니다.

그런데 '모른다'가 중요하다, 무슨 말인가? 인간이 만든 삶의 구조물은 앎의 세계에 속합니다. 우리 주변의 모든 물건, 건물, 법, 질서, 이념…. 이 모든 것은 앎의 세계의 산물입니다. 그러나 우리가 주목해야 할 것이 있습니다. 앎의 세계가 자칫 '완성의 오만'을 부를 수 있다는 점입니다. 완성의 오만, 혹은 오늘의 앎에 만족하는 닫힌 사유는 편견을 부릅니다. 편견은 실존의 왜곡을 초래합니다.

우리가 만일 모름을 이야기하지 않았다면, 우리는 여전히 지구가 평평하다, 우주의 중심이라 말했을지 모릅니다. 모름을 말하지 않았다면, 여전히 우주 나이 4,000년이란 '수백 년 전 진실'을 '오늘의 진실'로 받아들일 겁니다. 모름을 말하지 않았다면, 인류의 암울한 삶의 방식, 전제와 독재, 획일성의 폭정과 전횡에서 벗어나지 못했을 것입니다.

앎의 세계를 말하는 것. 동시에 모름의 신비를 탐색하는 것. 이것이 인간의 인간세계, '우주적 인간(cosmic human)'의 새 가능성을 열어 줍니다. '앎과 모름의 영원한 변증'이 더 온전한 삶과 문명의 길로 우리를 안내합니다.

현대물리학의 거장 아인슈타인은 이렇게 말합니다. '우리는 시각적 환영에 사로잡힌 존재다. 그 환영은 우리 주변, 내가 아는 지식에서 비롯된다. 그 귀속이 사유의 감옥이다.' 〈데미안〉의 저자 헤세는 문학적 감성으로 이렇게 표현합니다. '깨어나려는 자는 내가 속한 알에 균열을 내야 한다. 그 투쟁을 통해 '아브락사스,' 신의 비밀, 미지의 신비를 향한 날갯짓을 해야만 한다.' 학문의 중추인 과학과 인문의 세계. 그 세계의 위대한 가능성은 자신이 만든 감옥에서 벗어나는 자유를 말합니다.

나를 가둔 알을 깨는 책임을 말합니다. 모름의 세계로의 도전은 자신과 세상의 또 다른 가능성을 열어 줍니다.

여러분이 선택한 경희의 학문세계는 바로 그 가능성을 존중합니다. 앎과 모름의 '영원한 변증'의 미(美)를 중시합니다. 경희의 교가는 그래서 "변전(變轉)하는 세계"를 노래합니다. "생성(生成)하는 역사"를 말합니다. 고정과 불변이 아니라 변화와 창조, 열린 대안의 "문화세계"를 지향합니다. 그것이 경희의 얼과 정신입니다.

경희의 그런 전통은 지난 60여 년 수많은 발자취를 남겼습니다. 설립 초, 한국전쟁의 고난과 역경, 시대의 아픔을 같이했습니다. '의지는 역경을 뚫고, 협동은 기적을 낳는다.' 그 정신과 함께 헐벗고 굶주린 현실을 넘기 위해 노력했습니다. 그 후 10여 년. 경희는 '세계로, 미래로' 꿈을 키웠습니다. 우리 사회, 현대문명이 안고 있던 '인간 소외' '인간 상실'의 문제를 다뤘습니다. 1968년, 경희의 중앙도서관에서는 특별한 일이 있었습니다. 경희가 창립의 주역을 맡았던 세계대학총장회 제2차 총회가 열렸습니다. 빈곤과 소외, 갈등과 폭력 없는 인간세계. 인간의 양심과 가치를 구현하는 지구적 존엄의 시대. 그 세계와 시대를 위해 경희와 세계 지성이 뜻을 모았습니다.

그 후 반세기, 경희의 전통은 지속됐습니다. 유엔, 유네스코, 세계시민사회협의체와 함께 인간과 사회, 문명의 길을 모색해 왔습니다. 시대가 필요로 하는 '창조적 보편'을 말했습니다.

몇 달 후, 세계대학총장회가 영국 옥스퍼드에서 창립 50주년을 기념합니다. 앞서 말씀드린 경희와의 인연으로, 50주년 기념식을 개최해 달라는 제의를 받았습니다. 뜻깊은 일입니다. 이를 통해 경희는 말하고자 합니다. 지성의 양심이 말하는 세계의 진실, 인간의 진실, 더 나은 역사·문명의 길. 이를 위해 학문과 실천의 조화가 절실하다는 경희의 뜻을 전하고자 합니다. 소외와 갈등, 대립과 폭력, 생태와 기후 위기가 이어지는 이 시대. 인간의 열린 의식과 존엄의 모색이 시대의 과제라는 점을 말하고자 합니다.

이제 여러분은 경희의 역사와 전통 위에 섰습니다. 이를 발판으로 학문적 성취의 여정을 이어 가게 됩니다. 그 여정에 '더 큰 자신' '더 큰 타인' '더 큰 공동체'의 많은 미래가 함께하기 바랍니다. 앎과 모름의 영원한 변증의 의미를 되새기며, 상생과 공존의 '인간적인 문화세계'를 이루시기 바랍니다.

여백의 미: 지속 가능한 꿈과 포부의 조건

신입생 여러분, 반갑습니다. 진심으로 축하합니다.

오늘 입학식을 맞이해 여러분과 함께 나누고 싶은 이야기가 있습니다. 여러분 개개인이 갖고 있는 꿈과 포부에 관한 것입니다. 그것을 수렴해야 할 사회 현실의 미래에 관한 이야기입니다.

지난해 일입니다. 이제 여러분의 배움의 터전이 된 경희는 2년여의 준비 끝에 〈미래대학리포트〉를 발간했습니다. 재학생들이 마주한 현실과 미래에 관한 인식 조사 보고서입니다. 이 시대 청년들은 자신과 대학을 어떻게 바라보는지. 어떤 미래를 꿈꾸는지. 1만 4,000여 학생들이 참여한 그 보고서엔 학생들의 이런 생각이 담겨 있습니다. '우리는 대학 생활 동안 무엇보다 자아실현을 원합니다.' '인간의 가치와 의미를 생각하는 삶을 이어 가고 싶습니다.' '우리의 정신세계를 안내해 줄 진

2016학년도 입학식 환영사, 2016년 2월.

정한 스승을 원합니다.'

인식 조사 결과가 나오자 많은 분들이 뜻밖이라는 생각을 했습니다. 일반적으로 이 시대 청년세대의 가장 큰 관심사는 취업으로 알려져 있습니다. 우리 학생들도 다를 바 없이 취업과 이에 필요한 전문지식에 무엇보다 큰 의미를 부여할 것으로 생각했다고 합니다. 그러나 막상 조사 결과는 달랐습니다. 취업과 전공 지식보다는 내면의 성찰을 통한 삶의 근원에 더 많은 의미를 부여했습니다. 이를 도와줄 대학의 변화를 요구하고 있었습니다.

인식 조사가 끝나자 보고서 작성을 담당했던 교수님들은 고민에 빠졌습니다. '어떻게 해석해야 할지.' '왜 그런지.' 논의와 숙의가 이어졌습니다. 그런 끝에 이러한 결론에 도달했습니다. 학생들이 마주하는 치열한 경쟁사회. 이에 따른 실존의 절박감을 인식하면서도 자신의 정신세계 확장을 꿈꾸고 있다는 것입니다.

저 역시 공감했습니다. 그리고 그 무렵 재학생과 가진 두 차례 '총장과의 대화'에서 해석의 타당성을 다시 확인할 수 있었습니다. 특히 한 학생의 현실 인식이 아직도 기억에 새롭습니다. 이 시대 경쟁적 시장문명과 삶의 제약을 논하는 자리에서 이런 이야기를 이어 갔습니다. 생각나는 대로 옮겨 보도록 하겠습니다.

> '현대사회의 문제는 인간의 존엄을 소홀히 하는 것입니다.' '사회는 결국 사람을 돈 버는 기계로 전락시킵니다.' '때로는 청년들이 자기

목숨을 하찮게 여기는 경우도 있습니다.' '대부분의 대학은 이런 문제에 소극적입니다.'

사회의 거의 모든 것이 부 축적과 재물의 가치로 환원되는 사회. 근대화의 성장 신화와 함께 이어진 인간 소외. 그 속에서 방황하는 대학 교육. 삶과 가치의 굴절과 왜곡을 지적했던 그 학생은 경희를 향해 또 이런 질문을 던졌습니다.

'우리 대학은 후마니타스칼리지를 설립했습니다.' '인간의 가치와 의미를 생각할 기회를 제공했습니다.' '다행스러운 일이라고 생각합니다.' '그런데 그런 대학이 현실적으로 지속 가능할까요?' '총장님, 자신 있으세요?'

'그런 대학이 지속 가능할까요?' '자신 있으세요?' 당혹스러운 질문이었습니다. 한 대학 총장으로 답하기엔 막중한 질문이었습니다. 무엇보다 인간의 가치와 삶의 의미를 존중하는 사회를 만드는 일은 우리를 둘러싼 시대 흐름, 문명사적 흐름을 정확히 읽어 내야 하기 때문입니다. 이에 따른 대안도 내놓아야 하기 때문입니다.

제 답은 그래서 안타깝게도 '함께 만들어 가자'였습니다. 그런 필요를 느끼는 이들이 '힘을 모으자'는 것이었습니다. 초라한 답입니다. 소박한 답입니다. 그러나 그런 초라하고 소박한 답마저 없다면 우리는 더 나은 인간적 삶을 말할 수 없을지 모릅니다.

현대를 살아가는 우리 모두는 삶의 거친 들판 위에 서 있습니다. 그 들판엔 누군가의 말처럼 수많은 '눈물의 계곡'이 있습니다. 그것이 현실입니다. 그러나 그 현실의 제약 속에서도 이를 헤쳐 갈 희망과 포부, 용기의 씨앗을 마음에 심을 수 있다면 우리는 언젠가 좌절 너머 세계와 만날 수 있을지 모릅니다. 저는 그 가능성을 '여백의 미학'에서 찾을 수 있다고 생각합니다. 자신과 타자의 공감대를 만들 수 있는 '여백의 미학.' 그 '실천의 가능성'에서 찾을 수 있다고 생각합니다.

며칠 전 우리는 안타까운 소식을 접했습니다. 움베르토 에코의 명복을 빌어야 했습니다. 〈장미의 이름〉 〈푸코의 진자〉로 알려진 에코는 또 다른 저작 〈미의 역사〉에서 '미(美)'의 의미를 이렇게 전합니다. 소유와 선(善), 즐김과 관조와 같은 인간의 내면에서 비롯되는 미. 시대와 문화, 개인적 차이에 따라 달라지는 대상과 내면의 미. 그 차이를 초월하는 통일성의 미. 세상의 다양한 아름다움에 관류하는 차이와 통일성. 그 경계의 의미를 찾아 나서는 인간의 열정과 갈망이 미의 근원이라는 생각을 우리에게 남겼습니다.

훌륭한 정의라고 생각합니다. 저는 이에 더해 우리가 함께 나눌 희망과 포부의 미래를 위해 미의 또 다른 측면에 주목하고 싶습니다. 앞서 말씀드린 여백의 미(美), 그리고 그것의 공적 실천입니다.

지금 우리가 처한 현실의 문제는 어느 체제, 어느 사회나 존재하는 새로운 가능성이 망각된 '폐쇄성의 문제'입니다. 여백은 그 너머 세계로 우리를 안내하는 통로입니다. 그것이 때론 발전이란 이름으로, 혁신이란 이름으로 활로를 열어 줍니다. 폐쇄는 그 길의 존재를 원천적으로 봉쇄합니다. 그 너머 세계를 향한 희망과 포부의 미래를 애초에 닫아 버립니다.

우리가 주변에서 흔히 경험하는 세대와 계층 문제, 지역과 이념 문제는 바로 그 지점에 놓여 있습니다. 서로 문을 걸어 잠근 인식의 세계. 닫힌 세계의 현실을 되풀이해서 만들어 내는 실천의 세계. 그들 세계로부터 번민과 갈등, 투쟁과 대립, 피의 역사가 시작됩니다. 여백의 미학은 이 닫힌 역사의 제한성을 넘어서게 해 주는 통로입니다. 그 길을 통해 우리는 또 다른 희망과 포부를 말할 수 있을 것입니다.

그런 점에서 여백을 통해 변화와 창조를 꿈꾸는 미의 세계는 서로 다름에서 움트는 차이의 비극을 아우르는 공적 가치입니다. 나와 너, 우리의 지속 가능한 삶의 공간입니다.

신입생 여러분. 여러분이 선택한 경희는 삶의 공간에 대한 철학과 함께 1949년 출범했습니다. 경희의 정신인 "문화세계의 창조"와 함께 역사·전통을 이어 오고 있습니다. '문화세계'는 인간의 인간적 가치를 추구하는 세계입니다. '창조'는 정(靜)과 동(動)의 가능성, 새로운 활로를 향한 실천의 역동을 모색하는 세계입니다. 이 두 세계의 결합은 닫힌 사유와 실천의 '갈등세계'를 넘어 열린 '상생과 공영의 세계'를 모색하자는 뜻을 담고 있습니다. 아직 도래하진 않았지만 상상 가능한 인간의 세계. 현재엔 없지만 언젠가는 실현 가능한 가치의 세계. 그 세계를 향해 '미의 실천' '창조의 여정'을 함께 찾아 나서는 것이 우리의 전통입니다.

지난 67년 경희는 다양한 역사의 발자취를 남겼습니다. 설립 초, 인간의 소외, 자연의 소외를 넘어서고자 했던 '잘살기운동'과 '자연보호운동.' 그 후 노력해 온 '인류평화운동'과 '세계시민운동.' 이를 통해 상상과 현실, 학문과 실천의 결합을 지향하면서 인간의 보편 가치를 위해 노력해 왔습니다. 닫힌 학문과 사상, 생활 세계를 넘어 지속 가능한 희망의 미래, 인간적 삶의 조건을 여는 데 기여해 왔습니다.

여러분은 경희를 선택했습니다. 선택은 여러분 스스로의 창조 행위입니다. 이제 여러분은 그 선택과 함께 미래의 역사를 써 내려갈 것입니다. 더 나은 개인과 세상을 이끌어 갈 역사의 주역으로 거듭날 것입니다. 그런 도전의식으로 '현실의 벽,' 세계가 마주한 '시대의 벽'에 도전하면서 담장 너머 새 세계를 꿈꾸시기 바랍니다. 내 마음의 '여백의 미.' 그 자유로운 학습 공간이 여러분의 도전에 힘을 실을 것입니다. 희망과 포부의 인생 여정을 가능케 할 것입니다. 여러분의 입학을 진심으로 축하합니다.

학문의 길, 성찰적 상상의 길

신입생 여러분, 반갑습니다. 여러분은 이제 '대학'이란 곳에 첫걸음을 내디뎠습니다. 새로 경험하게 될 대학에 관해 많은 상상을 해 보셨을 것으로 생각합니다. 아마도 그중엔 이런 근원적 물음도 있지 않을까 합니다.

> '대학이란 무엇일까?' '대학에 다니는 4년이란 학습 기간이 주는 의미는 무엇일까?'

유서 깊은 이 물음엔 많은 분들이 생각을 보태 왔습니다. 공감할 수 있는 내용 중 하나는 '대학'이란 말 자체가 내포하고 있다고 생각합니다. 클 '대(大)' 배울 '학(學).' 넓고 깊은 학문세계에 들어선 여러분이 자신과 세상의 미래를 위해 지식과 지혜, 실천 역량을 쌓아 가는 곳이 바로 대학이라는 생각입니다. 이제 여러분은 그런 배움의 장에서 소중한 경험

2018학년도 입학식 환영사, 2018년 2월.

을 만들어 가시리라 생각합니다. 오늘은 그런 뜻에서 제가 간직해 온 추억 하나를 소개하려고 합니다.

대학원에 다니던 어느 날이었습니다. 평소 만나 뵙고 싶었던 교수님의 연구실을 찾았습니다. 또 다른 교수님의 추천으로 찾아뵙게 된 그분은 제가 연구하고 싶어 하던 정치사회학 분야에서 큰 업적을 쌓으신 분이었습니다. 따뜻하게 맞아 주신 교수님께 이런 질문을 드렸습니다.

> '어떻게 배움의 길을 열어 가야 할지.' '이 시대 국가가 주는 의미는 무엇인지.' '이 분야를 체계적으로 공부하기 위해 무엇을 해야 할지.'

그런저런 문제를 상담하는 가운데 교수님께서 문건 하나를 건네주셨습니다. 두툼한 강의계획서였습니다. 이야기 중간중간에 그 강의계획서를 살펴봤습니다. 당혹감을 금치 못했습니다. 30여 쪽에 이르는 분량도 그랬지만, 거기엔 예상치 못한 또 다른 사실이 있었습니다. 강의계획서에 기재된 성함이 그 교수님이 아니라 같은 분야를 전공하시는 타 대학 교수님이셨습니다.

왜 그러셨을까? 상담 후에도 그 물음은 오랫동안 뇌리를 떠나지 않았습니다. 그러나 얼마 후 그 교수님의 신간 서문을 접하면서, 그 답의 실마리를 구할 수 있었습니다. 이런 요지의 이야기가 수록돼 있었습니다.

> '그간 내가 취해 왔던 이론적 입장은 세상 변화를 설명하는 데 충분하지 않았다.' '세상을 위해 내가 기울였던 노력은 의미 있는 일이었

다. 그러나 내가 가지고 있던 사유의 틀은 이제 극복돼야 한다.'

자신을 찾은 학생에게 다른 대학 교수님의 강의계획서를 건네준 학자의 마음. 오랜 세월 견지해 온 자신의 학문적 입장을 스스로 넘어서고자 했던 학자의 길. 그 은사님이 선택했던 '성찰적 변화'의 길은 오랜 세월이 지나도 아직도 긴 여운으로 남아 있습니다.

변화하는 세상과 함께 인식의 구조를 개선해 간다는 것은 중요한 의미를 갖습니다. 자신이 쌓아 온 틀에 갇힌 사유는 한때 내가 가진 생각을 대변할 순 있어도, 그 틀 너머 세계는 바라볼 수 없기 때문입니다. 학문 세계는 더 그렇습니다. 궁극의 진리를 탐색하는 학문. 그 세계는 말 그대로 영원한 탐색 과정입니다. 그 과정에서 우리는 개념을 만듭니다. 논리를 세웁니다. 인과의 철학을 찾아 나서며, 사물과 현상에 대한 앎의 방식을 만들어 갑니다. 그런데 이 모든 것들이 굳게 닫힌 세계를 지향할 경우, 우리는 많은 것을 잃게 됩니다.

어느 과학철학자는 "오류를 증명할 수 없는"이라는 말로 닫힌 사유 방식, 결정론의 위험을 이야기합니다. 고정관념으론 인간이 처한 '비결정론의 세계'를 바라볼 수 없다는 말입니다. 우리는 삶을 살아가면서 선택의 기로에 종종 서게 됩니다. '지금 내가 처한 상황은 무엇일까?' '어떤 일이 앞으로 벌어질까?' 그간 인류가 쌓아 온 인과론적 사유의 지대한 공헌에도 불구하고, 인간의 미래, 세계의 미래를 정확히 예측할 수 있는 이론과 철학 그리고 사상은 아직 존재하지 않습니다. 이런 예를 들 수 있을 것 같습니다.

우리 모두는 세계 내 존재입니다. 세계 내 질서, 우주적 질서의 역동적 기전을 온몸에 체현하고 있습니다. 그러나 우리는 아직 그 질서의 연원과 진상을 온전히 파악하지 못합니다. 셰익스피어는 동서를 막론해 큰 영향을 주었습니다. 인문의 세계를 넘어 삶의 다양한 분야에 지대한 영향을 미쳤습니다. 그러나 그의 작품세계를 이끌어 낸 내면적 성정(性情)의 실체가 무엇인지, 어떤 인류사적 변화를 초래할지, 우리는 정확히 알지 못합니다. 현대사회엔 삶을 이끄는 수많은 가치와 이념, 관념과 문화가 있습니다. 이들의 존재는 때로는 타협적으로, 때로는 억압적으로 다가섭니다. 사회적 삶을 이끌어 냅니다. 그러나 이를 떠받치는 정신세계는 인식과 세상 변화에 따라 언젠가 또 다른 미래로의 여정을 시작하게 됩니다.

과학과 인문, 사회과학과 같은 학문 분야에서 제기될 수 있는 이 모든 이야기는 결국 한 지점을 가리킵니다. 진리는 획득하거나 도달하는 '그 무엇'이 아니라 영원히 탐색되는 과정이라는 점입니다. 우리는 학문의 완성, 삶의 신뢰를 위해 객관과 보편, 절대의 인과론을 원합니다. 그러나 궁극의 진리는 좀처럼 그 실상을 있는 그대로 드러내지 않습니다. 그런 제약을 수긍한다면, 진리 혹은 우리가 처한 현실의 실재를 향해 한 걸음 한 걸음 발걸음을 옮겨 가는 일은 중요한 의미를 갖게 됩니다. 그것이 영원한 배움과 열린 학문의 장인 대학의 주된 책무일 것입니다. 그러나 안타깝게도 대학이 처한 오늘의 현실은 우리 사회에 대두된 고정관념과 함께 큰 어려움을 겪고 있습니다.

얼마 전 졸업식 석상에서 어느 해외 원로 학자의 눈에 비친 대학 이야기를 하나 소개했습니다. 이런 내용입니다.

> '30년 동안 … 나는 … 이상을 일찍이 접은 … 냉소주의를 많이 보아 왔습니다.' '학생들은 대학에 들어와 일과 꿈이 하나 되는 삶 … 돈을 벌면서도 일정한 목적과 가치를 실현하는 삶을 … 꿈꿉니다.' '그러나 현실과 맞닥뜨리면서 점차 삶의 비전을 잃어 갑니다.'

2년 전 여러분의 선배들과 가진 대담 자리에서 이런 발언도 있었습니다.

> '생존에 편중된 경쟁사회에서 벗어나 자신의 가치를 자각하고 … 치열함을 발휘하고 싶습니다.' '너는 왜 대세를 따르지 않니? 너는 왜 취업을 준비하지 않니? 이런 물음이 없는 사회, 다양성을 존중하는 사회를 만들고 싶습니다.'

서로 표현은 달라도 산업화, 지구화의 물결과 함께 만들어진 대학의 실상을 잘 보여 줍니다. 우리가 경험하는 이 시대 대학의 현주소입니다. 진리를 탐구하는 대학. 배움과 학문의 길을 통해 성숙한 자아를 고양하고, 사회 진출을 준비하는 대학. 그러나 오늘의 현실은 세파에 밀려 대학의 본령이 점차 경시되는 경향을 보입니다. 더 나은 대학의 길, 삶의 미래를 위한 깊은 성찰이 더 필요한 시점입니다. 대학이 개인과 사회, 국가의 물적 성장과 경쟁력 강화를 위해 존재해야 한다는 이 시대의 고정된 인식은 성숙한 시민의 가치와 행복을 추구하는 이들의 또 다른 미래를 위해 열려 있어야 합니다.

내주부터 여러분은 경희의 교정에서 새로운 학문세계의 여정을 펼칩니다. 다양한 분야를 연구하시는 교수님들과 만날 것입니다. 그 설레는 만남을 통해 진리 탐구를 위한 학문, 생존과 번영을 위한 학문, 삶의 의미와 가치를 천착하는 학문과 접하게 될 것입니다. 다양한 배움, 큰 학문의 길과 함께 '성찰적 상상'의 나래를 한껏 펼치시기 바랍니다. 성찰은 우리가 걸어온 길을 스스로 살피고 조망하는 일입니다. 상상은 내가 지금 생각하는 나 너머 세계로 우리를 초대합니다. 주어진 현실에 경도돼 나를 이루는 궁극의 실재를 잃어버리는 시련을 넘어설 수 있게 해 줍니다.

그 무한 가능성의 세계에서 꿈을 펼치시길 바랍니다. 인간 특유의 '사유와 함께하는 삶,' 결정론적 인식의 한계를 뛰어넘는 새 희망의 기회를 열어 가시길 기원합니다.

3

연결과 모색

역사와 희망:
지구의식의 문명 미학

시민 여러분, 반갑습니다. 만나 뵙게 되어 영광입니다.

여러분은 만일 누군가가 '나라를 하나 만들어 보라'고 주문한다면 어떤 생각을 하시겠습니까? 불쑥 엉뚱한 질문을 드려 죄송하지만, 오늘 함께 생각해 보자는 취지에서 질문을 드렸습니다. 정치학을 전공한 어느 학자는 오래전 이런 상상의 나래를 펼쳤습니다. '우선 나라의 경계를 그릴 것이다. 그러고 나선 사람을 모을 것이다. 그런 다음 사람들이 함께 살아갈 정치의 역사를 써 내려갈 것이다.' 인간과 늘 함께해 온 정치. 그 역사가 정체 수립과 보존에 필수적이기 때문입니다.

여전히 허황된 생각이라는 마음이 드실 테지만, 공감하는 분들도 있을 것 같습니다. 원시 씨족국가에서 부족국가, 부족국가에서 도시, 민족국가로 이어지는 근대국가의 오랜 여정을 떠올리면 일리 있는 부분도

세계지속가능도시포럼 기조연설, 2009년 9월, 인천 송도컨벤시아.

있기 때문입니다. 경계와 사람, 치세의 논리는 역사가 말하듯이 국가의 '원형'으로 작용해 왔습니다. 그러나 물론 국가적 삶의 현장이 이처럼 단순하지만은 않습니다. 복잡한 사회의 역동이 늘 저변에 있어 왔습니다. 생존과 존재의 안위를 둘러싼 생산 활동. 생산 활동이 만들어 낸 관념과 행동. 삶을 위한 치열한 경쟁과 국가의 대응. 이 모두 많은 정치사회학자들의 말처럼 국가적 삶의 중심축이었습니다.

지나친 축약이지만, 지난 세기는 바로 이 같은 역사의 흐름과 함께했습니다. 부강한 나라를 위한 국가의 권력행사, 더 나은 삶을 향한 치열한 사회적 갈망이 국가와 사회의 구성 원리를 만들었습니다. 결과는 유례없는 '성장과 팽창, 번영'의 역사입니다. 인류 역사 그 어느 때보다 풍요롭고 편익한 삶이 가능해졌습니다. 그러나 그 뒤안길엔 '시대의 어려움'도 있습니다. 근대국가의 전례 없는 성장이 역설적으로 '욕망과 좌절' '대립과 투쟁'의 또 다른 역사를 만들었습니다. 지난 세기 인류가 경험한 수많은 물리적 충돌의 현장, 양차 세계대전은 이를 상징적으로 말해 줍니다.

지난 세기가 만들어 낸 또 다른 위협은 생산과 소비의 팽창이 우리 삶의 터전인 환경의 파괴를 가속화했다는 점입니다. 현대적 욕망이 분출하는 과학기술 문명. 문명 확장이 초래한 자원과 에너지 고갈. 기후변화와 생태 혼란. 이 같은 현실이 언론에 수시로 등장하는 가운데, 지구적 재앙의 가능성이 수면 위로 그 모습을 드러내고 있습니다. 지난해 세계원자과학자협회는 '지구 운명의 날 시계(Doomsday Clock)'를 0시 7분 전으로 조정했습니다. 당대의 지성들은 게오르규(Constantin Virgil

Gheorghiu)가 오래전 말했던 〈25시〉에 근접하고 있을지 모른다는 어두운 전망도 내놓고 있습니다.

인류와 지구가 안고 있는 위협에 대한 대응은 오래전부터 있었습니다. 세계대전 후엔 체계적으로 진행됐습니다. 특히 전후 설립된 유엔은 전쟁과 폭력을 억제하고, 기아와 질병, 인권, 자원, 환경과 같은 지구 의제의 개선을 위해 노력해 왔습니다. 유네스코도 같은 정신 위에 설립됐습니다. 교육과 기술과 문화의 진보를 촉구하고 있습니다. 국가 기능의 역설적 작동을 보완해 '전쟁과 폭력'을 억제하고 '건강한 지구환경'과 '지속 가능한 발전'의 토대를 마련하자는 것이 이 두 기관의 중심 작동축입니다. 또 비교적 최근 들어서는 지구사회의 시민의식 함양을 통해 문명사적 난제를 풀어 가자는 목표에 더 많은 힘을 쏟고 있습니다.

지구사회의 시민의식. 무엇을 말하는 것일까? 미래에 주는 메시지는 무엇일까? 의견이 분분할 테지만 저는 '현상과 과정' '실천' 차원에서 이런 내용이 아닐까 생각합니다.

지구의식엔 국가의 구성 원리와 다른 역사적 의미가 있습니다. 국가는 앞서 말했듯이 주어진 영토 내 국민의 생존과 안위, 성장과 번영의 정치를 담아냅니다. 지구의식은 그런 역사성과 함께 국가의 제약을 넘어서려는 또 다른 현상입니다. 과학기술의 진보에 따라 확장된 정보와 담론, 가치를 교류하면서 새로운 삶의 길을 모색합니다. 위성방송망과 온라인 매체로 촘촘히 연결된 사이버공간의 등장. 국가와 민족의 틀을 넘나드는 초국가적 시민사회. 이 모두 초연결 시대의 지구의식을 추동해

낸 역사의 매개입니다. 이 매개를 통해 인류는 지금 삶의 또 다른 여정을 펼치고 있습니다.

지구사회의 시민의식은 이외에도 또 다른 의미를 만들어 냅니다. 실천의 새로운 가능성입니다. '실천(praxis)'은 즉흥적 생각을 행위로 전환하는 일이 아닙니다. 성찰의 가치와 의미, 관념과 철학을 창조적 행동으로 표현해 냅니다. 국가사회에 편만한 생존과 안위, 성장과 번영의 닫힌 준거를 넘어 나 스스로 만들어 가는 삶의 공적 지대를 여는 일입니다. 그런 점에서 실천은 공동체의 새 가능성을 열어 갑니다. 의미와 관념의 공유된 미래를 향해 인간 세상의 새로운 미래를 찾아 나섭니다.

'평화의 모반(謀叛)'을 말한 개리 데이비스(Garry Davis)는 전쟁의 참사를 반추하면서 이런 말을 남겼습니다. '깨어 있는 시민은 인간의 대의를 위해서라면 설령 자신들의 국가·민족의 주장과 다르더라도 인류 보편 가치를 지향한다.' 지구사회의 각성된 의식은 미래 역사의 새로운 방향성을 말합니다. 성찰과 창조를 통해 공유해야 할 또 다른 가능성을 열어 갑니다.

지구시민의식은 이처럼 역사의 새로운 동력입니다. 국가적 전통의 패러다임을 넘어 미래의 가치를 오늘의 현실로 불러오는 역사 발전의 또 다른 축입니다. 그러나 물론 그 힘이 국가의 오랜 전통과 관행 속에서 과연 미래의 현실로 자리 잡을 수 있을지는 다른 차원의 문제입니다. 현상과 과정, 실천이 있다고 해서 그것이 곧 현실은 아닙니다. 지구의식이 미래의 또 다른 보편사(普遍史)로 자리매김할 수 있을지는 더 지켜

봐야 합니다. 희망은 그렇다면 어디서 찾을 수 있을까요? 지속 가능한 삶의 미래를 찾기 위해 우리는 무엇을 해야 할까요?

인류가 에리히 프롬(Erich Fromm)이 말하는 호모 에스페란스(Homo esperans, 희망하는 인간)임을 포기하지 않는다면 몇 가지 사안이 중요해집니다. 우선 '전통의 새로운 이해'입니다. 국가사회의 전통은 '틀의 의식'을 주선해 왔습니다. 존재의 안위와 욕망, 쟁취와 패권이란 고정관념을 만들었습니다. 그 관념이 지탱되는 이유는 우스펜스키의 말처럼 우리가 국가사회를 살아가면서 갖게 되는 '수면 의식(sleeping consciousness)' 때문입니다. 수면 의식, 또는 잠든 의식은 부지불식(不知不識)간에 하는 습관적 행동에 배어 있는 의식을 말합니다. 당연시하는 의식, 이유를 묻지 않는 의식입니다. 시장에서 물건을 살 때 우리는 왜 돈을 내야 하는지 묻지 않습니다. 음식점에 들어가서도 마찬가지입니다. 제도화, 규범화, 관행화돼 있는 집단의식이 생존과 안위를 위협하지 않는 한 우리는 성찰적 실천 의지를 관철하려 하지 않습니다.

그런 이유가 아닌가 합니다. 누군가는 오늘의 역사는 인류가 만들어 온 가장 탁월한 성취이기 때문에 앞으로도 변하지 않을 것이라고 합니다. 자유와 민주 같은 근대국가의 가치와 함께 역사는 이미 '종언을 고했다'고 합니다. 그러나 이 역사의식엔 문제가 있습니다. 역사를 구성하는 인간 의식은 끊임없이 변합니다. 어제도 그랬고 오늘도 그렇습니다. 또 앞으로도 인간 의식은 인위적으로 차단하지 않는 한 변화와 변화의 여정을 이어 갈 것입니다. 때로는 단순히 싫증과 호기심으로, 때로는 성찰과 창조의 열정에서 새로운 인간의 길을 열게 될 것입니다. 또 때에 따라선 혐오와 분노, 급진적 혁명의 갈망을 드러내면서 변화의 휴먼 드라마를 펼칠지도 모릅니다.

우리는 '인간의 역사가 항상 새로움을 향해 열려 있다'는 사실을 상기할 필요가 있습니다. 국가의 원형이 씨족, 부족, 도시, 민족 국가로 변화를 거듭했다는 사실은 현대 국가 역시 변할 것이라는 점을 말합니다. 물론 '언제, 어떻게'에 대해서는 예단하기가 쉽지 않습니다. 그러나 의식의 진보와 개방성을 수렴하지 않는 정치는 흔들리기 마련입니다. 우주는 '무(無)의 요동(搖動)'으로부터 무한 팽창을 거듭하고 있습니다. 우주의 자손인 인간의 의식도 그럴 것입니다. 의식의 '영원한 확장'이 변화의 기초를 이룰 것입니다. 변화와 변전을 거듭하는 자의식, 열린 지구의식이 궁극적으로 새로운 인식과 실천의 미래를 열지 모릅니다.

끝으로 미래를 이해하기 위해선 지구의식이 변화의 또 다른 축임을 이해해야 합니다. 지구의식은 국가와 사회, 문명, 자연을 이어 주는 새 가능성입니다. 편견의 벽, 차단의 경계를 넘어설 수 있는 또 다른 열림입니다. 얼마 전 하버드대학이 교양과정 혁신을 단행했습니다. 미래사회의 의식과 행동의 준거를 새로 마련하자는 취지라고 합니다. 9·11 사태 후, 국가와 사회, 문명 간 대립이 첨예하게 전개되던 시절 일어난 이 변화는 중요한 시사점을 던져 줍니다. 미래를 어떻게 준비할 것인가? 이제 무엇을 할 것인가? 그 대학은 이런 질문과 함께 '물리적 자연' '윤리와 규범' '세계 속 미국' '미학과 해석학' 같은 주제를 교양교육의 중심으로 설정했습니다.

이런 변화의 방향은 물론 그 대학 특유의 것만은 아닐 것입니다. 포괄적 종합, 전일적(全一的) 세계관은 오랜 기간 모색돼 왔습니다. 인류 지성사의 '축의 시대'가 그랬습니다. 철학과 지혜는 지속적으로 그리고 반복적으로 인간과 자연, 문명의 창조적 융합에 주목했습니다. 그러나 현대사회의 지나친 국가주의는 더 온전한 인간의 길, 문명사적 활로에 걸림돌로 작용했습니다. 그런 점에서 인간적 삶과 실천의 열린 가능성을 다시 한번 성찰하는 교양과정 개편은 의미 있는 일입니다. 포괄하고 종합하고 초극하는 의식. 인간과 지구와 문명의 새로운 질서를 지향하는 실천 미학. 이 모두 더 나은 내일을 위한 변화와 전환의 근인(近因)이 될 수 있습니다.

앞서 말씀드린 세 가지 사안은 시대적 의미를 갖습니다. 변화의 가능성을 말합니다. 그러나 아직은 팽창과 소비, 과도한 욕망으로 얼룩진 현대의 위기를 넘기 위한 '희망의 조건'일 뿐입니다. 변화의 조짐이 역사의 현실로 자리매김하기 위해선 또 다른 역사의 동인이 필요합니다. 가능성을 현실로 정착시킬 '힘의 매개'가 필요합니다. 국가의 시대엔 국가 정치가 그 역할을 담당했습니다. 관행에 따라 사회를 다스렸습니다. 결과는 더딘 변화입니다. 이제 변화의 새 조짐이 감지됩니다. 지구사회의 변화, 지구의식의 출현이 점차 비중을 더해 갑니다. 깨어 있는 시민의식이 그 존재감을 드러냅니다. 미래는 그런 점에서 새로운 역사 형성의 동력에 의해 전개될 가능성이 커지고 있습니다. 인간과 자연, 문명의 미래에 대한 포괄 의식이 또 다른 '평화의 모반'을 이끌어 낼 수 있는 가능성, '물(物)과 힘, 욕망의 국가세계'를 보완할 새로운 변화의 축으로 대두되고 있습니다.

마무리해야 할 시간입니다. 오늘 이 자리는 '지속 가능한 발전과 도시의 미래'를 논하는 자리입니다. 현대 국가, 현대사회는 팽창과 소비의 의도하지 않은 결과를 드러냈습니다. 배제와 패권, 파괴와 고갈의 지구 위기를 초래했습니다. 이 위기는 더 이상 국가사회만의 문제가 아닙니다. 지구사회의 참여가 필요합니다. 지구의식의 창달 없이 인류와 문명의 미래는 밝지 않습니다. 삶의 국면이 점차 민주화돼 가고 있는 지금, 공감과 합의의 미래는 선택이 아닙니다. 함께 일궈 가야 할 실천의 가치입니다.

근대 도시국가의 상징 피렌체의 탄생은 창조적 정치와 경제, 문화예술이 만들어 낸 '역사적 사건'입니다. 르네상스의 발원지로, 인본주의의 진원지로, 인류 문명사에 큰 족적을 남겼습니다. 인천 송도에 자리 잡게 될 미래 도시가 새로운 지구사회의 서막을 알리는 미래의 피렌체, '문명의 문화'가 아닌 '문화의 문명'으로 탄생하길 기원합니다. 인간과 생명을 위한 공동 가치, 지구의식을 모색하면서 새 도시, 새 문명의 또 다른 희망을 만들어 내길 기원합니다. 이제 마감하겠습니다. 20세기를 살다 간 '호모 에스페란스' 르네 듀보(Rene Dubos)의 '아름다운 성찰'을 공유하고자 합니다.

> 만약 이 지구에서 생명의 반짝임을 털어 버리고 난다면 이 지구는 … 얼마나 단조롭고 … 매력 없는 행성에 불과할 것인가? … 초록 수풀과 … 푸른 하늘 … 푸른 바다의 다양성에 꽉 찬 푸른 빛깔, 그리고 무엇보다도 인간 사고의 인광을 발휘하고 있다는 사실에 눈뜨지 않을 수 없(다.) 지구가 아름답고 매력적인 청록색(을 띨 때) … 그곳에서

생활을 영위하는 인간은 지혜의 기쁨으로 충만(할 권리를 누린다.)

청록별의 희망, "사고의 인광"과 "지혜의 기쁨"은 열린 지구의식의 '문명 미학'을 살려 낼 때 꽃피울 수 있습니다. 수렴과 창조의 내일을 지향하고 공감과 합의의 지구사회를 열어 갈 때 더 번성할 수 있습니다. 인천 송도 신도시가 그런 길을 열어 가길 기대해 봅니다. 그리고 먼 앞날 누군가가 '새로운 도시를 어떻게 만들었나'라고 질문할 때, 국가사회의 역사적 성취와 함께 지구의식의 새 지평을 담아내려 노력했다고 말할 수 있길 희망합니다. '물적으로도 안정되고' '문화적으로 아름답고' '정치적으로 수렴적인' 신도시, 인류의 미래가 기다리고 있을 것이라고 생각합니다. 감사합니다.

평화를 위한 또 다른 제언

유엔 아카데믹임팩트(United Nations Academic Impact, UNAI)와 경희대학교가 공동 주관하는 심포지엄에 참석하게 된 것을 영광스럽게 생각합니다. '세계평화의 날(International Day of Peace)' 30주년을 맞아 이 날의 제안자 미원(美源) 조영식 박사님과 경희대학교를 대신해 이 자리에 서게 된 것이 더없는 기쁨입니다.

30년 전 유엔은 이렇게 천명했습니다. 매년 9월 셋째 화요일을 "평화 정신을 기리고, 강화하는 날로 제정합니다." 유엔은 "모든 회원국과 국민, 지역 기구, 비정부기구와 개인을 초대합니다." 제36차 유엔 총회 의결에 따른 제1회 세계평화의 날 메시지가 공표될 즈음, 세계정세는 위중한 국면을 맞고 있었습니다. 대규모 무력 충돌의 긴장이 고조되는 가운데 미·소 정상은 서로를 향해 이렇게 말했습니다. '국제정세 불안을

유엔 제정 세계평화의 날 30주년 기념 UNAI-경희 국제회의(UNAI-Kyung Hee International Symposium in celebration of the 30th anniversary of the UN International Day of Peace) 기조연설, 2011년 9월, 뉴욕 유엔 본부.

주도하는 소련은 악의 제국입니다.' '모험주의와 무례함에 빠져든 미국은 국제사회에 큰 과오를 초래하는 대외 정책을 수립하고 있습니다.'

세계가 우려했던 충돌의 비극은 일어나지 않았습니다. 긴박했던 정세는 유엔과 관계국의 노력으로 안정을 되찾았습니다. 그러나 양 진영 간 '충돌 결여'가 곧 평화를 담보하진 않았습니다. 이란과 이라크, 코소보, 아프가니스탄에서, 팔레스타인, 부룬디, 네팔, 앙골라, 소말리아, 러시아-체첸에서 대규모 폭력과 살상의 비극이 이어졌습니다.

지난 30년 '세계평화의 날 역사'를 반추할 때, 우리는 이 날의 의미를 다시 한번 되새기게 됩니다. 국제사회는 전통적으로 인류평화를 위해 '정치'에 큰 의미를 부여해 왔습니다. 정치와 외교가 긴장 완화, 평화 증진에 큰 역할을 하는 것으로 인식해 왔습니다. 그러나 그런 노력만으로는 대립과 충돌의 역사가 잦아들지 않는다는 사실 또한 우리는 잘 압니다. 그것이 역사의 교훈입니다. 평화는 정치·외교 외에도 또 다른 노력을 필요로 합니다. 인간 내면의 '초월적 역량'이 우리 안에 뿌리내릴 때 평화에 한 걸음 더 다가설 수 있습니다.

'세계평화의 날'에 깃든 마음도 바로 이 점과 다르지 않습니다. 이 날의 제안자는 이곳 유엔 본부 앞뜰에서 열린 세계평화의 날 5주년 기념행사에서 이렇게 전했습니다. "전쟁의 참혹한 현실 앞에 주어진 과제는 어떻게 국익을 강화하는가가 아닙니다." "우리 이웃과 평화를 위해 공동의 인류 의식을 어떻게 만들어 내는가 하는 문제입니다."

'평화의 선결 조건인 사람의 마음.' '정치 현실을 넘어서는 인류 의식.' 이 의식의 근본 가치를 다시 한번 되새기는 것이 '세계평화의 날' 30주년의 또 다른 의미가 아닌가 합니다. 과학기술 발전과 함께 더욱 가공할 위협으로 다가서는 물리적 충돌의 위협. 문명 진보에도 불구하고 여전히 만연하는 기아와 질병, 빈곤과 소외, 환경파괴와 기후 위기. 이와 같은 인류의 난제는 마음과 의식의 '초월적 관여(transcendental engagement)'가 중요하다는 사실을 새삼 일깨웁니다.

유엔도 설립 이래 늘 '인간의 마음'을 중시해 왔습니다. 유엔 헌장은 지구시민(We the people of the United Nations)이 평화와 역사의 주체임을 천명합니다. 유네스코 헌장은 '평화의 방벽이 바로 인간의 마음에 있다'는 사실을 강조합니다. 이 오랜 전통과 함께 유엔은 새천년을 맞아 인간과 지구의 미래를 위한 세계시민의식의 필요성을 더한층 강조해 왔습니다. 빈곤과 소외, 보건, 복지, 교육, 환경과 같은 지구 의제를 위해 인류의 마음과 실천 의지를 모으자는 유엔 새천년개발목표(UN Millennium Development Goals, MDGs)가 바로 그 예일 것입니다.

세계시민사회는 유엔의 이런 노력에 큰 호응을 보이고 있습니다. 새천년에 접어들면서 3,000여 NGO 단체가 유엔 협의자 지위를 갖고 있습니다. 기업의 공적 책임을 위한 유엔 글로벌콤팩트도 이 무렵 설립됐습니다. 최근 8,700여 초국적 기업이 활동의 폭을 넓히고 있습니다. 이 추세는 지구사회 시민의식이 폭넓게 확산되고 있다는 점을 상징합니다. 지난해 11월 유엔은 유엔 아카데믹임팩트(UNAI)를 창립했습니다. 현재 세계 670여 회원 대학과 학술기관이 UNAI에 가입했습니다. 교육의 힘, 지성의 힘을 통해 평화롭고 지속 가능한 인류의 미래, 지구의 미래를 열어 가자는 것이 그 설립 취지라고 알고 있습니다.

오늘 이 자리를 빌려 제가 몸담고 있는 대학의 소식을 전하고자 합니다. 지난해 경희대학교는 후마니타스칼리지를 설립했습니다. 교육, 연구, 실천·봉사를 통해 '더 나은 자신과 세계'를 지향하자는 취지입니다. 신입생 4,000여 명이 다양한 교양교육과 시민교육에 참여하고 있습니다. 인간과 사회, 자연과 문명의 상호 연결성(interconnectivity)에 주목하면서 다양한 학습 프로그램을 진행하고 있습니다. '자신을 넘어선 자신.' '세계를 넘어선 세계.' 학습을 통해 학생들이 꿈꾸는 미래입니다.

경희뿐 아니라 최근 지구촌 대학사회엔 뜻깊은 교육과 사회봉사가 다양하게 이어집니다. 주목하고자 하는 것은 대학의 공적 가치입니다. 대학의 가치와 의미는 학술과 실천이 결합될 때 그 본령을 더 굳건히 할 수 있다는 점입니다. 교육·연구의 문명사적 의미를 되짚는 일. 실천·봉사의 학술 기반을 강화하는 일. 이 일이 UNAI와 지구촌 대학사회가 함께 열어 가야 할 미래가 아닌가 합니다. 오늘 회의의 주제처럼 "평화에 또 다른 기회를(Give Peace Another Chance)" 열어 주는 일일 것입니다.

오늘의 현대사회엔 시급한 과제가 많습니다. 그중에서도 치열한 생존의 여건과 인간 활동의 부산물에 주목해야 합니다. 촘촘히 짜인 세계체제 내 과도한 경쟁과 욕망 추구가 감당하기 힘든 결과를 초래하고 있습니다. 앞서 말씀드린 지구적 난제 대다수는 그런 시대의 추세가 만들어 낸 역사의 결과물입니다. 물론 사회는 개인의 성취를 수렴해야 합니다.

교육기관도 이를 위한 학습의 장을 제공해야 합니다. 그러나 그것만이 전부여선 안 됩니다. 오늘의 산업문명과 경제체제가 초래한 사회 현실을 넘어, 도래할 미래, 재앙의 가능성에 대비하는 안목이 필요합니다. '인류와 지구의 발전적 미래를 숙고하는 사회 문화.' '그 문화를 촉진하는 배움과 학습 풍토.' 이 둘의 결합이 이뤄질 때 우리는 더 나은 삶의 조건을 말할 수 있을 것입니다.

오늘 한 가지 제안을 드리고자 합니다. 세계평화의 날 30주년을 맞아 세계기금 설립을 제의합니다. 평화의 또 다른 내일, 지속 가능한 미래를 위해 시민의식을 고양하는 교육, 연구, 실천의 지구적 기반을 만들자는 취지입니다. 이를 위한 지식과 재능, 공적 실천을 통해 우리는 인류사회의 더 나은 미래를 열 수 있습니다.

대학은 지금 이 순간에도 새로운 도전을 필요로 합니다. 현실과 유리된 상아탑을 넘어, 궁핍과 풍요, 소외와 포용, 고통과 연민의 간극을 좁혀 가는 교육의 미래를 창조해야 합니다. 깊이 있는 학문 탐구, 더 나은 세상을 위한 대화를 모색하면서 '성찰적 인간의 또 다른 가능성'을 모색해야 합니다. 이 노력의 중심엔 교육·연구·실천의 창조적 결합이 있습니다. 인류애를 향한 '초월적 관여'가 있습니다. 이 점이 '세계평화의 날의 또 다른 30년'이 요청하는 대학과 지구시민사회의 소명이 아닐까 합니다. 경청해 주셔서 감사합니다.

1965, 그 회상의 미래

존경하는 도요시 사토우(Toyoshi Satow) 세계대학총장회(International Association of University Presidents, IAUP) 회장님, 축하 메시지를 보내 주신 반기문 유엔 사무총장님, 50주년 기념식을 준비해 주신 셸던 드러커(Sheldon Drucker) 총장님, IAUP 회원교 총장 여러분. 오늘 이 뜻깊은 자리를 함께하게 된 것을 더없는 영광으로 생각합니다.

오늘 저는 남다른 감회와 함께 이 순간을 맞이하고 있습니다. 50년 전 IAUP 창립에 기여했던 대학의 총장으로서, IAUP 50주년의 의의를 회상하며 설립 취지가 담고 있는 미래의 가능성을 이야기하고자 합니다.

반세기 전 이곳 록스턴에선 역사적인 일이 있었습니다. IAUP 창립총회가 열렸습니다. 120여 세계 대학 총장들이 자리를 함께했습니다. '고등

IAUP 창립 50주년 기념식(IAUP 50th Anniversary Commemoration) 기조연설, 2015년 5월, 영국 록스턴.

교육의 미래를 위해 대학은 무엇을 할 것인가?' 이 짧지만 중요한 문제를 다루기 위해 세계의 지성이 모였습니다. IAUP 창립자 다섯 분도 자리를 함께했습니다.

페어리디킨슨대학교 피터 삼마르티노(Peter Sammartino) 총장님. 필리핀대학교 카를로스 로물로(Carlos P. Romulo) 총장님. 라이베리아대학교 로슈포르트 위크스(Rocheforte L. Weeks) 총장님. 푸에르토리코대학교 하이메 베니테스(Jaime Benitez) 총장님. 경희대학교 조영식 총장님.

오랜 세월이 흘러 창립자분들은 유명을 달리하셨습니다. 오늘 이 자리에서 설립에 관한 회고를 직접 듣지 못하는 것이 애석하지만, 고등교육을 향한 창립자분들의 비전과 철학은 당시 출간된 자료집에 생생히 수록돼 있었습니다.

저는 얼마 전 그 자료집을 읽어 보았습니다. 감동적이었습니다. 서로 처한 환경과 문화는 달랐지만, 대학의 미래를 내다보는 안목과 소신은 놀라울 정도로 유사했습니다. 상호 보완적이기도 했습니다. 50년 전 이곳, 유서 깊은 회의장을 상상하면서 그 내용을 잠시 소개하도록 하겠습니다.

IAUP 초대 회장을 역임하신 삼마르티노 총장님은 이런 말씀을 하셨습니다. '향후 5년 안에 지난 200년간 설립된 대학 수만큼 새로운 대학이 설립될 것입니다. 전통과 신흥의 새로운 모험이 공존하는 시대. 그 시대에 진정한 대학의 목적을 함께 탐색하는 일은 매우 흥미로운 일입니다.' 로물로 총장님께선 '사회 수요에 편향된 교육'의 문제점을 지적하셨습니다. 문명사회를 이끌 '계몽 의식'의 필요성을 역설하셨습니다. 위크스 총장님은 '책임 있는 시민 교육'을, 베니테스 총장님께선 '폭력과 전쟁에 맞서 인류의 새 희망을 구하는 고등교육'의 중요성을 지적하셨습니다. 경희의 설립자 역시 같은 맥락의 말씀을 이어 가셨습니다. '고등교육의 궁극 목표는 이 시대가 요청하는 평화와 복리 증진입니다. 이를 위해 권력투쟁에 경도된 정치에서 벗어나야 합니다. 교류협력을 통해 굶주림과 빈곤, 갈등과 대립을 넘어서는 문화세계를 건설해야 합니다.'

1965년. 그 시절은 큰 전환의 기류가 함께했습니다. 인류가 이룬 과학기술의 성취는 풍요의 시대를 열었습니다. 현대의 과학기술이 쏘아 올린 우주선, 소련의 스푸트니크와 미국의 아폴로 우주선으로 상징되던 '우주 시대(the Cosmic Age)'의 도래는 온 인류를 들뜨게 했습니다. '더 많은 소비, 더 많은 생산.' 문명의 큰 성취와 함께 시대의 낙관론이 대두됐습니다. 그러나 그 '기약의 시절'엔 또 다른 역사의 현실이 있었습니다. 2차 세계대전의 비극이 여전히 생생히 기억되는 가운데 세계의 지성은 우려의 목소리를 전했습니다. 과학기술의 성취가 부른 무기의 첨단화와 냉전의 위협. 급격한 산업 팽창이 빚어낸 자원 고갈과 환경오염. 문명 소외 지역의 극심한 가난과 굶주림. 이와 같은 인류사회의 문제는 시대의 큰 시련으로 다가섰습니다.

현대문명의 양면인 '희망과 좌절.' 당대 지성은 고민했습니다. IAUP 창립총회 기조 연사로 초청된 아놀드 토인비는 그 번민을 이렇게 전했습니다.

> 기술은 중립적 힘입니다. 선악 판단 없는 과학기술은 인류를 '구원과 파멸'의 기로에 서게 합니다. 우리가 인간적 감성(the feeling of being members of human race)과 선린(善隣)의 인간관계를 고양하지 못한다면, 기술은 구원보다는 파괴를 부를 것입니다. 세상의 정치(the politics of the world)가 해법을 찾아 나서야 합니다. 그러지 못하면 대학이 나서야 합니다.

문명의 인간적 미래를 열어 가는 일. 이를 위해 지구의식을 고양하는 일. 그 일은 토인비가 말하는 '스스로 부과한 개인의 과업(self-imposed tasks)'입니다. 동시에 IAUP 창립자분들의 시대적 소명이었습니다.

IAUP가 설립된 지 반세기가 흘렀습니다. 그간 많은 변화가 있었습니다. 이제 과학기술의 진보는 '달 탐사 기적'을 훌쩍 넘어, 태양계 밖 우주를 향하고 있습니다. 이로 인한 인간의 세계, 시공간 인식도 크게 달라졌습니다. 우주 나이 137억 년. 1,000억 개 별들로 구성된 지구의 은하계. 우주 속 또 다른 은하계 1,000억 개, 그리고 그 너머 '모름의 세계'…. 이 모두 과학 발전이 그간 밝혀낸 새로운 지식입니다. 이제 인류는 유전공학, 뇌과학, 나노·로봇 기술의 성취를 통해 '인간을 만드는 인간의 시대'를 말합니다. '신을 대체하는 인간'의 영생과 무한 욕망의 세계를 향해 질주하고 있습니다.

과학기술의 진보는, 과거에도 그랬듯이, 풍요로운 삶을 선사했습니다.

더 많은 편익과 혜택이 가능해졌습니다. 그러나 역사의 뒤안길엔 또 다른 현실도 있습니다. 인류가 안고 있는 문명사적 난제입니다. 50년 전 지구의 핵무기가 수억 명의 생명을 앗아 갈 수 있었다면, 지금은 수십 차례 지구를 파괴할 수 있습니다. 50년 전 가난과 소외가 제한된 지역의 문제였다면, 지금은 지구상 많은 나라가 부의 편중으로 사회 균열의 문제를 겪고 있습니다. 50년 전 환경문제가 국지적 오염과 자원 고갈이라면, 지금은 지구 행성의 총체적 기후변화와 환경파괴, 생태계 교란으로 다가섭니다. 이처럼 위기 징후의 규모는 다르지만, 본질은 예나 지금이나 동일합니다.

이제 무엇을 해야 하나? 인류는 아직 뚜렷한 대안을 내놓지 못합니다. 50년 전이나 지금이나 문명사, 인류사의 지속 가능한 미래에 관해 크나큰 어려움을 겪습니다.

몇 해 전 경희대학교에선 특별한 일이 있었습니다. 50년 전 설립자께서 작성하신 '미래에 보내는 메시지'가 유품 정리 과정에서 발견됐습니다. 그 문건엔 '경희의 미래' '인류의 미래'에 관한 설립자의 생각이 담겨 있었습니다. 지난해 그 뜻을 기리는 인식 조사가 있었습니다. 재학생 1만 4,000여 명이 설문과 토론에 참여했습니다.

'지금, 그리고 50년 후에 내게 소중한 가치는 무엇인가?' '대학은 어떤 가치에 주목해야 하나?' '문명의 미래는 어떻게 전개될 것인가?' '삶과 대학, 인류의 미래'를 묻는 질문에 학생들은 큰 관심을 보였습니다.

학생들은 내가 지켜야 할 최우선 가치로 '자유' '평등' '공동체'보다는 자신의 '행복'을 꼽았습니다. 대학의 존재이유에 관해선 '진리 탐구' '전공 지식'과 같은 전통적 가치를 제치고, '자아실현'을 제일 높게 평가했습니다. 인류의 미래를 묻는 질문엔 절대다수가 '50년 후에는 폭력과 전쟁, 기후변화, 양극화 현상이 더 심각한 양상을 띨 것'으로 내다봤습니다. 역사 발전과 함께 이룬 '경쟁적 개인의 시대.' 이 시대를 살아가는 젊은이들은 '실존의 심려'와 '자아 탐색의 갈증' '폭력적 미래'에 큰 관심을 보였습니다.

이 결과는 경희의 사례입니다. 일반화의 문제를 안고 있습니다. 그러나 한 대학 사례에서도 현대사회의 무게를 떠안고 살아가는 젊은이들의 번민을 느낄 수 있습니다. 인류사회의 미래가 결코 밝지 않다는 젊은 세대의 미래관을 엿볼 수 있습니다.

우리는 주변에서 젊은이들의 이런 말들을 종종 접합니다. '우리에겐 희망이 없다.' '그래서 행복하다.' '변화의 원인은 꿈도 희망도 아닌 분노다.' 50여 년 전 IAUP 창립총회에 모인 지성이 지적했던 현대사회, 현대문명의 한계, 그 틀의 제약과 함께 다시 한번 깊이 생각해야 할 현실 인식이 아닌가 합니다.

우리 모두는 세계의 자손입니다. 세계는 열린 공간입니다. 인간의 내면으로, 세계로, 우주로 열려 있습니다. 우리 일상을 규정하는 경계인 정치와 경제, 사회, 문화의 작동 기제는 '인간 작위의 결과(human artifacts)'입니다. 그 작위가 인간세계의 열린 가능성과 희망의 미래를 가로막는다면 우리는 그것을 넘어서야 합니다. 그 점에서 현대사회의 경쟁적 산업문명과 배타적 국가체제, 미래세대의 미래를 앗아 가는 오늘의 현실은 더 깊이 성찰돼야 할 것입니다.

저는 오늘 이런 문제의식과 함께, 그리고 IAUP의 창립 정신과 함께 다시 한번 묻고자 합니다. 대학과 고등교육의 미래는 지금 어디를 향하고 있는가? 이제 무엇을 더 할 것인가? 몇 가지 과업이 중요해 보입니다. 현대문명의 성취와 함께 '우리가 마주한 구원과 파멸의 가능성을 끊임없이 말하는 일.' '인류가 공동 번영할 수 있는 열린 가치를 찾아 나서는 일.' '이를 위한 꿈과 열정, 실천 의지를 다음 세대로 이어 가는 일.' 이들 과업에 '지구사회 집단지성'의 용기와 도전이 함께할 때, 인류 역사의 또 다른 미래, 지속 가능한 미래를 말할 수 있을 것입니다.

우리는 지금 '핵확산의 시대'를 살고 있습니다. '양극화의 지구적 확산과 위태로운 정치 균열의 시대'도 동시에 겪고 있습니다. 인간종의 종언을 고할지 모를 '기후 재앙'과 '의식 없는 인공지능(non-conscious intelligence)의 시대' 또한 도래한 현실로 보입니다. 그 역사의 제약 위에서 인간의 열린 가치와 의미 세계를 바로 세우는 일은 중요합니다. 미래를 위해 불가능해 보이는 일을 가능의 세계로 만들어 가는 일이 현대 산업문명의 폐해를 줄이는 유일한 길일지 모릅니다. 이런 점에서 우리에게 주어진 대학의 소명은 분명해 보입니다. 대학은 교육 · 연구의 탁월성을 고양하는 것 외에도, 시대가 청하는 대학인의 실천적 역량을 사회로, 세계로 전환해 내야 하는 긴급한 책무를 안고 있습니다.

존경하는 IAUP 회원교 동료 총장님 여러분. 지난 50년, IAUP는 많은 것을 이뤘습니다. 인류의 평화·복리를 위해 많은 일들을 해 왔습니다. 군비축소와 분쟁해결을 위한 평화 활동과 평생교육, 시민교육과 지도자 교육을 통해 인류 복리 증진에 기여했습니다. 이 모든 일은 IAUP 정신과 함께했습니다. 이 밖에도 정부, 기업과 교류협력을 강화했고, 유엔, 유네스코, 세계시민사회와 함께 호흡했습니다. 이를 통해 더 나은 인류의 미래를 열었습니다. IAUP가 선도한 '세계평화의 날과 해' 제정과 '유엔 아카데믹임팩트' 창설에의 공헌, 그리고 '세계 교육 교수자 성취의 상(International Education Faculty Achievement Award)' 제정과 같은 사업이 그런 전통을 대변합니다. 이 모두 이 자리에 계신 모든 분들의 열정과 노고의 산물이라고 생각합니다.

창립 50주년을 맞아 그간 IAUP가 쌓아 올린 모든 성취에 깊은 경의를 표합니다. 옥스퍼드대학교 트리니티칼리지에서 개최되는 연차 총회의 성공과 IAUP의 무궁한 미래를 기원합니다.

공감과 합의의 미래

존경하는 호세 라모스 오르타(José Ramos-Horta) 동티모르 대통령님, 한승수 대한민국 총리님, 샤 주캉(Sha Zukang) 유엔 사무차장님, 마쓰우라 고이치로(Matsuura Koïchiro) 유네스코 사무총장님을 대신해 참석해 주신 한스 도빌(Hans d'Orville) 사무총장보님, 홍석현 중앙일보 회장님, 저우 치펑(Zhou Qifeng) 중국 북경대학교 총장님, 가와구치 기요후미(Kawaguchi Kiyofumi) 일본 입명관대학교 총장님, 리베라토 바티스타(Liberato Bautista) *Co*NGO(Conference of NGOs in Consultative Relationship with the United Nations, 세계시민사회단체연합) 의장님, 파트리샤 산토토마스(Patricia A. Sto. Tomas) EROPA(Eastern Regional Organization for Public Administration, 동부지역공공행정기구) 사무총장님, 패트릭 벤추리니(Patrick Venturini) AICESIS(International Association of Economic and Social Councils and Similar Institutions, 국제노사정기구연합) 사무총장님, 가쓰지 이마타(Katsuji Imata) CIVICUS(World Alliance for Citizen Participation, 세계시민단체연합) 부사무총장님. 2009년 세계시민포럼 개막식

세계시민포럼 2009(World Civic Forum 2009) 개회사, 2009년 5월, 서울 코엑스.

에 자리를 함께해 주셔서 큰 영광입니다. 존경하는 국내외 석학 여러분과 내외빈 여러분, 진심으로 환영합니다.

내외빈 여러분.

인류는 삶을 기획해 왔습니다. 크고 작은 삶의 기획을 통해 생존과 번영을 향한 열정을 키워 왔습니다. 삶의 무한한 가능성을 열었습니다. 인류가 성취해 온 문명과 제도, 문화는 끊임없이 '생(生)의 희망'에 도전해 온 인간적 열정과 집념, 실천의 소산입니다. 그러나 그 과정은 순탄치 않았습니다. 때로는 고난과 재앙, 또 때에 따라선 갈등과 대립의 비극을 되풀이했습니다.

성취와 좌절, 긍정과 부정의 힘이 교차하는 '인간화 과정'은 그 자체가 경이로운 창조입니다. 루시(Lucy)에서 호모 사피엔스(Homo sapiens)로, 호모 사피엔스에서 현생 인류에 이르는 대서사(大敍事)는 인류가 경험한 '도전과 응전'의 열린 공간을 만들어 왔습니다. '사람과 사람의 만남.' '사람과 자연의 만남.' '사람과 세계와 우주의 만남.' 끊임없는 만남의 역사가 오늘의 인류사회를 가능케 했습니다. 내일을 향한 또 다른 '기획(project)'의 문을 열어 왔습니다.

국제사회의 지성은 이러한 역사의 성취 이면의 지구적 난제에 깊은 관심을 표명해 왔습니다. 문명 진보에도 불구하고 인류사회는 여전히 기아와 질병으로부터 자유롭지 못합니다. 과학기술의 눈부신 발전과 함께 전쟁과 테러는 그 어느 때보다 가공할 위협으로 다가섭니다. 산업화, 탈산업화의 전이(轉移) 과정 속에서도 자원 고갈, 환경파괴, 기후변화와 같은 위기의 현실이 더 무겁게만 느껴집니다. '탈이념 시대의 이념 충돌'도 지구촌 곳곳에서 목도됩니다. 이처럼 지구사회에 산재한 위기의 징후는 인류의 '새로운 기획' '창조적 대응'을 요청합니다.

유엔은 2000년 새해를 맞아 유엔 새천년개발목표(UN Millennium Development Goals, MDGs)를 선언했습니다. 참여와 연대를 통해 인간과 지구의 안위를 위협하는 삶의 조건에 대처한다는 의지를 천명했습니다. 유네스코도 '문명 간 대화(Dialogue Among Civilizations)'를 이끌고 있습니다. 서로 다른 신념과 관습에서 비롯되는 세력 간 충돌, 국가 간 대립을 관용과 수렴의 역사로 전환해 내자는 것이 대화의 취지입니다. 그러나 아직 평화의 피안은 요원하게 느껴집니다. 더 나은 세상, 건강한 지구를 만들기 위한 '현실의 벽'은 높게만 보입니다.

'세계시민포럼(World Civic Forum 2009)'은 이와 같은 문제의식에서 21세기 인류와 지구의 힘겨운 문제에 관심과 참여를 초대합니다. "우리의 아름다운 지구 행성을 향하여"가 주제인 이번 회의는 대학과 국제사회의 공감과 합의의 미래를 염원합니다. 더 나은 내일을 찾아 나섭니다.

이 취지와 함께 WCF 2009는 세 가지 소망을 안고 있습니다. 첫째 소망은 대학의 지구적 책임을 위한 노력입니다. 대학은 전통적으로 상아탑 기능을 수행해 왔습니다. 진리를 탐구하는 것이 대학의 유서 깊은 전통입니다. 동양과 서양, 또 다른 문명사회에서도 그 전통을 대학의 본령으로 이해해 왔습니다. 그러나 빠르게 변하는 세상의 흐름은 변화를 요구합니다. 또 다른 세계로 눈을 돌릴 것을 주문합니다. 대학이 학문만을 위한 학문을 넘어, 인류가 안고 있는 공동의 위협에 학문적, 실천적으로 나서 줄 것을 요청합니다. 학문의 시작은 인간입니다. 그 끝도 인간입니다. 그런 점에서 대학은 생명과 자연, 사회와 세계를 위한 실천의 세계로 활동 범주를 넓혀야 합니다.

두 번째 소망은 교류협력의 장에 관한 것입니다. 21세기 지구사회는 복잡한 그물망으로 연결돼 있습니다. 직간접적인 교류협력 수단의 발전과 함께 인류사회는 전례 없는 상호 연결의 세계로 진입하고 있습니다. 지구 의제 역시 복잡한 양상을 띱니다. 기아와 질병, 인권, 폭력, 민주주의, 자원, 기후변화와 같은 의제는 개별 사안입니다. 그러나 이 사안들은 서로 긴밀한 연결성을 갖고 있습니다. '모든 것이 사람들의 의제'이고, 그 의제는 '너와 나, 사회와 문명과 자연'의 포괄적 의미를 파악할 때 더 실효적인 접근이 가능합니다. 이 점에서 국제기구, 정부, 시민사회, 기업, 학계의 교류협력이 중요합니다. 문제해결을 위한 조사·분석과 행동, 공감과 합의는 다자간 교류협력을 이뤄 나갈 때 가장 효과적일 수 있습니다. WCF는 이를 위한 공론의 장을 마련하고자 합니다.

세 번째 소망은 인류애(人類愛), 지구애(地球愛)를 향한 세계시민의식 함양입니다. 지구 의제를 다루려면 제도와 정책이 중요합니다. 직접적인 영향을 미칩니다. 그러나 제도와 정책엔 한계가 있습니다. 문제해결을 위한 공동의 의식이 없으면 해법의 실효성은 떨어집니다. 나라 차원에선 사회의식이 중요합니다. 국제사회 차원에선 지구의식이 필요합니다. 벽과 경계를 넘나드는 의식, 차이와 소통하는 의식, 인류와 지구의 안위를 존중하는 의식 없이는 인류 의제는 제한적으로 다뤄질 수밖에 없습니다. 차이를 수렴하는 의식이 시급한 이유입니다. WCF는 인류 공동의 문제를 다뤄 갈 시민의식의 열린 가능성을 모색하고자 합니다.

이번 행사의 협력 기관인 유엔 경제사회국은 지구촌 경제사회 발전을 도모해 온 기관입니다. 국제사회 공공 영역의 거버넌스를 점검해 왔습니다. 정의로운 세계 구현을 위해 노력해 왔습니다. 경희대학교는 '학문과 평화'의 전통을 이어 왔습니다. 학문과 학문, 학문과 실천의 조화로운 만남을 주선하며 평화롭고 풍요로운 미래사회를 지향해 왔습니다. 이 두 기관이 마련한 WCF 2009는 대학과 국제기구, 시민사회가 인류와 지구의 더 나은 내일을 논하는 자리입니다. 오늘부터 4일간 진행되는 이번 회의가 글로벌 의제를 종합적으로 논의하는 성찰의 장, 공감과 합의의 축제가 되길 기원합니다.

학술과 평화, 그 여정과 함께

올해 목련회의는 큰 주제로 열립니다. '학술과 평화'입니다. 지난 2월 설립자께서 영면에 드셨습니다. 다시 한번 애도를 표하기 위해 경희의 역사와 함께한 '학술과 평화'의 전통을 되새기고자 합니다.

그 전통, 어떻게 시작됐을까요? 60여 년 전 한국전쟁 발발 직후에 세상과 만난 경희의 교가가 단초를 제공합니다. 노랫말은 "온오한 학술 연구, 온갖 노력 바치고"로 시작합니다. 후렴은 "인류 위해 일하고 평화 위해 싸우세"라는 경희의 결의를 다집니다.

노랫말이 만들어질 즈음 경희엔 법학, 문학, 정치학, 체육학의 4개 전공 학과가 있었습니다. 불과 20명 남짓한 교직원과 200여 학생이 판자 교사 5개 동의 자그마한 교정에서 함께 생활했습니다. 6·25 전쟁 중에 피난민이 모여 살던 부산 동대신동 산기슭의 이 단출한 모습, 그것이

Magnolia 2012 인사말, 2012년 12월.

'학문과 평화'의 시작이었습니다.

오랜 세월이 흘렀습니다. 60여 년이 지났습니다. 그간 많은 변화가 있었습니다. 지금 경희엔 인문, 사회, 자연, 공학, 의학, 예술, 체육 계열 전공 분야에 42개 단과대학과 대학원이 있습니다. 82개 학과가 있습니다. 3만 2,000여 재학생과 2,000여 교직원이 70여만 평의 서울, 국제, 광릉 캠퍼스에서 생활하고 있습니다. 큰 변화입니다. 그러나 그런 변화에도 불구하고 변하지 않은 것이 있습니다. 전쟁 중 세운 '학술과 평화'의 전통입니다. 오늘도 경희는 그 역사의 숨결과 함께 캠퍼스의 일상을 보냅니다. 지난 5년 경희는 이 전통과 함께 발걸음을 재촉했습니다. 600여 신임 교수진이 합류했습니다. 올해로 1,450여 분의 교수진과 500여 직원분들이 '경희 학술'의 미래를 열고 있습니다.

경희의 또 다른 소명인 학술의 공적 실천도 새로운 지평을 열고 있습니다. 50~60년대 농촌봉사와 자연보호운동. 70년대 이후 이어진 평화운동과 세계시민운동. 이 역사와 함께 경희는 지난 5년 평화로운 인류의 미래를 위한 활로를 열었습니다. 지난 2009년, 설립 60주년을 맞아 열린 세계시민포럼과 세계청년포럼. 그 후 이어진 유엔, 유네스코, 세계시민사회와의 교류협력. 지난해 초 설립된 후마니타스칼리지와 지구사회봉사단. 이 모두 더 나은 '인류의 미래'를 꿈꾸는 경희의 숨결을 담고 있습니다.

'학술과 평화.' 이 두 수레바퀴는 생소한 대학 운영의 기틀로 보일 수 있습니다. 전통적으로 대학은 진리 탐구의 장, 상아탑으로 인식돼 왔기 때문입니다. 그러나 시야를 달리하면 다르게 볼 수도 있습니다. 진리를 탐구하는 상아탑의 궁극적인 목표는 결국 인간과 인간의 더 나은 미래이기 때문입니다.

2년 전 하버드대학엔 특별한 일이 있었습니다. 그해를 '공공 봉사의 해(The Year of Public Service)'로 설정했다고 합니다. 취지는 대학의 공적 실천을 더 활기차게 해 나가자는 것입니다. 그 후 세계보건연구원(Global Health Institute)이 설립됐습니다. 소외된 아프리카, 남미 지역주민의 건강 증진을 위해 학제간 연구와 봉사 활동에 주력하고 있습니다. 의학, 인류학, 사회학과 같은 전공 분야 교수진 120여 명이 재학생과 함께 학술 활동의 실천적 미래를 모색하고 있습니다.

올해 이 대학 이사회는 또 다른 조치를 취했습니다. 더 많은 연구·실천 기관(global institutes)을 신설해 인류의 난제인 기아와 질병, 기후변화와 같은 지구 의제를 다룰 것이라고 합니다.

한 대학의 예입니다만, 이 같은 사례가 대학가에 좀 더 큰 울림으로 다가섰으면 하는 바람을 갖습니다. 오늘 우리 사회에 드리워진 '순위와 서열, 경제성장만을 위한 경쟁'의 기류를 넘어 학술의 학문적 의미, 실천적 의미, 문명사적 함의를 되새기는 새로운 문화의 기반을 세울 수 있는 계기가 됐으면 하는 바람입니다.

몇 주 전 우리 학생들이 '청록별의 희망노래'라는 행사에 저를 초대했습니다. 설레는 마음으로 자리를 함께했습니다. 후마니타스칼리지 시민교육을 수강하는 학생들의 현장조사와 봉사활동을 소개하고 함께 격려하는 자리였습니다. '성 소수자'의 권익을 대변해 표준국어대사전의 5개 단어를 수정한 우리 학생들의 사례. 친환경 캠퍼스 구현을 위한 '그린(에코)캠퍼스 운동' 사례. 다양한 사례 발표를 통해 학생들의 관심사를 알 수 있었습니다. 대학 교육의 실천철학에 관해서도 많은 이야기를 나눴습니다. 감동적이었습니다. 자랑스러웠습니다. 학생들의 문제의식과 노력에 우리 모두가 힘을 더 실었으면 합니다.

경희엔 이외에도 인간의 더 나은 세상을 위한 '뛰는 가슴'이 있습니다. 파킨슨병, 아토피, 줄기세포 치료를 위한 연구 활동. 케냐 치안을 돕기 위한 호루라기 제작. 어두운 골목길을 환히 밝혀 주는 벽화 그리기. 몽골 사막화 해소를 위한 조림 사업. 이 자리에서 미처 다 소개할 수 없는 수많은 사업과 봉사가 교정 안팎의 희망을 만들어 내고 있습니다.

얼마 전 수시 입시 전형이 있었습니다. '왜 경희를 선택했나'라는 질문에 지원자 90% 이상이 후마니타스칼리지 교육을 꼽았다고 합니다. 많은 분들이 놀랐습니다. 저 역시 그랬습니다. 예상치 못한 결과였습니다. 인문과 기초학문의 심화학습, 자신과 공동체의 나아갈 길을 성찰하는 체계적인 교양교육이 경희의 예비 학생과 학부모님들의 관심사가 아니었나 하는 생각을 해 봅니다. '학술과 평화.' '진취적 미래를 향한 공적 실천.' 앞으로 경희는 대학의 존재이유를 묻고 또 물어야 할 것입니다.

한 해가 저물어 갑니다. 새해가 밝아 옵니다. 새해를 맞아 '더 큰 미래'

를 함께 준비했으면 합니다. 지난해 우리가 만든 '미래협약'과 '미래전략,' 며칠 후 착공될 'Space 21'과 함께 설립자께서 염원하시던 "학술과 평화의 전당" "경희의 미래, 인류의 미래"를 함께 열어 갔으면 합니다. 감사합니다.

지구 고등교육의 새로운 가능성

2년 전 이곳 유엔 본부를 방문했던 기억이 새롭습니다. 세계평화의 날 30주년을 기념하기 위해서였습니다. 오늘 유엔 본부를 다시 찾게 돼 기쁘고 영광스럽게 생각합니다.

몇 주 전 유엔 경제사회이사회(United Nations Economic and Social Council, ECOSOC)의 연설 요청이 있었습니다. '교육 분야의 공사(公私) 이익의 결합, 한국 사례'에 관한 요청이었습니다. 먼저 양해를 구하고 싶습니다. 주어진 주제에 가급적 충실하겠지만, 한국의 전반적인 사례를 언급하진 않겠습니다. 대신 제가 몸담고 있는 대학 이야기를 전하고자 합니다. 이를 통해 유엔과 대학이 어떤 협력관계를 구축할 수 있을지, 그 문제에 관해 제 개인적인 생각을 말씀드리고자 합니다.

유엔 경제사회이사회 시민사회포럼(ECOSOC Civil Society Forum) 개회사,
2013년 5월, 뉴욕 유엔 본부.

지난 2000년, 유엔은 새천년개발목표(UN Millennium Development Goals, MDGs)를 세계에 천명했습니다. 이를 계기로 유엔은 새로운 지구 협력의 시대를 열었습니다. 기아와 질병, 인권과 평화, 기후변화와 같은 다양한 의제를 다뤄 왔습니다. 지난 10여 년, 많은 성취가 있었습니다. 그리고 우리는 그 소중한 성과를 각 분야에서 매년 확인할 수 있었습니다.

유엔은 지금 2015년 이후 포스트 MDGs 시대를 준비하고 있습니다. 그 시대를 맞아 무엇을, 어떻게 준비해야 할지 의견을 모으고 있습니다. 여러 구상이 논의되고 있겠지만, 저는 서로 연결된 두 가지 문제가 중요하다고 봅니다. 하나는 MDGs의 지속적인 실현 가능성을 높이는 일입니다. 또 다른 사안은 실현성을 높이는 새 방안을 모색하는 일입니다. 이 두 과제엔 공통된 기반이 있습니다. 유엔 헌장이 지향하는 '유엔 세계시민(We the people of the United Nations)'의 관심과 참여입니다. 특히 미래 역사의 주역인 젊은이들의 참여는 MDGs 이후 시대에 중요한 의미를 갖습니다. 내일을 열어 갈 미래세대의 지적 풍토와 인류사회에 대한 안목이 중요해 보입니다.

인류는 '생존의 현실'을 헤쳐 가는 호모 하빌리스(Homo habilis), 호모 사피엔스(Homo sapiens)의 후손입니다. 오랜 세월 동안 진화의 과정을 거쳤습니다. 삶을 헤쳐 갈 기술과 지식을 쌓아 왔습니다. 오늘의 현대사회는 그런 삶의 양식을 전례 없이 강화했습니다. 그 어느 때보다 편익한 삶이 가능해졌습니다. 그러나 현대사회의 치열한 경쟁 문화는 인류의 지속적인 생존과 번영에 필수적인 '협력과 안정의 문제'를 여전히 풀어가야 할 과제로 남기고 있습니다. '번영 속 불안.' '경쟁 속 소외.' '관계

속 갈등.' 이 모두 인류가 더 나은 내일을 위해 다뤄야 할 삶의 지상과제입니다. 단순한 생존 기술 습득과 배타적 투쟁의 세계를 넘어서려는 또 다른 차원의 노력이 필요합니다. '자신과 타자, 인종과 민족, 국가와 지역을 넘어선 인간적 가치의 연대.' '연민과 교감의 시민의식 확산.' 이러한 시대의 요청은 의식의 또 다른 지평을 필요로 합니다. 실천세계의 새로운 열림을 요청합니다.

'오늘의 현대 대학(modern university)'은 전문지식의 중요성을 강조합니다. 성장과 번영의 시대를 위해 개인과 사회문제 해결을 위한 전공 지식에 치중해 왔습니다. 큰 성과가 있었습니다. 개인의 사적 성취와 번영의 현대사회가 요청하는 학문적 기반입니다. 그러나 대학은 지금 근원적 성찰을 필요로 합니다. 전문지식에 편중된 학문세계가 대학의 근간을 약화시키기 때문입니다. '점차 높아지는 전공 간 벽.' '학문과 학문, 학문과 실천 간 거리.' 대학사회의 학문 풍토는 시간이 흐를수록 더 세밀한 분화와 분절의 길을 걷고 있습니다.

이 과정에서 인간의 인간적 가치, 지구시민의식은 부차적인 문제로 취급돼 왔습니다. 인간이 속한 세계의 전일적 안목보다는 분화된 지식의 흐름이 오늘의 대학 교육을 상징합니다. 그러나 그 길은 '나무의 세계'입니다. '나무가 속한 숲, 그 숲의 모체인 자연과 우주의 총체적 모습'이 아닙니다. 인류의 지속 가능한 안위와 번영을 위해서는 인간이 속한 자연과 지구, 공동체와 문명의 초연결성에 대한 이해가 필수적입니다. 실용과 교양의 융합, 학문과 실천의 통합적 안목이 형성될 때, 이 문제를 다뤄 갈 의식과 실천 기반이 마련될 수 있습니다.

제가 몸담고 있는 대학은 이 점에 주목해 왔습니다. 지난 63년, "학문과 평화"의 전통 위에 인간의 가치와 전문지식의 결합을 모색해 왔습니다. 개인의 사적 성취와 공적 문제의 해결을 위해 인류가 안고 있는 보편 의제의 중요성을 강조했습니다. 최근 신설된 후마니타스칼리지는 이 전통을 새롭게 담아낸 교양 대학입니다. 신입생 전원이 다양한 교과를 통해 전공 분야의 근간인 인간과 세상, 자연과 문명의 길을 학습합니다. 통합적 사유와 함께 학문과 실천의 미래를 상상합니다. 그간 쌓아 온 유엔, 유네스코, 세계시민단체연합(CIVICUS), 세계시민사회단체연합(Conference of NGOs in Consultative Relationship with the United Nations, *Co*NGO)과 같은 국제기구, 세계시민사회와의 교류협력이 이런 노력의 기반을 강화하는 데 많은 도움이 되고 있습니다.

고등교육은 최근 변화를 겪고 있습니다. 이번 ECOSOC 회의에도 참고가 될 '온라인 교육혁명'입니다. 온라인 개방강좌(Massive Open Online Courses, MOOC)와 같은 지구적 학습의 장이 새 시대를 열고 있습니다. 경희학원은 10여 년 전 경희사이버대학을 설립했습니다. 평생학습과 고등교육을 병행합니다. 최근 세계 여러 대학들도 온라인 개방강좌를 확대하는 추세입니다. 국경 없는 배움의 장이 열리고 있습니다. 코세라(Coursera), 유다시티(Udacity) 같은 사설 기관에도 지구촌의 수많은 네티즌이 접속하고 있는 것으로 알고 있습니다.

MOOC를 통한 교육혁명은 물론 '내용 혁명'은 아닙니다. '수단의 혁명'입니다. 그러나 온라인 학습의 장은 국제사회가 서로 소통하고 공유하는 새로운 배움의 터전으로 자리매김하고 있습니다. 고등교육기관의 또 다른 사명인 연구와 실천·봉사를 위해서도 또 다른 가능성을 열 수 있습니다. 시공을 초월한 연구와 실험을 촉진하고, 지식과 재능 기부를 촉진할 수 있습니다. 이 추세가 더 확산되면, 지구시민사회의 교육과 연구, 실천의 장이 열릴 수 있습니다. '인간과 세계, 문명의 지속 가능성'을 촉진하는 '세계시민의 공간'이 마련될 수 있습니다.

저는 이 점이 '유엔 세계시민을 지향해 온 유엔'과 대학사회가 함께 나눌 또 다른 협력의 가능성이라고 생각합니다. 유엔과 교육기관이 초연결의 시대를 맞아 인류 의제의 시민적 관심을 높여 갈 수 있을 것이라고 생각합니다. MDGs 이후의 시대, 그 시대가 요청하는 역사의 분수령이 될 수 있을 것입니다.

미래는 역사와 현실에 의존적입니다. 그러나 그 의존성이 미래의 가능성을 소진하진 않습니다. 미래의 또 다른 절반은 우리의 상상과 창조로 열립니다. 그 여정에 유엔과 대학이 함께한다면 인류는 새로운 희망의 지평을 말할 수 있습니다. 포스트 MDGs 시대를 준비하는 유엔. 현실과 유리된 상아탑 너머 전일적 학습(holistic learning)과 지구적 실천(global praxis)을 모색하는 대학. 이 둘의 창조적 결합이 차이와 경계를 넘어 인류의 또 다른 미래를 열 수 있습니다. 현재 일고 있는 고등교육의 변화 MOOC는 '공사(公私) 결합의 새 가능성'을 담아낼 또 다른 '희망의 그릇'입니다.

자유의 길, 평화의 길

존경하는 대사님 여러분, 외빈 여러분, 반갑습니다. 그리고 환영합니다.

오늘은 남아프리카공화국이 낳은 위대한 정신, 넬슨 만델라(Nelson Rolihlahla Mandela) 전 대통령님께서 태어나신 날입니다. 유엔은 4년 전 화해와 평화의 상징인 그의 업적을 기리기 위해 오늘을 '세계 넬슨 만델라의 날'로 제정했습니다.

95년 전 오늘, 만델라는 남아프리카공화국 움타타의 작은 마을에서 태어났습니다. 그로부터 오늘의 그가 있기까지 숙명적인 삶을 살았습니다. 평생 정치적 감수성을 몸에 익혀야 했습니다. 남아공에서 흑인으로 산다는 것은, 그가 말했듯이, 태어나는 순간부터 정치적으로 살 수밖에 없는 운명을 뜻했기 때문입니다.

세계 넬슨 만델라의 날 기념 강연 환영사, 2013년 7월.

1942년 만델라는 인종차별 정책 아파르트헤이트에 저항했습니다. 이를 위해 희생적인 삶을 살았습니다. 50년대 초 체포된 만델라는 그 후 종신형을 선고받았습니다. 1990년 석방되기까지 27년이란 세월을 감옥에서 보냈습니다. 그 기나긴 인고의 세월 동안 그는 좌절하지 않았습니다. 인간의 존엄과 자유를 향한 위대한 정신을 끊임없이 키웠습니다.

사회로 복귀한 후에도 만델라는 증오와 복수의 마음을 멀리했습니다. 용서와 화해의 큰 울림을 세상에 전했습니다. 우리는 그의 외침을 아직 생생히 기억합니다. "용서한다. 그러나 결코 잊지 말자." 이 위대한 정신과 함께한 만델라는 인종 분규의 전환점을 마련했습니다. 오만과 지배의 도구인 '차별'을 '화해와 공존'으로 승화시켰습니다. 1993년 만델라는 노벨 평화상을 수상했습니다. 이듬해 남아공 최초 흑인 대통령에 취임했습니다. 시대의 지도자로 남아프리카공화국에, 인류사회에 더 깊고 큰 울림으로 다가섰습니다.

몇 주 전 힐튼 데니스(Hilton Anthony Dennis) 대사님께서 경희대를 내방하셨습니다. 만델라의 날 행사에 관한 대화를 나눴습니다. 오늘 넬슨 만델라의 날 기념 강연을 이곳 평화의 전당에서 개최하게 된 것을 더없는 영광으로 생각합니다.

지난 60여 년 경희는 대학의 사회적 책임을 강조해 왔습니다. '학문과 평화'의 지구적 존엄을 위해 노력해 왔습니다. 경희의 설립 정신은 더 나은 인간과 세계를 위한 교육과 학습의 길을 강조합니다. '인간에겐 사랑을! 인류에겐 평화를!' 인간의 인간을 위한 열정과 함께 인류의 미래, 평화의 미래를 탐색해 왔습니다.

경희의 설립 정신은 다양한 역사로 이어졌습니다. 1950년대, 1인당 국민소득 50여 불의 가난과 고초에 맞서는 '농촌계몽운동'과 '잘살기운동'을 펼쳤습니다. 60~70년대, 산업화의 폐해, 소외와 환경 문제를 해소하는 '자연녹화운동'과 '밝은사회운동'을 추진했습니다. 그리고 그 후, 냉전 기류의 지구적 확산과 현대사회의 탈인간화 문제에 대처하는 '인류평화운동'을 전개해 왔습니다.

오늘 우리는 유엔이 제정한 '세계 넬슨 만델라의 날'을 기념하고 있습니다. 경희는 1982년부터 유엔이 제정한 '세계평화의 날'을 기념해 오고 있습니다. 두 날의 역사적 배경은 서로 다릅니다. 하지만 한곳을 지향합니다. 더 나은 인간의 미래, 세상의 미래를 염원하는 마음입니다.

넬슨 만델라의 위대한 정신이 더 높고 커 보이는 시간입니다. 주위를 돌아보면 차별을 넘어서는 일은 여전히 어려워 보입니다. 공존의 세계를 만드는 일 또한 그렇습니다. 문명 간 충돌, 서로 다른 종교와 신념의 극한 대립. 양극화와 빈곤의 악순환. 나날이 가공할 재앙으로 다가서는 기후변화와 생태 위기. 극복하기 어려워 보이는 인류의 난제가 우리 앞에 놓여 있습니다.

넬슨 만델라의 〈자유를 향한 머나먼 길(Long Walk to Freedom)〉은 바로 이와 같은 인류사적 문제를 풀어 가는 여정이 얼마나 어려운지 전합니다. 차별을 넘어선 배려와 존중, 불의를 딛고 일어서는 관용과 헌신. 그 여정은 말 그대로 힘겹고 고통스러운 일일 것입니다. 그러나 차이와 불의, 지구적 난제는 극복돼야 합니다. 넬슨 만델라가 온 몸과 마음으로 한평생 보여 주었듯, 세상에 산재한 인류사적 비극은 우리가 함께 길을 나설 때 언젠가 극복될 수 있을 것입니다.

온 인류는 지금 슬픔에 잠겨 있습니다. 만델라 전 대통령님의 병세가 예사롭지 않다는 소식입니다. 화해와 평화를 향한 끝없는 헌신과 용기, 관용과 사랑. 그 위대한 인생 여정과 함께, 이 시대의 영웅 넬슨 만델라 전 대통령의 쾌유를 기원합니다. '학문과 평화'의 길을 걸어온 경희의 이름으로 깊은 존경과 감사의 마음을 전합니다.

우주적 인간의 공적 실천

자리를 함께해 주신 모든 분들께 감사드립니다. 축하 영상 메시지를 보내 주신 반기문 사무총장님, 축사를 해 주신 힐튼 데니스 주한 남아프리카공화국 대사님, 이호진 유엔한국협회 부회장님. 감사와 환영의 마음을 전합니다.

세계평화의 날이 서른세 번째를 맞았습니다. 올해 국제회의 주제는 "우주의 인간, 인간의 공적 실천"입니다. 회의 기획 과정에 많은 논의가 있었지만, 이 주제를 선정한 배경엔 몇 가지 이유가 있었습니다.

유엔은 새천년을 맞아 "새천년개발목표(UN Millennium Development Goals, MDGs)"를 공표했습니다. 기아와 빈곤, 인권, 환경, 기후변화와 같은 인류의 시급한 의제를 위해 정부와 국제사회가 다뤄 가야 할 지구적 과업에 착수했습니다. 그간 많은 성취가 있었습니다. 새로운 미래를 촉구한

유엔 제정 세계평화의 날 33주년 기념 Peace BAR Festival 개회식 환영사, 2014년 9월.

유엔과 국제사회의 노력이 이젠 일반인에게도 더는 낯설지 않은 지구 사회의 당면 과제로 자리 잡았습니다. 그러나 그런 성취에도 불구하고 더 노력해야 할 과제가 남아 있습니다.

유엔은 내년 창립 70주년을 맞아 '포스트 MDGs 시대'를 준비하고 있습니다. 지속 가능한 개발목표(Sustainable Development Goals, SDGs)를 위한 준비입니다. '지속 가능한 개발목표.' 야심 차게 출범한 이 사업은 지난 15년 유엔과 국제사회가 추진해 온 MDGs의 연장선상에 서 있습니다. 그러나 동시에 이 사업은 MDGs 시대에 큰 성취를 거두지 못한 지구 의제를 효과적으로 다루지 못하면 더 큰 차원의 위기, '지속 가능하지 않은 미래'가 도래할 수 있다는 국제사회의 위기의식을 담고 있습니다.

얼마 전 스티븐 호킹 박사는 '우리가 머물 수 있는 지구 행성의 미래는 단 100년뿐'이라고 말했습니다. 그 후 인류는 다른 행성을 찾아 떠나야 할 것이라고 했습니다. 〈문명의 붕괴〉 저자 재레드 다이아몬드는 더 충격적인 경고를 보냅니다. '호킹은 틀렸습니다.' '우리에겐 고작해야 50년이 남아 있습니다.' '지금 추세로 가면, 세계 어장 대부분은 50년, 숲은 30년 더 버틸 수 있습니다.' '세계 담수 85%를 사용하는 인류는 물 부족 문제로 심각한 위기에 처하게 됩니다.'

우리 삶의 근본 토대를 위협하는 자원 고갈과 환경파괴. 나날이 깊어지는 기아와 빈곤. 새천년 벽두에 찾아온 9·11 테러와 대규모 전쟁 가능성. 양극화와 균열의 현실정치. 이 모두 우리가 사는 이 시대의 뿌리 깊은 위기의 주요 국면입니다. 인류사회의 공공선인 지속 가능한 미래를 위해 지구적 공적 실천을 시대의 화두로 떠올려야 하는 이유입니다.

두 번째 배경은 우리 삶의 현실적 터전인 사회에 관한 것입니다. 근래 들어 우리는 사회발전을 경제의 문맥에서 읽어 내는 경향을 보입니다. 부와 이를 둘러싼 성공과 쟁취의 논리. 이로부터 비롯되는 각축과 갈등. 그 사회관계의 망이 변화와 발전의 축을 이룹니다. 특히 사회와 시장의 작동 기제가 세계화되면 될수록 그 기류는 더 드세집니다. 그런 가운데 우리 모두가 함께 만들어 가야 할 사회의 근본 가치인 인간의 양심과 존엄은 나날이 삶의 우선순위에서 밀려나고 있습니다.

얼마 전 우리는 세월호 참사를 겪었습니다. 국민 모두를 비탄에 잠기게 한 이 사건의 전말에서 인간 양심의 처절한 모습과 마주해야 했습니다. 생존의 현실 앞에, 탐욕 앞에 무너져 내린 인간의 모습을 목도하면서 비통에 잠길 수밖에 없었습니다. '어떻게 살아야 할지.' '자신과 타인, 사회의 왜곡 앞에 과연 어떤 미래를 말할 수 있을지.' 깊은 수렁에 빠졌습니다.

그럼에도 우리는 희망을 놓을 순 없습니다. 우리가 사는 이 세계는, 〈우주 이야기〉의 저자 토마스 베리 신부와 물리학자 브라이언 스윔의 혜안처럼, 분절된 것이 아니기 때문입니다. 연민과 선린(善隣)의 지평을 확장해 갈 수 있는 '가능의 세계'를 발견할 수 있기 때문입니다.

우주 속 '이 모든 것'의 근원은 내 안에 있습니다. 내 안의 세계, 우리 안의 세계는 사회로, 자연으로, 우주로 연결돼 있습니다. 고금(古今)의 철학은 그런 전일적(全一的) 상호 연결의 통찰을 전합니다. 우주 창성과 변화에 대한 과학적 사유 또한 유사한 세계관을 말합니다. 그런 '위대한 발견'과 함께 인간은 무심한 자연의 냉정한 현실 속에서도 공감과 공명의 지대를 넓혀 왔습니다. 바로 그 과정에서 탄생한 것이 인간의 가치와 양심입니다. 과거 현실보다는 조금 더 나은 오늘, 오늘의 현실보다는 조금 더 건설적인 미래를 꿈꾸는 '초월의 감수성,' 그것이 우리가 회복해야 할 가치이자 양심일 것입니다.

우리는 인간세계의 대서사를 통해 이제 '존재의 존엄'을 또다시 물어야 합니다. 단절과 분절의 왜곡된 현실을 디딤돌 삼아 현실의 또 다른 지평을 찾아 나서야 합니다. 오늘 우리가 세계평화의 날을 맞아 '우주적 인간의 공적 실천'을 논해야 하는 또 다른 이유입니다.

유엔이 모색하는 포스트 MDGs 시대. 지구적 차원의 특단의 조치 없이는 언젠가 사라질지 모를 인류사회의 미래. 그리고 기회와 위기를 더 나은 미래로 승화시킬 연결과 초월의 미학. 이 모두 우리가 지금과 다른 인간의 인간세계를 찾아 나설 때 숙고해야 할 '인간적 변인(變因)'이자 '지구적 과업'입니다. 오늘 이 자리가 그 과업의 지평을 찾아 나서는 성찰의 장이 되길 기원합니다. 감사합니다.

Global Collaborative, 지속 가능한 미래를 위해

Global Collaborative 2017에 오신 것을 환영합니다. 오늘 이 만찬 자리는 이제 오랜 전통이 된 것 같습니다. 올해로 12년째입니다. 오랜 친구, 동료와 함께 즐겁게 담소를 나누는 자리입니다. 또 GC에 새로 참여하신 분들을 환영하는 자리이기도 합니다. 즐겁고 뜻깊은 자리에서 인사말을 드리게 돼 기쁘게 생각합니다.

오늘 저녁은 또 다른 차원에서 특별한 의미가 있습니다. 지난해 펜실베이니아대 램 크난(Ram Cnaan) 교수님께 10년 연속 공헌을 기리는 감사패를 드렸습니다. 올해는 같은 대학 페미다 핸디(Femida Handy) 교수님께 감사패를 드리고자 합니다. 부부이신 두 분 교수님께 감사패를 드리게 돼 기쁨이 두 배, 세 배가 되는 것 같습니다. 핸디 교수님께 따뜻한 마음을 담은 큰 박수를 부탁드립니다.

Global Collaborative 2017 환영 만찬 환영사, 2017년 7월.

지난해 이 자리에서 여러분을 뵌 지 엊그제 같습니다. 그런데 벌써 1년이란 세월이 흘렀습니다. 세월은 금세 지나갔는데, 그간 세계엔 많은 변화가 있었던 것 같습니다.

지난해 말 영국에선 브렉시트(Brexit)가 있었습니다. 세계는 놀랐습니다. 공감과 좌절, 충격…, 그런 감정이 교차했습니다. 지금도 진행 중인 브렉시트 여파에 대해 많은 이들이 앞날을 우려하고 있습니다. 유럽이 과연 협력과 공생의 길을 찾을 수 있을 것인지, 아니면 분열의 길을 갈 것인지, 국제사회의 큰 관심사로 떠올랐습니다.

미국에서도 큰일이 있었습니다. 지난 연말과 올해 초, 약 3~4개월 동안 밤늦은 시간에 CNN에서 눈을 뗄 수 없었습니다. 공화, 민주 후보 간의 전례 없이 과열된 선거 유세를 지켜봤습니다. 여러 시사평론 프로그램도 접했습니다. 어떠셨나요? 여러분은 결과에 만족하셨나요? 아니면 실망하셨나요? 우스갯소리지만, 민주사회에선 개인의 입장을 표현하는 것은 '죄'가 아닙니다. 다만 저는 대학을 대신해 만찬사를 하는 중이라서 입장을 밝히진 않겠습니다.

여러분도 관심 있게 지켜보셨을 것으로 짐작합니다. 한국에서도 선거가 있었습니다. 국민적 관심과 열정이 함께한 대선입니다. 그 결과에도 역시 희비가 교차했습니다. 기쁘고, 행복해했던 사람. 반대의 경우인 사람. 늘 그렇듯이 큰 대조가 있었습니다. 제 입장 표명은 역시 다음 기회로 미루겠습니다.

이번 대통령 선거만큼이나 큰 관심을 모았던 사건이 또 있었습니다. 지난해 10월부터 약 5개월에 걸쳐 광화문 광장과 전국 도처에서 유례없는 규모의 집회가 있었습니다. 연인원 총 1,700만 명의 시민이 참여했다고 합니다. 수많은 시민이 참여했지만, 마음은 한결같았던 것 같습니다. '나라다운 나라를 만들자.' '폐습과 비리를 극복하자.' 문재인 대통령은 그런 역사의 소명과 함께 대통령이 됐습니다. 80%를 넘는 높은 지지율과 함께 국정 운영을 시작했습니다. 국민적 기대에 부응해 주어진 소임과 책무를 잘 수행하길 기원해 봅니다.

저는 한국에서 일어난 정치의 격변을 지켜보면서 40여 년 전에 있었던 벨벳 혁명을 생각해 봤습니다. 바츨라프 하벨과 시민이 함께 이끌었던 민주시민혁명입니다. 잘 아시겠지만, 구체제의 억압과 폐습에 대한 시민적 저항이었습니다. 혁명 내내 피 한 방울 흘리지 않았던 평화적인 시민혁명, 그래서 '벨벳 혁명'이라 부릅니다.

프라하의 또 다른 봄을 이끈 '벨벳 혁명'과 같이 '촛불 혁명'도 그랬습니다. 5개월여 지속된 집회 기간 내내 시민들은 질서를 지켰습니다. 여든 야든 정치인이 집회 연설을 하면, 시민 스스로 막았습니다. 정치인이 집회를 좌우하지 않는 순수한 시민의 저항. 그것을 꿈꿨고, 또 이뤘습니다. 대한민국 정치사에서 처음 이뤄 낸 일입니다. 더 나은 사회의 미래를 향한 열정과 가치, 그 기운이 현실정치를 초월해 지속됐으면 하는 마음입니다.

몇 달 전 저는 우리 학생들과 특별한 시간을 가졌습니다. "함께하는 시대 전환, 상상과 정치의 끝과 시작"을 주제로 대화를 나눴습니다. 존 레논의 'Imagine'을 함께 들었습니다. 우리가 함께할 수 있는 상상과 정치를 함께 이야기하고 싶었습니다. 대화 시간은 두 시간여 지속됐습니다. 아직 기억에 새롭습니다. 학생들은 촛불의 의미를 진지하게 성찰했습니다. 다가올 미래에 대한 담대한 상상의 나래를 펼쳤습니다. 강연과 대화가 마무리될 때, 우리 청년들의 미래는 무언가 크게 달라질 것 같다는 생각을 했습니다.

세계는 지금 전환기를 맞고 있습니다. 그 전환은 매우 크고 지구적인 것으로 보입니다. 며칠 전 〈타임〉지 기사를 접했습니다. 노르웨이 어느 도시에서 천문우주과학자들의 모임이 열렸습니다. 스티븐 호킹 박사 연설이 있었습니다. 호킹은 우리 지구인들이 30년 내 지구를 떠나야 한다고 했습니다. 과거 그가 100년의 시간을 말한 것에 비하면 더 충격적입니다.

누구도 인류의 미래를 정확히 예측할 수는 없습니다. 내일 당장 무슨 일이 일어날지 정확히 예측할 수 있는 사람은 없을 것입니다. 그러나 주목해야 할 의미 있는 사실은 최근 지구적 차원의 위기 징후에 관한 논쟁이 가열되고 있다는 점입니다. 이제 불행히도 우리에게 친숙해진 지구온난화와 기후변화, 이로 인해 나날이 심해지는 가뭄과 폭염, 산불, 대규모 폭풍과 홍수 같은 전례 없는 극한의 기상이변이 늘어나고 있다는 점입니다. 이로 인해 극심한 환경과 생태 파괴가 뒤따른다는 사실입니다. 예상되는 전염병의 지구적 확산, 대규모 살상 무기의 위협, 인간 통제를 벗어날지 모를 인공지능에 대한 우려가 빠른 속도로 증가

하고 있다는 것입니다. 인류는 지금 그간 단 한 번도 경험해 보지 못한 '매우 큰 변화의 시대'를 통과하고 있습니다.

사회적, 지구적 차원의 의식 전환이 시급해 보입니다. 국가와 국가 간 협력도 또 다른 노력이 필요합니다. 성장경제와 현실정치의 논리로 인해 혼돈과 위기에 대한 대처가 지연되는 현 상황은 오래 방치돼선 안 될 것입니다. 지난 12년 지속돼 온 GC는 이런 문제의식에서 출범했습니다. 인간과 지구, 우리가 큰 혜택을 누리는 현대문명의 지속 가능한 미래를 위해 국내외 석학과 실천인이 함께했습니다. 국내외 학생 참여도 어느덧 4,000여 명에 이릅니다. 규모는 중요하지 않습니다. 그러나 뜻은 중요합니다. 우리가 함께하는 이 꿈과 상상의 세계, 실천의 세계가 앞으로도 지속됐으면 하는 바람입니다.

오늘 저녁 이 자리엔 시릴 리치(Cyril Ritchie) 세계시민사회단체연합 의장님이 와 계십니다. 유엔 아카데믹임팩트 라무 다모다란(Ramu Damodaran) 국장께서도 참석하셨습니다. '지구시민의식'의 확산과 '지속 가능한 미래'를 위해 일선에서 노력하고 계신 두 분께 큰 응원의 박수를 보냈으면 합니다. 그리고 그런 실천적 노력의 학문적 기초를 만들어 주고 계신 이 자리의 모든 분께도 존경과 감사의 마음을 보냅니다. 즐거운 저녁 식사 시간 보내시기 바랍니다.

기후변화와 동북아 평화 번영의 길: 정치의 길을 묻다

'동북아시아 지역의 공유된 미래와 평화 건설'을 주제로 개최하는 산동 포럼에 참석하게 되어 영광으로 생각합니다.

이곳 산동에 오기 전에 이런 생각을 했습니다. "전환의 시대, 우리가 마주한 '시대의 과업'은 무엇일까?"

수백 년 전 셰익스피어의 햄릿은 이렇게 독백했습니다. "사느냐 죽느냐, 그것이 문제다." 이 실존의 독백을 지금 이 시대로 불러오면 어떻게 표현될 수 있을까요? 인간과 우주의 초연결성에 주목해 온 과학철학자 어빈 라슬로의 표현처럼, 이렇게 말할 수 있지 않을까 합니다. "'진화인가, 절멸인가.' 그것이 우리의 선택지다."

근래 들어 지구적 차원의 문제 하나가 크게 대두되고 있습니다. 오랜

제2회 산동포럼(The 2nd Shandong Forum) 기조연설, 2018년 10월, 중국 위해시.

기간 무엇이 문제인지, 왜 문제인지, 그 답은 잘 알고 있었지만 불행히도 인류의 대응 속도가 너무 더뎠던 '기후변화' 문제입니다.

'세상이 거꾸로 가고 있습니다.' '전 세계에 적색경보를 울립니다.'

올해 초 안토니우 구테흐스 유엔 사무총장의 신년사 메시지입니다. 지난 4월엔 이런 발언도 있었습니다. 인류가 당면한 '가장 결정적 위협(existential threat)은 기후변화입니다.' '쓰나미처럼 몰려드는 자료가 이를 방증합니다.' 얼마 전엔 더한층 수위를 끌어올렸습니다. '우리는 지금 심연의 끝자락에 있습니다.' '2020년까지 경로를 바꾸지 않으면 인류는 돌이킬 수 없는 기후 위기를 겪게 됩니다.'

지난 수십 년 국제사회에 끊임없이 이어진 기후변화에 관한 '경고'와 '부인,' 그리고 정치적 다툼. 그런 일이 벌어지는 가운데 일반 시민들은 결론 없는 역사의 왜곡과 마주해야 했습니다. 바쁜 일상에 매여, 전문성이 부족해, 도래한 기후변화의 위기로부터 멀어져 갔습니다. 그러나 최근 유엔을 비롯한 기후 관련 전문기관들의 긴급 메시지는 국제사회의 새로운 관심을 끌고 있습니다.

지난 몇 년간 지구 평균기온은 기상관측 이래 가장 높은 수치를 기록했습니다. 특히 올해는 유례를 찾기 힘든 지구 열파가 연일 언론에 보도됐습니다. LA 48도, 마드리드 48도, 뭄바이 47도, 동경 42도, 서울 40도….

북반구 여러 지역에 나타나는 열 돔(Heat Dome) 현상. 유례없이 굴곡이 크고 더디게 움직이는 제트기류. 잦은 대형 산불과 가뭄. 몰아치는 폭풍과 해수면 상승. 대규모 환경과 생태계 파괴. 학계의 예상보다 매우 빠르게 진행되는 극지방 온난화와 빙권 유실….

극한의 기상이변을 초래해 온 지구 행성의 이례적인 현실은 세계 수많은 도시와 지역이 맞닥뜨린 기후변화의 뚜렷한 결과입니다. 인간이 자처한 지구온난화의 결과입니다. 지난 4월 온난화의 주원인인 대기 중 이산화탄소 농도는 인류가 처음 경험하는 411ppm(parts per million)에 이르렀습니다. 많은 과학자들이 지구 기후 체계의 '티핑 포인트'를 우려하고, '돌이킬 수 없는 기후변화' '걷잡을 수 없는 기후변화'를 말하는 이유입니다.

기후변화로 인한 인류사적 대재앙의 가능성은 실제 언제 일어나는 것일까? 학자들은 산업화 이전 시기에 비해 지구 평균기온이 1.5도 이상 오르는 시점을 말합니다. 지금 이미 1도 올랐습니다. 앞으로 0.5도, 또는 1도만 더 오르면 지구가 '열실 지구(Hothouse Earth)' 궤적으로 진입할 수 있다고 합니다. 그렇게 되면 환경과 생태계가 더 처참하게 파괴됩니다. 각종 생명체가 대량 멸종을 면할 수 없습니다. 지구 행성의 상당 지역에서 인간은 더 이상 거주할 수 없게 됩니다.

3년 전 체결된 파리 기후협약은 바로 이 상황을 사전에 막기 위한 국제사회의 노력입니다. 금세기 말까지 지구 기온 상승을 산업화 이전 시기에 비해 2도 훨씬 아래로 제한하기 위한 노력입니다. 지구상 거의 모든 나라가 협약에 동참했습니다. 반세기 훌쩍 넘도록 시간을 끌어온 역사적 기후협약이 성사되자 국제사회는 크게 환호했습니다. 그러나 환호는 잠시였습니다. 지난한 과정을 거쳐 어렵게 성사된 국제협약은 정치적인 이유로 또다시 기로에 섰습니다.

과학자들은 지구의 재앙을 초래할 급격한 기후변화는 우리가 '종전 방식(business as usual)'의 산업화를 되풀이할 경우 20~30년 내 올지 모른다고 합니다. 이 방식은 화석연료를 예전과 같이, 지금과 같이 사용하는 것입니다. 그러나 이보다 더 급진적인 주장도 있습니다. 향후 10년 내, 또는 그보다 이른 시간에 인류는 돌이킬 수 없는 상황에 처할 수 있다는 분석입니다. 그 원인으로 지구 평균기온보다 두 배가량 빠르게 치솟는 극지방, 특히 북극 지역의 가파른 기온 상승과 광범위한 빙권 유실을 꼽습니다. 이로 인해 진행될 매우 큰 규모의 메탄 방출 가능성을 이유로 듭니다. 메탄은 이산화탄소에 비해 100년을 단위로 하면 20여 배, 10년을 단위로 하면 수백 배의 지구온난화 효과를 가집니다.

미래를 내다보는 전망은 오류의 가능성으로부터 자유롭지 못합니다. 지구 행성과 같은 복잡계에 대한 분석은 더 그럴 수 있습니다. 그러나 중요한 것은 가능성입니다. 지금 추세처럼 화석연료를 계속 사용할 경우, 과학자들은 인류문명이 결국 파국에 이를 수 있다는 경고를 내놓습니다. 가공할 미래의 현실입니다. 그리고 아마도 이 같은 학계의 전망이 '세상이 거꾸로 가고 있다' '우리는 지금 심연의 끝자락에 와 있다'는 경고를 유엔이 내놓은 배경이 아닌가 합니다.

몇 년 전 옥스퍼드 대사전은 '탈진실'이란 말을 그해의 단어로 선정했습니다. '내가 보고 싶은 대로, 믿고 싶은 대로' 현실을 인식하는 세계가 탈진실의 세계입니다. 우리는 어쩌면 그런 세상에 살고 있는지 모릅니다. 기후변화에 얽힌 지루한 논쟁과 정치의 왜곡된 역사가 바로 그런 세계의 산물이 아닌가 합니다.

기후변화는 자연현상입니다. 과학 영역에 속합니다. 절대다수의 학자와 전문가가 '기후변화는 진실이다' '긴급한 대처를 필요로 한다'라고 말합니다. 온전하진 않지만 과학은 존중돼야 합니다. 자신에게 유리한 근시안적 셈법에 갇혀 현실을 읽어 내는 일은 현명하지 않습니다. 그럼에도 이 시대의 현실은 '기후변화는 거짓이다' '특정 국가와 정치세력의 조작이다'라고 말합니다.

이런 현실은 극복돼야 합니다. 인류의 미래가 달려 있습니다. 아직은 다행히도 기후 문제를 둘러싼 현실의 벽을 넘어설 가능성이 완전히 닫혀 있진 않습니다. 지금 미국 내에선 캘리포니아를 비롯한 많은 주정부가 화석연료를 제한하는 조치를 취하고 있습니다. 재생에너지, 청정에너지로 사태를 막아 보겠다는 시도입니다. 눈을 돌리면 독일, 스웨덴, 노르웨이, 핀란드를 비롯한 세계 여러 나라들도 노력을 기울이고 있습니다. '진정성의 정치'에 기대를 걸어 봅니다.

정치는 우리 의식과 함께 자랍니다. 사회의식이 변할 때 정치도 변합니다. 정치는 표심을 좇습니다. '종전의 익숙한 방식'을 넘어서려는 의식. '실리 너머 공공의 가치를 말하려는 의식.' 그런 의식이 지구촌에 확산

될 때, 재앙의 도래를 지연시킬 수 있습니다. '미래세대의 미래'를 말할 수 있습니다.

인류사회는 지난 수백 년 산업문명의 길을 걸어왔습니다. '경제와 성장'의 신화를 써 내려왔습니다. 성장과 풍요가 현대적 삶의 가치로 자리 잡았습니다. 그런 삶의 지향은 여전히 중요합니다. 지금 지구상엔 78억 명이 함께 살아가고 있습니다. 그중 수십억의 인류가 기아와 극심한 빈곤으로 생존을 위협받고 있습니다. 생존과 번영, 상생의 길은 찾아져야만 합니다. 이와 동시에 확장과 팽창 일로에 있는 성장 신화가 심각한 기후 위기를 초래해 왔다는 사실 또한 우리는 주목해야 합니다. 그 폐해를 적극 관리해 가야 합니다. 지속 가능한 미래를 위해 새로운 삶의 철학과 실천의 길을 열어야 합니다. 미래를 향한 '의식 혁명' '실천 혁명'이 전제될 때, 인류는 우호적인 지구의 미래와 만날 수 있습니다.

오늘 우리는 동북아 지역의 더 나은 미래를 위해 자리를 함께하고 있습니다. 함께 만들 미래, 평화로운 미래를 위해 대화를 이어 갈 것입니다. 최근 국제사회에선 앞서 말씀드린 '지속 가능한 발전'에 관한 논의가 시대의 흐름을 타고 있습니다. '지속 가능한 미래'를 다음 세대로 물려줘야 한다는 화두가 고개를 듭니다. 이 추세가 의미 있는 문명사적 결과로 이어지기 위해선 두 가지 과제가 중요해 보입니다.

하나는 함께 만들 희망의 지평을 여는 일입니다. 미래를 오늘로 불러오는 일입니다. 저는 이를 '미래의 회상'이라고 말합니다. 전망되는 미래의 가능성을 '지금 이곳'에 불러와 오늘의 현실을 재구성하는 일입니다. 미래를 축으로 상상과 실천의 세계를 펼치는 일입니다. 지금 관점에선 이런저런 이유로 할 수 없다고 생각되는 일. 그래서 내키지 않는 일. 불가능해 보이는 일. 그런 일들의 미래를 예찰하면서 오늘의 인식과 행동을 재구성할 때, 도래할 위기와 파국의 가능성은 또 다른 모습으로 다가설 수 있습니다. 미래 회상의 실천을 통해 어떤 결과가 실제로 만들어질지 누구도 예단할 순 없습니다. 그러나 희망의 불씨를 살려나간다면 상황 대처를 위한 역사의 동력을 얻을 수는 있습니다. 전환적 미래의 가능성을 열 수 있습니다.

또 다른 과업은 정치의 '새 그릇'에 관한 것입니다. 눈앞 이익에 집중하는 현실정치 너머 새로운 정치의식과 조우하는 일입니다. 이를 통해 또 다른 실천세계를 여는 일입니다. 흔히 현실정치는 '진흙탕'에 비유되곤 합니다. 집권을 향한 힘에의 의지. 첨예하고 냉혹한 현실에서 벌어지는 세력 간 각축. 그런 세계에서 현실정치는 역사의 궤적을 그려 왔습니다. 오늘도 눈앞에서 펼쳐지는 현실을 감안하면, 타산적 이익과 권력에 경도된 정치는 이해되는 면이 없지 않습니다. 그러나 우리 앞에 주어진 과제가 '진실의 왜곡'으로 인한 '지구 운명의 날'이라면, 또 다른 차원의 노력에 관심을 기울여야 합니다. 정치와 함께해 온, 또는 하게 될 과거, 현재, 미래의 새로운 인과의 고리를 찾아 나서는 일입니다. 그 일이 현실과 함께할 때, 그리고 개인과 사회, 세계 내 집단 의식과 실천으로 승화될 때, 지금과 다른 미래가 펼쳐질 수 있습니다.

우주 내 '모든 생명의 서사'를 천착해 온 토마스 베리 신부는 '태초의 불꽃과 돌고래 눈의 연결 메타포'를 되새길 것을 주문합니다. 역사의 열린 가능성을 모색했던 미하일 고르바초프는 '촘촘히 연결된 인간 의식과 사물의 세계를 조망하는 양자인식론'을 현실로 불러왔습니다. 벨벳 혁명의 주역 바츨라프 하벨도 인간이 속한 초연결의 세계를 헤쳐 갈 '도덕'의 궁극적 실재, '초월의 가능성'을 말합니다. 저는 이런 '열린 세계 내 정치'를 '포월(包越)의 정치'라 부릅니다. 틀 지어진 인식의 차이를 벗어나고, 넘어서고, 포괄하는 인간적 역량과 함께 정치의 또 다른 지평을 열어 가는 실천의 세계입니다.

앞서 말씀드린 두 과업이 선행될 때, 우리는 이번 포럼의 주제인 '동북아 평화 번영의 길'을 말할 수 있을지 모릅니다. 기후변화와 같은 잠재적 대재앙의 위협을 헤쳐 갈 사유와 실천의 가능성을 키울 수 있을 것입니다.

최근 한반도에서 교류협력의 기운이 일고 있습니다. 이념과 체제의 차이를 넘어선 남북 교류협력의 가능성이 점증하고 있습니다. 한반도와 유라시아, 유럽으로 이어지는 문명 벨트에 관한 상상도 고개를 듭니다. 오늘 자리를 함께한 전문가 여러분께서 함께 지혜를 모은다면 그 희망의 가능성은 현실로 전환될 수도 있을 것입니다.

주의를 기울여야 할 부분도 있습니다. 새 지역에 옛 방식의 산업화가 또다시 재현된다면, 인류는 추가적인 위협에 봉착할 수 있습니다. 지구온난화와 환경, 생태 파괴를 최소화하는 노력이 필요합니다. 지속 가능한 미래를 염두에 둔 새로운 인식과 실천이 요청됩니다. 이와 같은 노력을 통해 '새로운 협력의 길' '정치의 더 나은 미래'가 펼쳐질 때, 우리는 '진화 또는 절멸'이란 시대의 선택지를 멀리할 수 있을지 모릅니다. 양일간 열리는 산동포럼에서 그 가능성에 관한 성찰과 모색이 이뤄지길 기원합니다.

전환 시대의 정치와 대학 그리고 시민사회

서른여섯 번째 세계평화의 날입니다. 오늘 세계평화의 날을 맞아 내빈 여러분께서 자리를 함께하셨습니다. 바티스타(Liberato Bautista) 세계시민사회단체연합 전 의장님, 제이콥스(Garry Jacobs) 세계예술과학아카데미 사무총장님, 잔토프스키(Michael Zantovsky) 하벨도서관장님, 박영신 연세대 명예교수님. 환영과 깊은 감사의 마음을 전합니다.

우리는 지금 역사의 분기점에 서 있습니다. 역사의 변곡점을 맞아 지금 묻고 있습니다. '위기인가? 기회인가?' 인류는 시련과 위협에 직면해 늘 그렇게 물었습니다. 그리고 국면 전환을 통해 오늘의 인류 역사를 쌓아 왔습니다.

평화와 안전, 인간 존엄의 근간이 흔들리는 이 시대. 또다시 물어야 할 것 같습니다. 우리는 지속 가능한 미래를 맞이할 수 있을 것인가? 지금

유엔 제정 세계평화의 날 36주년 기념 Peace BAR Festival 2017 기념사, 2017년 9월.

마주한 오늘의 상황은 이 질문 앞에 다른 차원의 해법을 요청하는 것 같습니다. 근원적 성찰과 발상 전환이 필요해 보입니다.

어느덧 1년이 다 돼 갑니다. 매주 토요일 광화문 광장엔 수많은 시민이 운집했습니다. 미래를 위한 마음이 모였습니다. '적폐 청산.' '공정사회.' '사회정의.' 나라의 작동 방식에 분노한 수많은 시민이 거리에서, 광장에서 근 반년 가까이 함성과 저항을 이어 갔습니다.

기억하실 겁니다. 촛불을 든 집회 현장은 과거와 사뭇 달랐습니다. 평화로웠습니다. 시민들은 자유 발언대를 이어 갔습니다. 거기엔 기성 정치인의 자리는 없었습니다. 시민 스스로 정치의 개입을 저지했습니다. 그런 분위기가 이어지는 가운데 축제의 장이 열렸고, 시민은 부패한 권력을 규탄했습니다. 내 안의 적폐, 내 곁의 부조리를 성찰했습니다.

먼 훗날 이 역사적 사건이 어떻게 조명될지, 지금으로선 알 길이 없습니다. 그러나 분명해 보이는 점은 있습니다. '나라다운 나라' '더 나은 미래'를 외친 시민적 저항에 깃든, 구태 정치를 넘어서려는 시민의식입니다. 계층과 세대, 정파를 넘어선 새로운 시민의 출현을 엿볼 수 있었습니다.

2년 전 이 자리에선 특별한 일이 있었습니다. 고 바츨라프 하벨 전 체코 대통령의 명예 평화학 박사학위 수여식입니다. 탄압받던 시민으로, 극작가로, 시민운동가로 전체주의에 맞서 한평생을 사셨던 하벨 대통령의 업적을 기렸습니다. 우리 모두가 기억하는 '벨벳 민주혁명'의 주역 하벨 대통령은 혁명 직후에 이런 말을 남겼습니다.

> 정치는 공동체를 속이거나 약탈하기 위해 필요한 (것이 아닙니다.) … 정치란 가능의 예술일 수 있습니다. 특히 '가능'에 투기, 계산, 모의, 뒷거래, 조작이 포함된다면 (그렇습니다.) 정치는 불가능의 예술일 수 있습니다. … 우리 자신과 세계를 향상시키는 예술일 수 있습니다.

주어진 현실에 맞서 '자신과 세계를 향상시키는 정치.' 그 불가능해 보이는 정치의 가능성이 '촛불'로 상징되던 한국의 정치 변혁에 잇대어질 수 있지 않나 하는 생각을 하게 됩니다. 그러나 그 가능성이 주어진 현실 너머 미래로 이어지기 위해선 또 다른 차원의 '깨어남'과 '결집'이 필요할지 모릅니다.

약 3주 전입니다. 북한이 6차 핵실험을 단행했습니다. 한반도는 물론 세계가 긴박한 전운의 흐름을 지켜보면서 우려를 금치 못하고 있습니다. 무력 충돌과 대규모 인명 살상의 위협. 이는 물론 어제오늘의 문제가 아닙니다. 인류는 크고 작은 전쟁의 위협과 참사를 경험해 왔습니다. 그러나 그 비극의 현실 앞에 우리는 여전히 근원적 해법을 찾아내지 못하고 있습니다. '무력을 통해 자국의 이익을 지킨다.' 이 오래된 충돌 위기의 해법을 둘러싸고 있는 현실은 나날이 더 힘겨운 시련을 주고 있습니다. 그런데 불행히도 우리는 이 막중한 위협과 함께 시대의 또 다른 위협과 대면하고 있습니다.

'기후변화' 문제입니다. 기후변화가 또 다른 재앙을 부르리라는 사실을 우리는 잘 압니다. 산업화, 세계화가 깊어지면서 지구온난화에 따른 기상이변이 지구촌에 속출하고 있습니다. 국제사회는 오랜 세월 문제해결을 위해 노력을 기울여 왔습니다. 화석연료 사용과 생산의 위축을 막으려는 진영. 대안을 찾으려는 국제사회. 이들 간의 논쟁이 반세기 넘도록 이어졌습니다. 다행히 2년 전 파리에선 195개국 정상이 모였습니다. 지구 평균기온을 산업화 이전 시기에 비해 2도 훨씬 못 미치는 수준으로 낮춰 보자는 '파리 협약'이 체결됐습니다. 지구사회는 환영했습니다. 그러나 불과 1년 남짓한 기간 동안 그 역사적 협약의 미래는 또다시 위기에 처했습니다. 목전의 이익, 경제 우선, 자국 우선 논리로 또다시 재편되는 정치의 현실. 현실정치의 틀 지어진 사유와 계산 방식에 따라 세계는 지금 또다시 기로에 섰습니다.

'종전의 방식대로(business as usual)' '기성 정치의 틀 내에서(politics as usual)' 과연 우리는 희망을 말할 수 있는 것일까? 반세기 전 아놀드 토인비는 세계대학총장회 창립총회 기조연설에서 이런 생각을 전했습니다. '점증하는 핵전쟁의 위협과 환경파괴에 대해 '세상 정치(politics of the world)'는 진정성 있는 관심이 없는 것 같습니다.' '만일 그것이 현실이라면, 대학이 나서야 합니다.' '역사의 중요성을 깨닫고 함께 힘을 모아야 합니다.'

지난 세월을 돌아보면, 지식인들은 서로 힘을 모았습니다. 수많은 연구결과를 축적했습니다. 인류사회 문제의 심각성을 다각적으로 알려 왔습니다. 그러나 결과적으로는 여전히 부족해 보입니다. 두터운 현실의 벽에 가로막혀 희망의 미래를 열지 못했습니다. 그런 오늘의 현실이 기약하는 미래는 밝지만은 않은 것 같습니다. 또 다른 측면에서 대학의 현실을 들여다보면 시름은 더 깊어집니다.

대학의 지적 공동체는 비교적 현실적 이해타산으로부터 자유롭습니다. 그 전통은 예나 지금이나 큰 차이가 없어 보입니다. 그러나 다른 관점에서 보면 현실은 이와는 판이합니다. 산업화, 세계화의 물결이 우리 사회 곳곳에, 지구사회 도처에 깊숙이 파고들면서 대학 역시 사회의 추세, 시대의 흐름으로부터 자유롭지 못합니다. 생존과 경쟁 문제로 인해 대학의 자율이 크게 위축되고 있습니다. 그런 예가 바로 우리의 대학사회가 아닌가 합니다.

한국은 압축 성장을 구가해 왔습니다. 국가가 내세운 '조국 근대화' '산업화'의 도정에서 대학은 시대의 흐름에 자율의 길을 내주었습니다. '대학은 경제성장과 발전을 위해 존재하는 곳.' '산업이 필요로 하는 지식을 생산하는 곳.' 그런 시대의 요구와 함께 기업과 직장을 위한 '맞춤형 교육'을 실시해야 한다는 '명령 아닌 명령'이 대학사회의 존재이유를 이끌었습니다. '학문 그 자체.' '다양한 지적 호기심.' '대학의 인간적, 사회적, 지구적 과제를 위한 책무.' 그런 대학의 기능은 이제 역사의 뒷전으로 밀려나 있는 것 같습니다.

무엇을 해야 하나? 여전히 정치와 대학에 희망을 걸어 봅니다. 그러나 지난 세월이 말하듯이 그것만으론 부족합니다. 틀 지어진 현실은 미래를 위한 '깨어 있는 의식'에 힘을 싣지 못합니다. 시대의 위기를 헤쳐 가기엔 영향력이 미미해 보입니다. 그런 이유에서 새 희망의 근원은 시민의 가치, 그 가치의 지구적 확산에 활로를 열 수 있는 지구시민사회가 아닌가 합니다.

대학에 몸담고 있는 저로서는 이 말을 하기가 부끄럽습니다. 그러나 현실을 있는 그대로 보지 않으면 더 나은 미래는 결코 쉽게 오지 않을 것입니다.

오늘 이 자리엔 몇몇 기관을 대표하는 분들이 함께하고 계십니다. 우리가 안고 있는 지구적 현안, 시민적 가치의 활로를 열기 위해 헌신해 온 기관들입니다. 세계예술과학아카데미(World Academy of Art and Science, WAAS)는 예술과 과학의 통합 지식 모색에 많은 노력을 기울여 왔습니다. 고등교육의 혁신을 도모해 왔습니다. 유엔 창립 초부터 활동해 온 세계시민사회단체연합(Conference of NGOs in Consultative Relationship with the United Nations, CoNGO)은 "우리 유엔 시민은(We the people of the United Nations)"이란 말로 시작되는 유엔 헌장 정신을 세계시민의 관점에서 이어 온 역사 깊은 기관입니다. 지속 가능한 미래를 위한 인류의 염원을 시민사회의 결속과 연대를 통해 구현하고 있습니다. 지난 세기 체코 민주화에 헌신하신 하벨 전 대통령은 전체주의, 현실정치를 넘어서고자 했습니다. 인간과 세계, 우주를 이어 주는 초월적 감수성을 고양하는 정치의 필요성을 역설했습니다. 하벨도서관은 그 뜻을 이어 가는 기관입니다. 이 모든 기관에 경희는 경의를 표합니다.

우리는 세계 곳곳에서 이런 말을 듣곤 합니다. '내게 주어진 삶은 오직 한 번뿐이다!' 현실의 각박함과 내일의 불확실성을 놓고 보면 이해 가는 말입니다. 그러나 이런 말에도 주목해야 하지 않을까 합니다. '내일이 없는 오늘은 허망할 뿐이다.' 우리가 살면서 맞이할 수 있는 유일한 물리적 시간대는 지금 이 찰나의 순간과 그다음인 미래뿐입니다. 지금 이 순간을 말하는 순간, 그 순간은 과거가 됩니다. 그 순간의 연장선상에 서 있는 것이 바로 미래일 것입니다. 그래서 우리에겐 미래를 가꿔가야 할 책무가 절박하게 느껴집니다. 시민사회는 그 책무를 이어 갈 역사 발전의 축입니다. 현실의 제약, 틀의 제약을 넘어 성찰과 실천의 장이 펼쳐질 수 있는 곳이 시민사회입니다. 그 시민사회에 우리는 더 많은 힘을 실어야 할 것입니다.

지금 우리는 전례 없는 전환의 시대를 맞이하고 있습니다. 그 시대는 앞서 말씀드린 핵과 기후변화의 잠재적 재앙을 깊이 우려하고 있습니다. 이 위협은 모두 인위적인 것입니다. 세계를 향한 실존의 사유 방식에 따라 미래를 드러낼 것입니다. 인류사회가 종전처럼 '진화'의 길을 열 것인지, 아니면 '파국'의 길을 재촉할 것인지, 우리 손에 달려 있습니다. 그리고 그 손안에 '오래된 미래'의 새로운 가능성, 과학과 인문의 위대한 발견이 다시 회복됐으면 하는 바람을 갖게 됩니다.

지난 세기 양자물리학은 인간의 의식세계와 물리현상의 상호 연결성에 주목했습니다. 막스 플랑크(Max Planck)는 물질세계의 기저엔 "의식적이고 지능적인 마음이 존재한다(the existence of conscious and intelligent mind)"는 가설을 내놓았습니다. 그것이 과연 궁극의 진리인지, 아직은 알 길이 없습니다. 이 세계 '모든 것'의 시원인 '무의 요동(fluctuation of nothingness)'의 비밀이 밝혀질 때까지 더 기다려야 할 것입니다. 주목하고자 하는 것은 과학과 인간의 무궁한 가능성을 열어 온 인문학과의 새로운 만남이 지금 이 시대에 폭넓게 회자되고 있다는 점입니다.

그 가능성과 함께 현실정치는 틀 너머 세계를 끌어안아야 합니다. 획일과 절대의 오류를 넘어 인간적 가치의 열린 가능성을 수렴하는 것이 필요합니다. 대학사회 역시 유사한 책무를 안고 있습니다. 산업화, 세계화, 시장 너머 존재하는 학문과 실천의 여정에 더 많은 노력을 기울이는 일입니다. 풍요와 번영에 기여하되, 그 역사가 만들어 온 사회적 폐단과 지구적 재앙의 대안을 모색하는 일입니다. 대학과 세계시민사회는 그 과업을 수행할 훌륭한 동반자가 될 수 있을 것입니다.

이번 세계평화의 날 기념 국제회의 "전환의 시대: 촛불과 평화의 미래 (Together for Peace: Respect, Safety and Dignity for All)"가 '촛불'과 '벨벳' 혁명의 문명사적 함의를 밝히는 자리가 되길 기원합니다.

4

미래를 깨우려면

신뢰와 거버넌스: '트랜스버시티' 가능성

> 인간은 '우주'라고 불리는 전체의 일부다. 우주라는 시공에 한정된 부분적 존재가 바로 인간이다. 이 제한성 때문에 인간은 전체를 온전히 담아내지 못한 채 자신만의 경험과 생각, 느낌에 따라 삶을 살아간다. 그리고 그 삶은 필연적으로 우리의 개인적 욕망과 연민에 속한 시각적 환영을 낳고, 시각적 환영은 우리를 가두는 일종의 감옥으로 작용한다.
>
> 앨버트 아인슈타인

오늘 우리는 21세기 국가 신뢰를 높이고, 이를 지탱할 혁신 방향을 논하기 위해 이곳 빈(Vienna) 유엔 본부에 모였습니다. 제가 이 자리에 서게 된 것은 국가의 신뢰 향상을 위해 대학, 혹은 지성사회가 무엇을 어

유엔 경제사회국(UNDESA) 주최 제7차 정부혁신세계포럼(The 7th Global Forum) 기조연설, 2007년 6월, 오스트리아 비엔나.

떻게 준비해야 하는지 논하기 위해서라고 생각됩니다. 그래서 이 자리에선 국가 그 자체보다는 대학사회의 자기 혁신(auto-poesis) 가능성에 주목하고자 합니다. 추후에 논하겠지만, 다소 생소하게 들릴 '트랜스버시티(Transversity)' 개념이 연설의 핵심입니다.

존경하는 내빈 여러분. 신뢰는 삶과 불가분의 관계입니다. 존재의 안위를 삶의 근본으로 설정할 수밖에 없는 인간에게 신뢰는 숙명적인 삶의 수단이자 목적일 것입니다. 자아와 타자, 세계를 주시하는 시선에서 인간은 안전과 보존을 중시해 왔습니다. 이를 위한 상호 신뢰 기반을 쌓아 왔습니다.

그러나 존재의 안위를 향한 열정에도 불구하고, 현대적 삶의 신뢰 기반은 전환기를 맞고 있습니다. 특히 지난 세월 인류가 보여 준 국가와 민족, 계층 간 갈등, 이념 대립은 전환적 성찰을 요청합니다. 크고 작은 대립과 투쟁의 역사는 과연 근현대의 전유물인 국가와 민족, 특히 이념이란 인위적 구성물이 신뢰 공동체의 바람직한 질서인가라는 의문을 남깁니다. 좌를 배제하는 우. 우에 저항하는 좌. 이념과 관념의 대립을 조성하는 현실정치. 국가적 현실의 이 어두운 측면은 끊임없이 반복되는 '피의 역사'를 불렀습니다. 배제와 저항의 휴먼 드라마를 펼쳐 왔습니다.

신뢰에 관한 관심은 바로 이 '어두운 현실'의 전환에 관한 지구적 차원의 노력이 아닌가 합니다. 오늘 열리고 있는 이 회의도 그 연장선상에 있다고 봅니다. 더 나은 세상은 과연 불가능한 것인가? 기존의 배타적 신뢰를 넘어 보편적 신뢰의 기반을 쌓아 갈 길은 없는 것일까? 이 질문과 함께 최근 국제사회에서는 '투명성(transparency)' '개방성(openness)' '설명 가능성(accountability)'에 관한 논의가 활발합니다. 서로 빗장을 걸어 잠근 배타적 신뢰 문제를 개선하는 데 새로운 가능성으로 대두되고 있습니다. 이념 논쟁의 퇴조와 함께 출현한 세계화의 파고는 이 추세를 더한층 강화합니다.

신뢰의 역설

세계화란 분분한 의견에도 불구하고 글로벌 어젠다의 공동 기준과 포괄적 준거를 지향하는 시대적 추세입니다. 사유의 총괄적 판단 기준을 만들어 또 다른 신뢰의 가능성을 열어 보자는 움직임입니다. 이런 점에서 투명성, 개방성, 설명 가능성과 같은 '세계 기준(global standard)'이 대안으로 떠오릅니다. 자유민주주의 시장경제의 확산과 함께 부상한 세계 기준은 탈이념의 관점에서 문제를 풀어 갈 열쇠로 주목받고 있습니다. 세계 기준은 이해 가능하고, 예측 가능하다고 합니다. 불확실한 미래의 안정적 기반을 만들 수 있다고 합니다. 그러나 실증적·총괄적 신뢰에 기초한 세계 기준은 예기치 못한 문제를 불러옵니다.

세계 기준의 논거는 국가가 투명하고, 열려 있고, 설명 가능할 때, 신뢰의 정도가 높아질 것이라고 전망합니다. 일종의 경험적이고, 객관적이며, 불확실한 세계에 대한 '현상학적 괄호 치기(phenomenological bracketing)'인 셈입니다. 그러나 국가 신뢰는 전혀 다른 방향에서도 논의될 수 있습니다. 사회는 투명성, 개방성, 설명 가능성에 반응할 수 있습니다. 또 그러지 않을 수도 있습니다. 일례로, 한 국가가 국정에 관한 모든 정보를 공개하고, 열린 의사 결정 과정을 도입했다고 해 보지요. 또 권력 행사의 설명 가능한 논리를 제시했다고 해 보지요. 현실적으로 그렇게 할 수도 없겠지만, 설령 그렇게 하더라도 객관적 신뢰의 준거는 완벽할 순 없습니다. 사회 안정과 인간 안위를 전제로 추진하는 국가의 신뢰는 보는 사람에 따라 다양하게 해석될 수 있습니다. 그 기준은 누구를 위한 것일까? 무엇을 위해 개방하는가? '확신에 찬 설명과 예측'은 미래를 '식민화(colonize)'할 수 없는 한 빗나갈 수 있지 않은가? 단성적이고 필연적인 '신뢰의 가설'은 확신에 찬 언명에도 불구하고 인과의 온전함에 근접하는 불완전한 방식일 뿐입니다.

예를 들어, 친구와 지인, 혈연에 대한 신뢰가 투명성, 개방성, 설명 가능성에만 있지 않듯이, 국가 신뢰를 결정하는 요인들도 우리 관점만큼이나 다양할 수 있습니다. 지표가 뛰어난 국가의 신뢰도 역설적으로 불신의 대상이 될 수 있습니다. 저항과 투쟁의 대상이 될 수 있습니다. 지표 상승은 신뢰의 한 단면에 불과할 뿐입니다.

신뢰는 새로운 인식을 필요로 합니다. 기준의 객관성 여부를 떠나 사람들이 주시하는 주체적 삶, 실존적 삶을 이해할 필요가 있습니다. 특히 개인적 삶의 다양성과 소통 지대에 관심이 집중되고 있는 현대 이후의 사회에선 또 다른 논의가 필요합니다.

새 범주: 삶과 전환 인식

최근 시민사회의 대두와 함께, 열린 신뢰의 문제가 의미 있게 다가섭니다. 기성의 신뢰 논거가 안고 있는 '총괄적' '폐쇄적' 사유를 보완할 수 있기 때문입니다. 신뢰란 앞서 말했듯이 근본적으로 인간 안위의 문제입니다. 다양한 자기표현의 사회적 실천, 지구적 실천이 담보될 때 신뢰 기준에 믿음이 생깁니다. 시민사회의 원심적 경향(centrifugal tendency)이 두드러지고 있는 지금, '총괄 권위' '단일 보편'을 지향하는 신뢰 기준은 점차 그 지지를 잃어 가고 있습니다. 그만큼 정체성 문제가 크게 대두되고 있다는 반증입니다.

나는 내 존재이유를 어디서 찾을 수 있을 것인가? 이를 위해 내가 속한 공동체는 무엇을 해야 하나? 나와 남이 공존해야 한다면 조화의 화두는 어떻게 구현돼야 할 것인가? 이처럼 실존적 삶과 공동체 문제는 신뢰 구축의 새 지평을 열고 있습니다.

지난 세기 국제사회는 전통적 국가 어젠다(이념, 성장, 전쟁, 평화, 안보 등)에 주력했습니다. 그만큼 국가를 둘러싼 대립과 각축이 심각한 양상을 띠었기 때문일 것입니다. 이 현상은 지금도 유효합니다. 그러나 점증하는 시민사회의 다양한 욕구 분출은 이제 또 다른 추세를 만들고 있습니다. 시민 스스로 설정한 삶의 어젠다가 정치의 중심 무대로 이동하고 있습니다. 각종 공적 사안에 스스로 의견을 표명하는 자발적 시민. 다양한 삶의 가치와 선호를 중심으로 구성되는 시민 연대. 이 모두 전통적 국가 정치의 권위를 넘어 역사의 새 동인으로 떠오릅니다.

아마도 이런 흐름의 결과였을 것입니다. 유엔은 '새천년개발목표(UN Millennium Development Goals, MDGs)'를 설정했습니다. 기아와 빈곤, 인권과 복지, 생태와 기후변화 같은 지구적 사안을 적극 대처해 가겠다는 의지를 표명했습니다. 특히 유엔이 모색해 온 기업의 지구적 책임 강화와 시민사회와의 연대·협력은 글로벌 의제를 인류와 함께 풀어 가겠다는 뜻으로 읽혀집니다. 한편으론 국가적 안위에 주목하고, 또 다른 편으론 고양된 시민의식과 함께 더 나은 인류의 미래를 열어 가겠다는 의지 표명으로 보입니다.

이처럼 지구사회는 큰 변화를 겪고 있습니다. 전통과 탈전통의 경향 사이에서 새로운 대화와 창조의 공간을 모색합니다. 시대 변화에 조응하는 열린 보편, 보편 간 소통 지대를 모색하는 것이 지구사회의 주된 관심사로 떠오릅니다. 국가의 '권위적 가치 배분'을 넘어, 개인과 사회의 공감과 합의, 자발적 실천이 중시되는 '열린 소통의 시대'가 도래했습니다. '참여의 시대'가 열리고 있습니다.

이와 같은 추세는 신뢰의 새 지평을 부릅니다. 총괄 보편보다는 공감과 합의의 보편을 필요로 합니다. 차이를 승인하고, 교감을 지향하는 '전환 인식(transformative episteme)'과 '열린 보편'이 신뢰의 또 다른 가능성으로 자리 잡고 있습니다. 객관화, 절대화된 신뢰 기준은 필연적으로 배제와 소외를 부릅니다. 그러나 인간 의식의 열린 본질을 수렴하는 전환 인식은 신뢰의 새 희망일 수 있습니다.

트랜스버시티 가능성

앞서 말한 절대 보편과 신뢰 기준은 '틀'을 전제합니다. 삶을 틀로 받아내는 신뢰는 이론적으로나, 논리적으로 성립할 수 없습니다. 틀이란 경계와 범주를 의미합니다. 틀의 신뢰는 그 안의 온전함을 전제합니다. 그 온전함은 인간 사유의 본령을 포괄하지 못합니다. 인간 의식은 항상 진행형입니다. 영원한 변화의 연장선상에 서 있습니다. 신뢰 기준은 그래서 '다르게 사유할 수 있는 인간의 무궁한 역량'을 항상 수렴해야 합니다. 벗어나고, 넘어서고, 수렴하는 무엇. 의식의 이와 같은 가능성을 지향할 때, 인간 친화적 신뢰의 기반이 만들어질 수 있습니다. 지속 가능한 모습을 띨 수 있습니다.

이런 속성과 필요에도 불구하고, 역사는 항상 틀 편에 서 왔습니다. 특히 국가적 차원의 신뢰는 국가성장의 틀에서 그 준거를 찾아 왔습니다. 그런 까닭에 틀의 보편은 인위적 경계와 편견의 위험에 항상 노출됐습니다. 그러나 앞서 말했듯이 오늘의 현대사회는 전통적 틀의 경계를 넘어, 새로운 열림을 지향해야 합니다. 다양한 시민적 가치를 수렴해야 합니다. 많은 이들은 그래서 지금 이 시대를 '현대 이후의 시대'라고 부릅니다. 이 시대엔 '절대 보편'보다는 '창조적 보편'이 더 큰 신뢰를 받습니다.

제가 몸담고 있는 대학은 전통적으로 이 가치를 추구해 왔습니다. 열린 보편과 진리의 산실로, 이들의 무궁한 가능성을 탐색해 온 것이 대학입니다. 그런 면에서 신뢰의 또 다른 미래를 탐색하는 데 의미 있는 역할을 할 수 있습니다. 전통적 대학과 대학의 또 다른 변화가 우리가 앞으로 모색해야 할 신뢰의 또 다른 미래를 열어 갈 수 있을 것입니다.

우리가 알듯이, 대학은 진리를 탐색해 온 전통적 '장소'이자 '공동체'입니다. 편향된 이익과 닫힌 신념을 경계하며 보편세계를 끊임없이 탐구해 왔습니다. 이 과정에서 진리와 보편을 창조하는 다양한 지식이 생성돼 왔습니다.

그럼에도 대학은 고정된 장소 내 지식 공동체란 점에서 한계를 갖습니다. 지리적으로 한정되고, '상아탑 지식'에 초점을 둬 왔습니다. 그런 까닭에 신뢰의 지구적 구현에 제한적 역할을 수행해 왔습니다. 신뢰 구현은 지식뿐 아니라 실천을 필요로 합니다. 지식과 실천 간 상호 전제와 교류, 양자 간 관계에서 생성되는 동력을 만들어 내야 합니다. 그래야만 사회적 신뢰, 지구적 신뢰의 더 큰 가능성을 열 수 있습니다. 이런 점에서 대학은 변화가 필요합니다. 학문의 전당 '유니버시티(university)'에서 학문과 실천의 창조적 결합을 지향하는 '트랜스버시티(transversity)'로 거듭나야 합니다. 이것이 지구화 시대의 대학의 책무일 것입니다.

트랜스버시티는 전통적 대학과 마찬가지로 하나의 '공간(space)'입니다. 전통적 장소(site, location)인 동시에, 그것의 제한적 의미를 넘어서려는 또 다른 공간입니다. 물리적 현실과 가상세계의 창조적 만남. 그 만남을 통해 열린 지구적 기제(on-and off-line open global nexus)를 구현하는 것이 트랜스버시티입니다. 적지 않은 대학이 과학기술의 발전과 함께 이미 이 현상을 부분적으로 경험하고 있습니다. 지구적 소통과 협력을 상시 모색하는 탈공간적 기제를 통해 새로운 진리와 보편 세계를 모색합니다.

이런 의미에서 트랜스버시티는 '진화하는 기관(evolving organ)'입니다. 물리적 공간을 넘어선 가상의 세계. 사회적 공시성과 통시성을 함께 지향하는 학술과 실천의 세계. 이 가능성을 열어 가며 새로운 협력의 시대를 열어 가는 것이 트랜스버시티의 또 다른 과제입니다. 교육, 연구, 실천의 다자간 협력의 중요성은 이미 지구적 차원에서 강조된 지 오래입니다. 모임과 회의를 거듭하며, 교류협력의 가능성을 열어 왔습니다. 한 지역의 문제는 더 이상 그 지역만의 문제가 아닙니다. 상호 의존과 상호 연결의 지구적 환경이 더 촘촘히 짜이고 있습니다. 동시성과 즉시성의 필요가 크게 대두되고 있습니다. 긴 호흡 차원에서도 대학은 인류 공동의 문제를 풀어 갈 철학과 이론, 전망을 내놓아야 합니다. 연구와 교육, 실천 분야에서도 소통과 융합을 지향하며, 시시각각 변화하는 삶과 지구 문제를 풀어 가야 합니다. 이 모든 변화에 조응하면서 학술과 실천의 지구적 신뢰를 쌓아 가는 것이 대학에 주어진 시대의 요청입니다. 시공을 초월해 연대하고, 결속하고, 변화를 모색하는 트랜스버시티는 이 요청에 부응할 수 있는 또 다른 대안입니다.

그러나 연대와 결속, 변화의 장인 트랜스버시티가 기성 조직처럼 이익과 틀, 경계와 범주에 얽매인다면 부정적인 결과를 초래할 수 있습니다. 경계와 편견의 닫힌 보편과 담론 세계를 확대 재생산할 수 있습니다. 이 위험을 방지할 수 있는 방편은 트랜스버시티를 '열린 사회적 실천(open global praxis)'으로 이끄는 일입니다. 이를 위해서는 무엇보다 닫힌 보편을 경계하는 일이 중요합니다. '변동의 권한(transforming right)'과 '안정의 축(stabilizing axis)'을 동시에 부여하는 일이 필요합니다. 대학은 그런 자구 노력을 전통적으로 견지해 왔습니다. 고대 그리스 아곤 정치(agon politics)의 지혜와 같이 대학은 삶과 신뢰의 절대지(絶對知)를 지양하는 대신, 다양성과 창조적 보편을 모색해 왔습니다. 대학의 이 전통은 지속돼야 합니다. 열린 보편과 그에 따른 신뢰 기준을 만들어 가야 합니다. 그러지 않을 경우, 인간의 본질, 의식의 본질, 열린 사회를 지향하는 공동체 가치는 '편견의 전횡(tyranny of bias)'에 희생될 수 있습니다.

"부처를 만나면 부처를 죽여라"라는 불교의 경구가 있습니다. 배움과 득도의 길엔 끝이 없다는 말일 것입니다. 인간 범사, 인간 의식은 '완전함의 결여'에서 더 많은 것을 깨칠 수 있습니다. 비슷한 관찰은 서양의 발견, 과학의 발견에도 있어 왔습니다. 무의 요동과 같은 태초 이야기가 그렇고, 아인슈타인의 인간과 과학의 "시각적 환영" 이야기가 그렇습니다. 앎의 영역은 모름을 전제해야 합니다. 인간 만사의 궁극적 실재는 그 '모름의 세계'를 추동합니다.

위에서 말씀드린 트랜스버시티는 논의의 시작을 위한 화두입니다. 주체의 세계관에 따라 변하기 마련인 신뢰 가능성을 트랜스버시티 개념에 담아 볼 수 있다는 선언적 명제입니다. 그러나 열린 공간, 진화하는 기관, 지구적 실천인 트랜스버시티는 신뢰를 둘러싼 편견과 이익으로부터 상대적으로 자유로울 수 있습니다. 부와 권력에 편중된 욕망에서 해방된 자유는 신뢰의 보편세계에 근접할 수 있는 기회를 제공합니다. 트랜스버시티의 시대적 의미가 여기에 있습니다. 신뢰의 중층적 속성을 발견하고, 그 발견을 삶의 긍정, 전환의 힘으로 만들 수 있다는 점에서 트랜스버시티는 그 존재이유를 찾을 수 있습니다.

결론적으로, 신뢰는 인식 주체의 다원적 삶을 수렴하는 변환 의식과 더불어 이해돼야 합니다. 인식의 주체인 인간은 주관과 편견에 좌우될 수 있습니다. 그것을 넘어서야 합니다. 변환 의식과 실천의 장인 트랜스버시티는 그 가능성을 열어 줍니다. '의식적 견제'를 통해 신뢰의 또 다른 내일을 열어 갈 새로운 '창조의 축'으로 기능할 수 있습니다. 경청해 주셔서 감사합니다.

균열의 현대사회, 포월의 정치세계

유엔 제정 세계평화의 날 기념 국제회의에 참석해 주신 국내외 내빈 여러분, 환영합니다. 학술 발표를 위해 이 자리에 참석해 주신 케임브리지대 존 던(John M. Dunn) 교수님, 모라비언칼리지 정화열 교수님, 런던대 스콧 래시(Scott Lash) 교수님, 프린스턴대 존 아이켄베리(G. John Ikenberry) 교수님, 괴팅겐대 발터 리스셰퍼(Walter Reese-Schäfer) 교수님, 홍콩 시립대 장 룽시(Zhang Longxi) 교수님, 일본 쓰쿠바대 다카시 이노구치(Takashi Inoguchi) 교수님, 감사드립니다. 이번 학술회의에서 세계시민사회의 시각을 전해 주실 레나테 블룸(Renate Bloem) 유엔 세계시민사회단체연합 *Co*NGO 의장님, 존 커비(Joan Kirby) 유엔 공보국 집행위원회 위원장님도 자리를 함께하셨습니다. 깊이 감사드립니다.

세계평화의 날 기념 국제 학술회의가 오늘로 25회를 맞습니다. 사반세기 동안 매해 회의를 개최해 왔습니다. '인류사회와 역사문명' '유엔

유엔 제정 세계평화의 날 25주년 기념 학술회의 개회사, 2006년 10월.

과 세계평화' '새로운 시민사회의 길'과 같은 주제를 다뤄 온 이 회의는 이젠 오랜 전통으로 자리 잡았습니다. 지난해에는 '이념 이후의 시대, 21세기 대안문명을 말한다'라는 주제를 다뤘습니다. 올해는 21세기 미래사회의 의제, '새로운 보편' 문제를 다루고자 합니다.

이번 대회 주제는 '21세기 보편의 재발견: 자유와 평등을 넘어서'입니다. 이 주제를 설정하기까지는 많은 분들의 노고가 있었습니다. 지난 2월 기획위원회가 발족했습니다. 국내외 많은 분들이 3~4개월여의 기획 과정에 기꺼이 동참해 주셨습니다. 때로는 논쟁적으로, 또 때에 따라서는 공감과 합의를 이루며 조언과 충고를 교환하셨습니다.

이제 그 결실을 맺을 때입니다. 국내외 학자, 전문가 여러분의 발제와 토론을 통해 21세기 '당대 보편'을 다루고자 합니다. 오늘과 내일 회의에 참석하지 못하는 아쉬움이 남지만, 기획 과정을 함께하며 갖게 된 소회와 견해를 간단히 요약하고자 합니다.

인류사회의 근원적 속성 중 하나는 불확정성의 시대를 살아간다는 것입니다. 현상과 사물, 삶의 영원한 근원을 뒤로한 채 일상을 꾸려 갈 수밖에 없는 것이 우리의 현실입니다. 원인의 원인, 그것의 또 다른 원인이란 인과의 사슬을 거슬러 올라가다 보면 결국 도달하는 곳이 있습니다. 인간 상상의 한계, 이른바 '무(無)의 요동(搖動)'입니다.

과학적 사유와 이성으로 충만한 오늘의 현대사회도 예외가 아닙니다. 불완전성의 사유와 인식에서 자유롭지 않습니다. 현상과 사물, 삶에 관한 개념화를 통해 신념과 법칙, 제도와 규범을 양산해 왔습니다. 하지만 그 시원(始原)에 관한 물음엔 아직 답할 수 없습니다. 의식과 행위의 시원, 혹은 연원은 여전히 모름의 영역입니다. 이것이 인류의 현주소인 셈입니다.

이 '슬픈 현실'과 함께 인류는 앎의 문명, 옳음의 역사를 만들어 왔습니다. 현상과 사물, 삶의 작동 기제에 관한 보편적(객관적) 인과 기제를 끊임없이 찾아 나섰습니다. '차도로 걸으면 위험하고, 인도로 걸으면 안전하다. 돈 벌고 열심히 사는 게 행복의 조건이다. 과학 공법으로 지어진 건물은 편안히 일 보고 잠잘 수 있는 공간이다. 과학기술의 발전이 인류의 풍요와 안위를 보장한다.' 이처럼 확신과 신념에 찬 삶의 양식을 만들어 왔습니다. 그러나 그 양식은 '영원한 모름' 위에 축조된 불확정성의 세계일 뿐입니다.

현상과 사물, 삶에 관한 단선적(單線的) 인과의 설정은 인간 안위의 환영(幻影)을 우리에게 선사합니다. 그러나 그것은 '불완전한 선물'입니다. 제한된 의식세계를 담아낼 수밖에 없는 인간의 개념화는 미완의 세계, 미지의 미래를 포함합니다. '인도도 안전치 않고, 건물도 무너지고, 돈도 일도 행복을 보장할 수 없다. 과학기술의 목적 없는 진보는 인류와 환경, 지구의 재앙을 불러올 수 있다.' 이처럼 현대적 앎과 옳음의 '현상학적 괄호 치기(phenomenological bracketing)'는 인간의 오류 가능성을 가리킵니다. 우리는 오류를 전제할 때만이 현상과 사물의 실태에 근접할 수 있습니다. 궁극적 실재와 보편에 접근할 수 있는 통로를 찾을 수 있습니다.

오류에 대한 또 다른 이해는 이처럼 새 시대를 열어 가는 데 중요한 의미를 갖습니다. 대립과 갈등, 배제와 투쟁으로 점철된 교착의 현대사회. 그 사회는 오류, 또는 진실에 관한 닫힌 인식으로부터 비롯되기 때문입니다. 특히 현실의 교착 상태를 이어 가는 정치를 이해하기 위해서는 오류에 대한 심층적인 이해가 필요합니다.

정치란 해석이 분분하지만 결국 존재의 안위와 행복을 찾아 나서는 과정에 만들어지는 삶의 표현입니다. 그런 점에서 정치는 공유할 수 있는 보편을 만들어 내야 하는 소임을 안고 있습니다. 그러나 현실에서 만나게 되는 정치, 현실정치는 이와 상반된 모습입니다.

현대사회의 한 축을 형성해 온 '좌(左)의 정치'는 정치를 계급관계의 상부구조로 이해합니다. 시장의 직간접적인 영향권에 있는 정치는 자본주의 생산양식의 불안정한 사회관계, 계급 모순이 표출되는 경제의 합목적적 도구로 이해됩니다. 평등사회와 정의사회를 실현하기 위해 자본의 편파적 구정치는 해체의 대상입니다. 그리고 이 과정에 소외 계급의 권익을 제도적으로 보장하는 새 정치가 마련돼야 한다는 것이 좌의 시각입니다.

이에 비해 '우(右)의 정치'는 개인적 삶의 표현과 실현, 그리고 공론의 장에서 벌어지는 승인 투쟁에서 정치의 본질과 희망을 찾습니다. 정치란 욕구와 욕구의 충돌이 공론의 장에 수렴되고 조정되는 과정입니다. 동시에 공익을 위한 합의가 구현되는 제도를 만드는 행위입니다. 자유로운 개인과 최대 다수의 행복은 결국 욕구 충돌의 정치적 순기능을 보존하는 자유민주주의로부터 꽃핀다고 말합니다.

지난 수 세기를 풍미했던 좌우 양 진영의 서로 다른 신념 체계는 오늘의 현실정치를 이해하는 데 유효합니다. 탈냉전과 사회주의 붕괴 후 정치의 의미가 크게 변했지만, 좌우의 긴장 관계는 지구촌 곳곳에서 진행 중입니다. 세계화를 둘러싼 신좌파와 신보수 논쟁. 자유와 경쟁, 평등과 정의에 경도된 사회의 대립. 이 모두 '다름'이 만들어 낸 갈등과 대립, 투쟁의 뿌리 깊은 원인입니다. 현대사회 한편에선 탈이념 시대가 세월의 변화와 함께 운위됩니다. 그러나 21세기 흐름을 주도하는 정치의 근저엔 여전히 좌우 대립의 첨예함이 있습니다. 그 결과 좌와 우, 보수와 진보의 대립은 내용상 차이에도 균열의 현대사회를 재생산해 냅니다. 좌의 입장에선 우의 정치는 자본과 기성 권력을 위해 존재합니다. 우의 입장에선 진보세력의 저항 정치는 사회 안정을 해치는 투쟁과 각축의 정치일 뿐입니다.

양극을 치닫는 이런 논리의 귀결은 명백합니다. '자신의 관점에선 타인이 틀리고, 타인의 관점에선 내가 틀릴 수밖에 없다'는 양분적 보편입니다. 그리고 그 보편이 불안정한 현대사회의 기저에 편만하게 존재한다는 점입니다. 그러나 옳고 그름, 맞고 틀림의 결정론과 함께 펼쳐지는 좌우의 정치는 논리적으로나 현실적으로 성립될 수 없습니다.

논리적으로는 오직 하나의 보편만이 있거나 아니면 무수한 보편이 있어야 합니다. 하나의 보편이란 그 존재 가능성에도 불구하고, 아직 우리가 알 수 있는 영역이 아닙니다. 미지의 세계입니다. 종교적 신념과 확신을 배제할 때 더 그렇습니다. 하나의 보편을 말하는 사람이 그 끝을 보았다면 그 사람은 더 이상 '불완전한 인간'이 아닙니다. 신의 경지에 오른 사람입니다.

현실적인 차원에선 보편의 실재를 누군가가 경험했다면 그것은 이미 현실 너머의 세계입니다. 현실은 개념 속에, 인위적 의식 위에 그려진 인간의 상상일 수 있습니다. 보편적 현실 혹은 궁극적 실재는 영원한 초월의 의식이 추구하는 미지의 영역입니다. 이런 점에서 보편세계는 무한과 모름의 가능성을 열어 놓아야 합니다. 인위적으로 설정된 인식의 소통 지대를 찾아 나서야 합니다. 그럴 때만이 보편세계로의 접근이 의미를 갖습니다.

최근 보편 간 소통과 대화를 찾아 나서려는 움직임이 일고 있습니다. 학술 영역을 넘어 현실세계에서도 폭넓게 자리 잡고 있습니다. 톨레랑스(tolerance)와 열린 사회, 다양성과 지구시민사회, 우리가 알고 있듯이 지난 세기 말부터 확산되고 있는 열린 사회 담론의 지향입니다. 횡적 보편(transversality)과 다중 보편(multiversality)에 대한 학문적 성찰도 새 세기, 새천년에 접어들어 더욱 확산되고 있습니다. 이와 같은 추세는 인간의 보편세계로의 끝없는 여정에, 미완의 보편, 차이의 미학에 기대를 걸어 보자는 새로운 의식의 표현으로 보입니다.

이 점에서 우리는 '회색 지대(gray area)'에 주목할 필요가 있습니다. '포월(包越, transcendental engagement)'이란 개념도 중요해집니다. 회색 지대란 '이도 저도 아닌 기회주의'가 아닙니다. 앎과 모름의 중간 지대, 일봉양단

(一棒兩端)과도 같은 옳고 그름의 소통 지대입니다. 현상과 사물을 포착하는 개념 범주에 포획되지 않은 창조의 여백이기도 합니다. 모두에 언급한 '무의 요동'의 시사점은 이 회색 지대, 열린 추상과 보편의 새로운 인식이 중요해진다는 것입니다. 현대사회에 만연한 단선적 인과의 사슬. 그 사슬을 풀어 주는 상상의 여백인 회색 지대가 '구원의 공간'으로 작용할 수 있다는 것입니다. 포월의 정치 구상은 이 공간 속에 현대사회, 현실정치에 착근된 절대지(絶對知)의 폐쇄회로를 거둬 내는 대안적 사유입니다. 끊임없이 넘어서고 벗어나고 포괄하는 성찰적 창조를 통해 보편 간 소통, 창조적 보편에의 접근을 시도합니다. 성찰적 창조와 함께, 변화의 새로운 가능성을 담아 줄 '변형적(transformative) 제도와 구조'를 창조하는 것. 그것이 정치의 또 다른 가능성을 모색하는 포월의 세계입니다.

균열의 현대사회가 더 나은 미래사회로 진입하려면 폐쇄적이고 배타적인 힘과 수, 절대의 횡포는 줄어들어야 합니다. 반면 소통과 합의의 열린 보편에 관한 논의는 더 활기를 띠어야 합니다. 이 염원과 함께 인사말을 줄입니다. 이번 회의가 현대사회가 안고 있는 자유와 평등의 배타적 보편에 대한 깊이 있는 성찰의 계기가 됐으면 합니다. 21세기 당대 보편을 열어 갈 새로운 담론의 장이 되길 기원합니다.

수렴의 미래대학:
기초와 실용, 공익과 사익

좋은 아침입니다. 우드로윌슨센터(Woodrow Wilson Center)에서 뜻깊은 시간을 갖게 됐습니다. 큰 영광으로 생각합니다.

오늘 '대학의 미래'를 숙의하기 위해 함께 모였습니다. 이 주제는 우리 모두의 큰 관심사입니다. '현대'라는 시대의 끝자락에서 대학과 사회, 인류의 미래를 마주한 지식인들의 공통 관심사이기도 할 것입니다. 그러나 물론 이 관심사는 새로운 것이 아닙니다. 중세 이탈리아 볼로냐에서, 그 외 유서 깊은 유럽 도시에서, 학술기관의 소명과 역할은 진리 탐구를 위한 많은 이들의 관심을 불러일으켰습니다. 동양에서도 비슷한 시기에 그런 고민이 탄생했습니다. 배움의 터전을 구상한 중국의 서원에서, 일본 승원에서 그 흔적을 찾을 수 있습니다. 한국의 서당과 향교에서도 배움과 지식의 깊이에 대한 관심이 학술기관의 원형을 만들었

우드로윌슨센터 국제 포럼 'The Future of University' 환영사, 2010년 6월, 워싱턴 D.C. 우드로윌슨센터.

습니다.

'진리 탐구와 가치 창조.' 동서양을 막론해 옛 교육기관들이 공히 추구하던 열정의 소산일 것입니다. 인간의 길, 세상의 길을 위한 더 나은 지식을 찾아 지식인들은 학문의 무한한 가능성을 탐색했습니다. 그 열린 가능성을 향한 열정을 키워 왔습니다. 현대라는 시기에 대학에 붙여진 '상아탑'이란 별칭은 이런 유서 깊은 노력의 연장선상에 서 있을 것입니다.

그러나 이 별칭은 긍정적인 의미에서만 사용되는 것은 아닙니다. 개념을 만든 생트뵈브(Charles A. Sainte-Beuve)의 말처럼, '학문을 위한 학문' '순수학문'을 탐구해 온 대학은 때로는 '불명예'를 얻기도 했습니다. '현실과의 괴리 혹은 결별'이라는 저평가를 받기도 했습니다. 대학에서 추구하는 진리와 가치가 학문적으로만 존재하고 현실과 유리된 채 존재한다면, 대학은 '고립'의 길을 걸을 수밖에 없다는 것입니다. 이것이 오늘날 일반인의 인식이기도 한 것 같습니다.

대학과 학술기관의 이런 '부담'은 부분적으로 현실세계와의 소통이 점증하면서 다소 해소됐습니다. 실용학문의 대두는 상아탑의 사회적 기능을 강화했습니다. 지구촌 곳곳에 존재하는 여러 형태의 산업대학, 전문대학, 그리고 일반 종합대학의 실용적 교육과정까지 지식과 학문의 현실적 측면이 확장됐습니다. 그러나 이런 경향이 확대되면서 대학 본연의 의미가 퇴색했다는 우려도 깊어지고 있습니다. 특히 요즘과 같이 시장과 산업, 소비와 생산의 지구화가 빠른 추세로 늘어나면서, 학문의 순수성을 지키려는 대학은 어려움을 겪고 있습니다. '풀기 힘든 대학인의 고민'은 계속되고 있습니다.

지구촌 도처에서 인문학의 위기가 회자된 지는 꽤 오래됐습니다. 철학이 캠퍼스에서 점차 사라지고 있습니다. 미학, 신학, 인류학과 같은 학문에 새로운 생명력을 불어넣으려는 대학도 그리 많아 보이지 않습니다. 이과 계열의 기초학문, 심지어 경제학, 사회학, 정치학과 같은 순수사회과학의 위기도 폭넓게 회자되고 있는 것이 현실입니다. 특히 근대화, 지구화의 도정을 숨 가쁘게 달려온 한국 사회에선 이런 경향이 더 두드러집니다. 순수학문을 전공하는 교수가 제자에게 "진리 탐구를 위해 온 힘을 바치라"고 자신 있게 말하기가 힘든 것이 대학사회의 현실입니다.

얼마 전 한 대학생이 이런 현실을 개탄하며 자퇴를 결정했다는 보도가 있었습니다. 한창 꿈을 키워 가는 3학년 학생입니다. 거의 모든 언론매체가 이 사실을 보도했습니다. 비록 한 학생의 예지만, 말 그대로 그 학생만의 이야기는 아닙니다. 저 역시 교수 시절 이와 비슷한 경험을 했습니다. 젊은 학생들의 '절규'를 많이 접했습니다. 강의실에서 학문을 위한 사상과 철학, 이론을 많이 접하지만, 당장 취업을 준비해야 하는 학생들로선 역부족이라는 답답한 심경 토로였습니다. 대학에 몸담고 있는 사람으로서 안타까운 마음을 금할 수 없었습니다.

이 상황은 명백한 현대 대학의 위기로 보입니다. 이중 위험(double jeopardy)으로 다가섭니다.

순수학문은 나름의 가치를 지닙니다. 대학이 존재하는 한 우리는 무한한 상상의 길, 창조의 길을 열어 가야 합니다. 그러나 현실적 함의를 외면하는 학문은 학문적 상상력에 그칩니다. 사회는 이를 원치 않습니다. 시장과 산업, 또 경제성장을 구가해 민심을 얻으려는 정치는 더 그렇습니다. 특히 지구화가 확산되고 있는 지금, 순수학문은 점차 설 자리를 잃어 가고 있습니다.

실용학문은 이 점에 주목합니다. 학문의 현실적 유용성을 중시합니다. 그러나 실용학문도 학문입니다. 그런 이상, 학문적 상상력과 순수성에 기초하지 않으면 학문으로서의 가치를 잃게 됩니다. 학문적 사유는 현실에서만 비롯되지 않습니다. 현실을 바라보는 인간 인식의 심연에서 그 뿌리를 찾을 수 있습니다. '보이지 않고, 만질 수 없는' 무한한 인간의 정신세계, 그 세계가 학문적, 현실적 상상력의 저변을 이룹니다.

몇 달 전 기사 하나를 읽었습니다. 펜실베이니아대학 워튼스쿨(Wharton School)을 비롯한 유수 대학 비즈니스 스쿨들이 앞으로 MBA 커리큘럼에 인문학을 넣겠다는 내용이었습니다. 기업의 발전도, 개인의 발전도 결국 인간을 이해해야 합니다. 바른 상거래를 하기 위해, 상품을 제조하기 위해, 인간의 가치와 심리, 윤리에 무게를 싣지 않는 기업은 결국 인간과 사회, 자연에 치명적인 결과를 초래할 수 있기 때문일 것입니다. 또 다른 차원에서 사람에 대한 이해를 전제하지 않는 경영학은 사람이 사용하는 제품의 경쟁력을 약화시킬 수 있기 때문이기도 할 것입니다.

최근 한국에선 기업인들 사이에서 'CEO 인문학 강좌'가 인기를 끌고 있습니다. 자신과 기업의 내일을 위해 셰익스피어와 사르트르를 읽는다고 합니다. 공자와 한국의 철학자 정약용을 공부한다고 합니다. 말씀드린 두 가지 이유 중 어떤 것인지는 모르지만, 바람직한 방향이라고 생각합니다.

그러나 물론 이와 반대되는 경향도 있습니다. 인문학의 위기가 심각하게 논의되고 있는 한국 사회의 인문학계에서는 순수학문에 대한 자성의 목소리가 일고 있습니다. 위기와 함께 인문학의 새 길을 개척해야 한다는 주장이 나옵니다. "스토리텔링이 상업적 중요성을 갖는다" "미학적 사유가 현실의 어려움을 극복하게 해 준다"는 목소리입니다.

신과 주술, 전통으로부터의 해방을 누리며 활기를 찾은 순수학문. 순수학문의 비현실성을 지적하며 성장한 실용학문. 두 학문의 긴장 관계는 짧지 않은 역사를 갖고 있습니다. 넘어서기 쉽지 않은 장벽을 안고 있습니다. 그러나 순수와 실용의 장벽은 대학사회가 풀어 가야 할 핵심 과제 중 하나입니다. 더 나은 대학의 미래를 위해 넘어야 할 장애물입니다.

학문은 그것이 순수든 실용이든 사람을 위해 존재합니다. '사람의, 사람에 의한, 사람을 위한' 지식 추구가 학문의 궁극적 존재이유일 것입니다. 이 수사가 의미를 갖는다면 학문은 사람 자신과 사람을 둘러싼 세계, 양자 간의 관계를 천착해야 합니다. 지속 가능한 사람과 세상을 위해 존재해야 할 것입니다.

대학의 미래와 관련해 이 말이 뜻하는 것은 크게 두 가지로 보입니다. 하나는 순수학문과 실용학문의 적극적 소통입니다. 그 이유는 부족하지만 앞서 말씀드린 바 있습니다. 또 다른 의미는 대학사회, 미래사회가 안고 있는 '존재의 가능성'에 관한 것입니다. 대학은 사회에 기반을 두고 있습니다. 사회는 나라 안 사회와 나라 밖 사회로 나뉠 수 있지만, 세계화의 파고는 이 구분을 불가능하게 합니다. '상호 의존, 상호 연결의 세계'에 우리는 이미 발을 들여놨습니다. '나비의 날갯짓과 폭풍우' 예를 새삼 언급할 이유도 없을 것입니다. 부분과 부분, 부분과 전체의 경계는 빠르게 사라지고 있습니다. 21세기 우리 사회와 지구상엔 풀어야 할 과제가 많습니다. 빈곤과 기아, 인권과 안위, 질병과 감염, 환경과 기후변화, 자원 고갈…. 지구촌 인류사회가 지혜를 모아야 할 부분이 많습니다. 사익과 공익의 경계를 넘나들며 함께 일궈야 할 미래가 우리를 기다리고 있습니다. 미래대학은 바로 이 점에 주목해야 합니다. 적극적인 시선을 줘야 할 것입니다.

졸업식사를 할 때마다 항상 긴장감을 느낍니다. 부분적으로는 앞서 말씀드린 이유에서입니다. 좀 부연하면 이렇습니다.

사람은 누구나 이익을 좇는 존재입니다. 사회에 성공적으로 적응해야 합니다. 성공과 출세, 재화와 권력을 좇는 것이 사람과 사회의 원초적 모습일지 모릅니다. 그러나 사익만을 좇다 보면 내 존재, 우리 존재의 기반이 취약해집니다. 갈등이 생기고, 자연이 파괴됩니다. 개개인의 안위도 위태로워집니다. 공익을 위한 헌신적 노력이 그 어느 때보다 절실한 때가 지금 우리가 살고 있는 이 시대가 아닌가 합니다. 사람을 위해 존재하는 대학은 항상 이 긴장 관계를 조화롭게 풀어 가야 할 소명을 안고 있습니다. 사익과 공익의 긴장 관계를 사회와 인류를 위해 다뤄 가야 할 것입니다. 훔볼트의 말처럼 대학은 "인류의 문화"를 진작시키는 곳입니다. 그 문화세계를 순수학문과 실용학문의 결합을 통해, 공익과 사익의 창조적 결합을 통해 이뤄 내야 하는 것이 대학, 특히 미래대학의 소명이 아닐까 합니다.

현대문명은 많은 것을 가능케 했습니다. 특히 지난 수십 년간의 노력 끝에 인류는 지구사회를 연결하는 사이버 네트워크를 만들어 냈습니다. 지구촌 대학사회의 온·오프라인 소통과 협력을 통해 미래대학의 새 전범을 만들 수 있지 않을까 합니다.

오늘 자리를 함께해 주신 모든 분들의 지혜와 토론을 통해 미래대학의 더 나은 내일이 열리길 기원합니다.

시민적 가치를 위해

졸업생 여러분, 축하합니다.

지난 8월 마이클 샌델 교수의 강연이 이곳 평화의 전당에서 있었습니다. '정의란 무엇인가'에 관한 강연이었습니다. 딱딱한 주제입니다. 그런데 성황을 이뤘다고 합니다. 평화의 전당 4,000여 석이 꽉 찼다고 합니다. 우리 재학생을 비롯해 전국에서 많은 청중이 자리를 함께했습니다. 특강 전후로 샌델 교수의 책은 70만 부가 훌쩍 넘는 경이로운 출판 부수를 기록했다고 합니다.

왜 이런 현상이 있었을까? 오늘 함께 나누고자 하는 이야기는 이 물음에 대한 답이 아닙니다. '정의' 그 자체에 관한 것도 아닙니다. 정의로운 선택 혹은 더 나은 삶에 관한 사회의 관심 고조와 함께, 이제 막 사회로 진출하는 여러분과 함께 생각해 봤으면 하는 주제입니다. '시민적 가

2010학년도 학위수여식 졸업식사, 2011년 2월.

치'에 관한 이야기입니다.

극작가로, 정치인으로 체코 민주화를 이끈 바츨라프 하벨 전 대통령이 이런 요지의 말을 했습니다. '현대문명의 눈부신 성취와 함께 우리는 그 어느 때보다 편익해졌습니다. 그러나 바로 그 편익함 속에 현대의 문제가 있습니다. 다양한 주장과 쟁점이 교차하는 가운데, 우리는 무엇을 해야 할지, 어디로 가야 할지, 가치의 혼란을 겪고 있습니다.' 드루 파우스트 하버드대학교 총장도 유사한 이야기를 합니다. '요즘처럼 지식정보가 폭주하는 세상에선 사물과 현상의 의미를 해석하는 역량이 중요합니다. 그런데 요즘 젊은이들은 휴대전화와 아이폰, 아이패드에 매달리며 정보 수집에 많은 시간을 보냅니다. 그러나 그 정보의 의미를 해석하는 일엔 충분한 시간을 할애하지 않는 것 같습니다.'

'문명의 풍요가 함께하는 시대.' '지식정보가 넘쳐 나는 시대.' 그러면서도 '가치의 혼란과 깊이 있는 삶의 해석이 결여된 시대.' 이것이 우리가 사는 이 시대의 자화상이라고 지성들은 말합니다.

여러분은 이 시대를 어떻게 준비해 오셨는지요? 학문의 전당인 대학에 입학했을 때, 크고 작은 꿈을 키우셨으리라 생각합니다. 더 나은 나, 더 나은 세상을 위한 진리와 가치 탐색에 많은 관심을 두셨을 겁니다. 그러나 막상 대학 생활이 시작되면서는 어떠셨는지요? 그 꿈과 희망을 이어 가기가 결코 쉬운 일이 아니라는 것을 느끼셨을지 모르겠습니다. 이상과 현실의 괴리를 체험하기도 하고, 현실의 제약 속에서 꿈과 희망을 사회 진출 후로 미룬 분도 있을 것입니다. 여러분 선배들도 아마 비슷하지 않았나 합니다. 취업과 현실의 절박함 속에서 그런 경험을 했으리라 생각됩니다.

근래 들어 사회적 삶은 더 각박한 양상을 띠고 있습니다. 대학은 이 과정에서 더 많은 것을 요청받고 있습니다. 대학은 '사회가 필요로 하는 지식을 전수해야 한다.' '당장 활용할 지식을 가르쳐야 한다.' '경쟁력 있는 인재를 키워 내야 한다.' '외국어에 능통한 세계인을 길러 내고, 나라 경제에 도움이 되는 교육을 해야 한다.' 부분적인 예지만, 이런 요청은 시장의 세계화가 나날이 심화되면서 시대의 대세로 자리 잡고 있는 것 같습니다.

대학이 이처럼 개인과 나라 경제의 성취에 더 힘써 달라는 주문은 어찌 보면 당연한 일입니다. 대학도 사회기관입니다. 사회기관은 이 문제에 직간접적인 책임의식을 가져야 합니다. 그러나 이에 대한 과도한 주문은 자칫 대학을 경쟁력 강화의 단순한 도구로 전락시킬 수 있습니다. 대학의 본령을 훼손할 수 있습니다.

대학은 학술기관입니다. 학술기관의 처음과 끝은 학술입니다. 학술 역량을 심화하고, 긴 호흡으로 미래를 바라봐야 합니다. 개인과 나라의 경쟁력 외에도, 대학은 인류의 역사와 문명 창조를 위한 교육을 제공해야 합니다. 시대의 가치, 시민의 가치, 상상과 창조의 무궁한 세계를 탐색하면서 학문세계로의 끝없는 여정을 이어 가야 합니다. 긴 호흡으로 개인과 사회, 문명과 세계의 미래를 깊이 성찰하는 것이 대학의 근간입니다.

이처럼 교차하는 인식 속에서 대학은 지금 전환기를 맞고 있습니다. '성공적인 개인과 사회의 탄생.' '사람과 세계에 대한 진리와 가치 탐색.' 어디에 비중을 둬야 할지, 기로에 서 있습니다. 여러분이 겪었을 꿈과 현실 사이의 괴리는 바로 이 상황과 무관해 보이지 않습니다. 이 시대에 범람하는 양분적 인식과 맞닿아 있습니다. 결과는 대학사회의 혼란입니다. 여러분의 방황입니다. 인식 차이의 골은 그래서 깊어만 갑니다.

그러나 배타적으로 보이는 이 두 인식 사이엔 반드시 차이와 충돌만 있는 것은 아닙니다. 보는 각도에 따라 달라집니다. '소통의 여백'이 있을 수 있습니다. 어찌 보면 바로 이 여백에서 공감과 합의를 도출하는 것이 이 시대 대학의 책무가 아닌가 합니다. 성공적인 개인과 나라 경제의 탄생을 원한다고 해서 진리 탐색에 기초한 시민의 가치를 저버릴 이유가 없습니다. 시민의 가치를 추구한다고 해서 개인과 경제의 성취를 배타적으로 바라봐야 할 이유도 없습니다.

얼마 전 마이크로소프트사 빌 게이츠 회장이 하버드대학에서 명예학위를 받았다고 합니다. 그 자리에서 이런 요지의 발언을 했습니다. '학창시절엔 큰 시야를 갖지 못했습니다. 치열하게 삶의 의미를 고민할 수 없었습니다. … 우리는 세상의 가장 큰 문제들을 위해, 세상에서 가장 아름다운 마음을 가져야 합니다(bring the world's best minds to the world's biggest problems). … 대학 교육은 이 문제에 더 많은 관심을 기울여야 합니다.'

우리가 게이츠 회장에 관심을 두는 이유는 그가 세계적인 부호이기 때문일 수 있습니다. 그러나 그것이 전부는 아닐 것입니다. 게이츠 회장이 개인의 성공과 경제적 성취만을 위해 평생을 바쳐 왔다면, 지금처럼 세간의 주목을 받았을까요? 세상이 주목하는 것은 그가 갖고 있는 문제의식이 아닐까 합니다. '지구시민의 안목에서 세상을 바라보는 눈.' '인류가 함께 풀어 가야 할 인도적 가치.' 이것이 게이츠 회장을 주목하는 이유일 것입니다. 그리고 이 점은 앞서 말씀드린 두 가치 간의 간극이 생각 여하에 따라 달라질 수 있다는 점을 시사해 줍니다.

여러분이 배움의 과정에서 위와 같은 문제로 고민하고 방황했다면, 그 시간은 결코 낭비가 아닙니다. 사익과 공익의 조화로운 결합을 위해 준비해 왔던 셈입니다. 더 큰 울림의 세계를 향해 암중모색하는 시간이었을 것입니다. 두 가치의 호환성에 대한 믿음을 갖는다면, 여러분의 미래는 자신에서 타인으로, 세계로, 지구로 열리게 됩니다.

지난해 10월 후마니타스칼리지 출범식이 있었습니다. 서울과 국제, 양 캠퍼스 교양과정을 통합한 교양교육 총괄 기구가 탄생했습니다. 더 나은 인간, 더 나은 세계를 지향하는 경희의 가치를 전공교육의 근간으로 삼고자 했습니다. 나 자신의 삶과 성공을 치열하게 고민하면서도, 확장된 자의식, 더 큰 삶의 가능성을 열고자 했습니다. 그것이 후마니타스칼리지의 설립 정신입니다.

출범 초기엔 논쟁도 있었습니다. 인간과 세계, 문명을 탐색하는 교양교육이 전공교육과 배치되는 것은 아닌지 우려가 있었습니다. 그러나 앞서 말씀드렸듯이 틀 지어진 고정관념은 기우입니다. 두 교육체계는 상충하지 않습니다. 진리와 시민 가치에 대한 교육은 삶을 풍요롭게 하는 상상과 창조의 원천입니다. 상상과 창조의 세계는 인간과 문명의 무한한 가능성을 열어 줍니다. 이에 비해 전공교육은 특정 분야를 깊이 있게 다루는 지식을 가르칩니다. 그 지식을 기반으로 개인의 성취, 사회 발전, 나라의 번영에 이바지할 수 있습니다. 그리고 전공 지식의 지적 기반을 풍요롭게 하는 데는, 최근 우리 사회 인문학 열풍이 보여 주듯이, 기초교양 교육이 기여할 수 있습니다.

여러분의 모교 경희는 61년의 역사와 전통을 쌓아 왔습니다. 그 역사와 전통의 핵심엔 인간과 자연, 문명에 대한 도전의식이 있습니다. 영원한 열림이 거듭나는 인간 의식과 함께 경희는 풍요와 가치, 성취와 보람의 미래향(未來鄕)을 꿈꿔 왔습니다. '기초·교양 학문과 전공·실용 학문의 조화로운 만남을 주선하는 것.' 더 나은 대학의 미래, 인류의 미래를 꿈꿔 온 경희의 문화세계입니다.

현대를 살아가는 우리는 개인과 사회의 시급한 문제를 늘 목전에 두고 있습니다. 시급한 과제를 풀어내는 일은 모든 사람의 큰 관심사입니다. 그러나 눈앞의 현실적 과제에만 집중하다 보면, 삶의 근본 문제는 뒷전으로 물러나게 됩니다. 나와 타자, 세상을 위한 장기적 안목. 더 나은 공동체를 위한 인간적 번민. 이런 일들은 나 외의 누군가가 풀어 가야 할 과제로 남게 됩니다. 그렇게 될 경우 우리는 더 나은 미래를 말할 수 없습니다. 더 나은 인간의 가치, 시민의 가치를 상실한 채, 철학 부재의 '수동적 공동체'와 마주하게 될 뿐입니다.

졸업생 여러분. 삶은 선택입니다. 그 선택에 '어떤 나'를 포함시킬지는 여러분의 몫입니다. 그 몫의 성찰과 함께 여러분의 개인적 성취, 사회적 성취, 인간적 보람이 꽃피길 바랍니다. '정의란 무엇인가'에 유례없는 관심이 표출된 우리 사회를 생각하면서, '미래의 설계자'를 자처하시기 바랍니다. 새로운 시민의 가치. 그 인식과 실천의 세계가 여러분을 기다리고 있습니다.

전통과 상상

올해로 세 번째 목련회의입니다. 올해도 예년처럼 목련회의가 '배려와 존중' '소통과 화합'의 대학 문화를 열어 가는 데 기여했으면 합니다.

지난 9월 뉴욕에 다녀왔습니다. 유엔 본부에서 개최된 세계평화의 날 30주년을 기념하는 회의에 참석했습니다. 특별한 감회를 남긴 회의였습니다. "평화에 또 다른 기회를(Give Peace Another Chance)"이란 주제로 열린 회의 환영사에서 반기문 유엔 사무총장은 이런 발언을 했습니다.

> '인류는 그 어느 때보다도 복잡한 현실을 마주하고 있습니다.' '아주 힘든 인류의 난제와 직면하고 있습니다.'

인류의 난제는 평화 문제를 비롯해 기아와 빈곤, 인권, 환경, 기후변화와 같은 인류 공동의 의제를 포함합니다. 문제해결을 위해 사무총장께

Magnolia 2011 인사말, 2011년 12월.

서는 세계 고등교육기관의 새로운 역할을 강조했습니다. 대학 현장에 있는 분들이 적극 나서 줄 것을 호소했습니다.

그날 회의는 "고등교육과 인간 존엄"의 문제를 다뤘습니다. 열띤 토론이 있었습니다. 회의 말미는 합창으로 마무리됐습니다. 존 레논의 'Imagine'을 함께 불렀습니다.

뉴욕과 이곳 평화의 전당을 실시간 연결한 화면을 통해 보신 분도 계시겠지만, 우리가 함께 부른 이 곡은 저도 젊은 시절 좋아했던 노래입니다. 노랫말의 이런 부분이 아직도 기억에 남아 있습니다.

> '모든 사람들이 평화의 품에서 숨 쉰다고 상상해 보세요.' '그러면 세상은 하나가 될 겁니다.' '나를 몽상가라 하겠지만, 나만 이런 꿈을 꾸는 게 아닙니다.'

'나라와 신념' '종교와 문화'의 차이와 왜곡을 넘어서고 싶어 했던 존 레논의 'Imagine'은 곡 발표 후 수십 년이 지난 지금까지도 많은 이들의 사랑을 받고 있습니다. 반전, 반핵 가수인 그가 말하는 "평화와 사랑 그리고 진실"이 시대를 초월해 여전히 울림을 줍니다.

오늘 제가 유엔 회의 에피소드를 이야기한 것은 단지 제게 감동을 주었기 때문만은 아닙니다. 또 다른 이유도 있습니다. 반 총장님의 호소나 합창곡이 지난 60여 년 이어 온 경희의 오랜 전통과 관련이 있기 때문입니다.

경희의 전통은 "학문과 평화"입니다. 학술기관으로, 무엇보다 학문적 탁월성을 존중해 왔습니다. 깊고 넓은 학술 활동을 통해 학문세계의 미래를 열어 왔습니다. 앞으로도 그 전통은 더 큰 활기를 띠어야 할 것입니다.

경희는 이와 함께 또 다른 전통을 만들어 왔습니다. 학문과 인류의 드넓은 미래를 위해 평화로운 미래사회를 지향해 왔습니다. 대학의 학문적 소임을 다하되, 그 소임이 인류의 미래, 평화의 미래, 문명의 미래로 이어질 수 있도록 노력하자는 것이 경희의 학풍입니다. 교가는 그래서 "온오한 학술 연구"를 노래합니다. 그것을 현실로 전환해 내는 실천 의지, "인류 위해 일하고, 평화 위해 싸우세"를 힘주어 호소합니다.

2차 대전과 한국전쟁의 와중에 출범한 경희. 그 후 분단과 산업화, 민주화, 세계화의 도정을 함께해 온 경희. 경희는 사회의 현실로부터, 인류의 현실과 유리된 대학을 모색하지 않았습니다. 진리 탐구에 진력하면서 학문의 실천적 함의를 모색했습니다. 인류사, 문명사에 기여하는 학술 공동체의 의미를 되새겼습니다.

어떤 분은 "대학이 왜?"라는 질문을 던질 수 있습니다. 상기해야 할 지점이 있습니다. '진리 탐구'를 지향하는 대학은 '평화 없는 세상'에 존재하기 힘들고, '학문세계의 공적 실천' 없이는 그 존재이유가 왜소해질 수밖에 없다는 점입니다.

최근 들어 해외 대학들은 대학사회의 공적 책무의 중요성을 새삼 확인

합니다. 시카고대학은 '도움의 손길 캠페인(Giving to Help Campaign)'을 운영하고 있습니다. 사회의 뿌리 깊은 난제와 지구사회의 구조적 현안을 풀어 가기 위해서입니다. 펜실베이니아대학은 "통합 지식"과 "지구사회 참여"를 대학 운영 기조로 설정했습니다. 교육과 연구의 실천적 결실을 도모하고 있습니다. 하버드대학도 지난해를 "공공 봉사의 해(The Year of Public Service)"로 선포했습니다. 인류를 위한 "큰 생각"을 촉구하고, 특별위원회를 만들어 인류의 난제 해소를 위한 다양한 사업을 전개하고 있습니다. 최근 이 대학이 개도국 보건 증진을 위해 설립한 세계보건연구원(Global Health Institute)과 기후변화에 대처하는 교육·연구 증진이 그런 노력의 일환으로 보입니다.

사람들은 세계의 명문대학을 부러워합니다. 학술기관으로 마땅히 견지해야 할 학문적 역량이 탁월하기 때문일 것입니다. 그러나 시대의 변화를 선도하는 대학은 이를 넘어서고자 합니다. 진리 추구, 학문 심화란 전통적 기능과 함께 사회에, 인류에 기여하는 공적 실천을 적극 도모하고 있습니다.

지난 60여 년 경희가 펼쳐 온 공적 활동은 그런 취지의 연장선상에 서 있습니다. 대학의 사회적 책임, 지구적 소임을 다하기 위해 많은 노력을 기울여 왔습니다. 개교 이래 펼쳐 온 농촌봉사운동과 자연보호운동. 밝은사회운동과 세계평화운동. 소외된 분들을 위한 실천인문학과 의료봉사 활동. 국제기구, 세계시민사회와의 교류협력. 이와 같은 활동을 통해 교육·연구·실천의 사회적 의미, 문명사적 함의를 찾아 나섰습니다.

경희는 지금 이 전통 위에 또 다른 미래를 설계하고 있습니다. 21세기 새로운 명문의 조건을 찾아 나섭니다. 지난 8월 교무위원연찬회가 있었습니다. "대전환"을 주제로 경희가 열어 가야 할 미래를 논의했습니다. 지난 경험을 근간으로 미래를 위해 무엇을 준비해야 할지 토론했습니다. 오늘 발표된 발전 계획 'Global Eminence 2020'과 '미래협약'도 그런 문제의식을 담고 있습니다. 때로는 구성원 간 의견 차이가 있었다고 합니다. 때에 따라선 그 차이를 극복하는 기쁨도 느꼈다고 합니다. 이 과정을 거쳐 경희는 지금 새로운 대학의 미래를 향한 발걸음을 재촉하고 있습니다.

저 역시 꿈을 키워 가고 있습니다. 대학다운 미래대학 건설을 위한 상상의 나래를 펼치고 있습니다. '학생들이 전환의 시대를 맞아 무엇을 더 준비해야 할 것인가?' '내면 의식의 오류와 확장 가능성을 성찰할 수 있는 길은 무엇일까?' '자신과 사회, 세계와의 관계 설정에 도움이 되는 교육·학습의 토대는 무엇인가?' '전환의 시대가 대학 행정에 주는 의미는 무엇일까?' 이런저런 질문을 상상하면서 답을 모색하고 있습니다.

치열한 경쟁사회를 준비해야 하는 학생들의 입장에선 이런 물음들은 사실 사치로 비춰질 수 있습니다. 직업과 경력을 최우선 가치로 삼는 것이 '시대의 규범 아닌 규범'으로 자리 잡고 있기 때문입니다. 또 다른 차원에서, 대학이 처한 현실도 이와 크게 다르지 않습니다. 대학가는 지금 산학협력, 연구비 수주, 논문 수, 취업률과 같은 획일화된 지표로 평가받고 있습니다. 긴 호흡으로 미래를 준비하는 교육, 기초를 강화하는 학술 연구, 사회와 인류의 지속 가능한 미래를 위한 대학의 공적 실천은 성장과 팽창 이념에 경도된 국가와 사회, 언론으로부터 멀어져 가고 있습니다.

현실은 물론 현실입니다. 시대의 발전 추세는 대학에 반영돼야 합니다. 그러나 지금까지 그랬듯이, 우리는 동시에 이 제약을 넘어서야 합니다. 세태를 반영해 대학의 현실적 필요를 충족하되, 인간과 사회, 세계의 더 나은 미래를 위한 노력을 아끼지 말아야 합니다. 인간과 사회와 문명의 지속 가능성을 위한 대학(大學), 큰 학문과 배움의 과업은 포기할 수 없는 대학의 근본 가치입니다. 그 소명의식과 함께 우리는 이제 무엇을 어떻게 더 할 것인지 묻고 또 물어야 합니다. 대학의 현실적 한계를 성찰하고, 도래할 미래를 예찰하면서 지금 대학에 주어진 위기를 극복해야 합니다. 개인과 사회와 국가의 단기 이익에 경도된 대학의 현실. 그 현실을 넘어서는 일은 전환의 시대에 주어진 대학의 책무일 것입니다.

바라건대, 우리가 땀 흘려 만든 'Global Eminence 2020'과 '미래협약'이 그런 도전의 발판이 됐으면 합니다. 역사 발전의 주역을 자처해 대학다운 미래대학, 21세기 새로운 명문의 조건을 함께 열었으면 합니다.

1994년, 설립자의 명상시 '눈을 들어 하늘을 보라, 땅을 보라'는 이런 말을 남겼습니다.

끝없는 저 하늘
하늘 뒤에 하늘이
그 뒤에 또 아득한 하늘이 이어진다. …
내가 누구이길래
어떻게 여기에 존재하며
어디서 왔다 어디로 가고 있는가?
눈을 들어 하늘을 보라, 땅을 보라! …

2007년, 하버드대학교 파우스트 총장은 취임사에서 이렇게 강조합니다.

> 대학에서 우리는 학문을 통해 삶의 의미가 무엇인지 찾고 있습니다. 우리는 자신이 누구인지 알기 위해 노력합니다. 우리는 어디서 왔고, 어디로 가고 있는지, 왜 가는지 알고자 합니다.

서로 다른 역사적 배경에서 나온 이 두 문구는 그 차이에도 불구하고 유사한 여운을 남깁니다. 우리의 미래를 위한 인간의 길, 대학의 길을 향한 관조와 성찰을 청합니다.

인간의 길, 대학의 길, 인류문명의 길. 그 길을 모색하는 "대학다운 미래대학의 길." 경희가 안아야 할 책무입니다. 경희의 가치와 비전이 담길 'Global Eminence 2020'과 그 윤리적 토대를 이룰 '미래협약'이 그 노력의 중심에 섰으면 합니다.

오늘도 경희는 경희의 미래를 찾아 나섭니다. 약동하는 미래를 꿈꿉니다. '소통과 화합' '배려와 존중'의 대학 문화와 함께 미래를 향한 힘찬 도전이 새롭게 출발하길 기원합니다.

즐거운 연말연시 보내시기 바랍니다.

현실의 두 얼굴, 희망을 깨우려면

우리는 한 해를 보내면서 '다사다난(多事多難)'이란 말을 하곤 합니다. 일도 많고 탈도 많던 한 해를 뒤돌아봅니다. 그리고 새해를 바라보면서 서로 새 희망을 나눕니다. 가족, 친지, 지인과 함께 그런 말들을 나눕니다. 우리에게 친숙한 오랜 풍습입니다. 풍습이어서인지, 좀처럼 잘 묻지 않는 물음이 있습니다. 왜일까? 왜 우리는 한 해를 보내면서 이런 말들을 서로 나누게 된 것일까?

아마도 지구상 온 인류가 함께 만든 삶의 모습엔 긍·부정의 정서가 교차하는 수많은 일들이 벌어지기 때문일 것입니다. 즐거웠던 일. 감사했던 일. 희망을 담아냈던 일. 그리고 그런 일들의 이면에 있는 인간의 또 다른 정서, 근심과 고뇌, 슬픔과 고통을 마주했던 일. 우리는 그런 일들이 교차하는 것이 삶 그 자체라는 것을 인식하면서 또 다른 희망을 말하게 됩니다.

2013학년도 학위수여식 졸업식사, 2014년 2월.

여러분은 졸업을 앞둔 지난해 어떤 생각을 하셨는지요? 사회 진출을 앞두고 많은 생각이 교차했을 것입니다. 겪어 보지 않은 미래에 대한 불안과 번민. 혹은 설렘. 사회와 주변에 대한 긍·부정의 인식과 도전의식. 마음을 구성하는 여러 정서와 함께, 새 출발을 위한 희망의 지향을 세우셨을 겁니다. 그러나 또 다른 편으론 그런 마음을 오래도록 간직해 가는 것이 결코 쉬운 일이 아닐지 모른다는 우려도 했을 겁니다. 치열한 삶의 현실이 더 나은 자신을 향한 도전에 걸림돌이 될 수 있기 때문일 것입니다.

오래전 어느 사회철학자는 이런 말을 했습니다. 인간은 "그가 먹는 것, 그것에 부수하는 존재다." 장구한 세월 동안 진화의 대서사를 써 내려온 인간. 파란의 대서사와 함께 생존의 역사를 만들어 온 인류. 그런 가운데 인간사 모든 것은 결국 생존과 그에 따른 문제에 귀속된다고 합니다.

또 다른 이는 이 현실의 현대적 의미를 이렇게 전합니다. "생존과 번영의 사회적 조건에 길들여진 우리는 나와 너의 다양한 개성과 가치에도 불구하고 '전략의 늪'에 빠져든다." 농익은 현대의 경쟁 체제. 그 체제로 빠져들게 되면서, 생존경쟁이 대중적 삶의 현실로 자리 잡게 됐다고 합니다.

현대를 살고 있는 우리 모두는 이런 뿌리 깊은 삶의 조건으로부터 자유롭지 못합니다. 생존과 그에 부수하는 삶을 넘어 또 다른 가치를 추구하고 싶지만, 현실은 '생존 그 자체에 충실하라'는 지상명제를 반복해서 들려줍니다. 현대사회의 정치는 경제를 먹고 자랍니다. 경제는 우리의 삶과 일상을 조직합니다. 교육과 문화 역시 더 나은 생존과 번영의 조건에서 자유로울 수 없습니다. 그런 가운데 우리는 날로 치열해지는 사회의 경쟁 논리에 깊이 빠져드는 자신을 발견하게 됩니다. 삶의 깊은 성찰은 뒤로한 채, 생존과 번영의 세파에 나를 맡겨야 하는 것이 오늘이 시대의 자화상일지 모릅니다. 이것이 다사다난한 현실에서 또 다른 희망을 매년 거듭 말해야 하는 이유일 것입니다.

지난해 우리는 시대의 거인을 잃었습니다. 넬슨 만델라가 영면에 들었습니다. 만델라는 아파르트헤이트에 맞서 치열한 투쟁적 삶을 이끈 분입니다. 27년간의 투옥 생활. 자유와 진실을 향한 끝없는 분투. 그런 삶을 살다 가셨습니다. 많은 일화도 남겼습니다. 그중 흥미로운 것이 하나 있습니다. 'Invictus(우리가 꿈꾸는 기적: 인빅터스)'란 영화에 담긴 대통령 만델라, 인간 만델라 이야기입니다.

만델라는 1994년 남아프리카공화국 대통령에 취임했습니다. 취임 후 그에게 주어진 수많은 국정 과제가 있었습니다. 무엇보다 침체를 거듭하던 경제문제가 우선 과제로 떠올랐습니다. 그러나 그가 주력했던 것은 그 문제가 아닙니다. 흑백 갈등, 왜곡된 정치 현실을 헤쳐 갈 수 있는 마음과 정서 문제였습니다. 취임 후 만델라는 럭비 월드컵 준비에 관한 보고를 받았습니다. 참모들은 백인 위주의 명문 럭비팀을 새 정부 권력체제에 맞게 일신해야 한다는 제안을 했습니다. 만델라는 거부했습니다. 백인의 마음을 편하게 해야 한다고 했습니다. 갈등 해소를 위해선 백인의 정체성을 뿌리 뽑는 게 아니라 "절제"로 응해야 한다는 말을 전했습니다. 그의 그런 생각은 집권 내내 이어졌습니다. 자신이 지은 죄를 국민 앞에 밝히고 화해를 구하는 정적에게 관용을 베풀었습니다.

만델라의 용단. 어떻게 내려진 것일까? 영웅 이야기는 범접하기 쉽지 않습니다. 의식과 마음 세계가 깊고 넓기 때문입니다. 그러나 그 기저엔 주어진 현실을 다르게 사유하고 행동하는 양심이 있었을 것이란 생각을 해 봅니다. 그리고 영웅뿐 아니라 일반인의 모습에서 그 역량을 발견할 수 있다면, 우리는 더 큰 희망을 말할 수 있을지 모릅니다.

인간은 주어진 현실 너머 세계로의 탐색과 도전을 거듭해 왔습니다. 그것이 인간의 모습입니다. 역사 변화는 늘 그런 사람과 함께했습니다. 끝없는 창조의 미래를 향해 발걸음을 옮긴 사람이 변화를 일궈 냈습니다. 어제의 현실은 그래서 오늘의 현실이 아닙니다. 오늘의 현실은 또 내일의 현실이 아닐 것입니다. 다르게 사유하고 행동하며, 더 나음, 더 온전함을 지향했던 것이 인류의 변천사입니다. 세속의 가치를 넘어 또 다른 희망을 구하던 삶의 모습에서 인류의 위대함이 탄생했습니다. 해마다 '다사다난'을 말하며 또 다른 희망을 꿈꾸는 우리. 그 인간적 현실에서 더 큰 변화의 단초를 이끌어 낼 수 있을지 모릅니다.

몇 해 전 지인 한 분이 책 한 권을 건넸습니다. 〈우주 알의 균열〉이란 책입니다. "우주라는 알에 금이 가 있는 현상"에 주목해야 한다는 내용을 담고 있습니다. 이 책이 주목하는 우주란 실재를 의미합니다. 존재 그 자체를 말합니다. 하지만 우주는 존재인 동시에 인간이 만든 개념입니다. 그 작위적 개념 안에서 우리는 우주의 시작과 끝, 끝과 시작을 논합니다. 역동의 인과(因果)를 말합니다. 그러나 그 '우주적 실체'엔 '금'이 있을 수밖에 없습니다. '금' 사이로 드러나는 무한의 세계는 인간이 아직 다다르지 못한 미도(未到)의 세계, 알지 못하는 미지(未知)의 영역입니다.

현실을 논할 때도 우리는 같은 논리를 생각할 수 있습니다. 너와 내가 서로 공유하는 공통의 생각세계. 그것을 우리는 흔히 현실이라 부릅니다. 그러나 공유된 생각은 현실의 전모가 아닙니다. 우주의 균열처럼, 우리가 있는 현실에도 균열과 틈이 있기 마련입니다. 그 틈, 틈 밖의 무한세계로 도전해야 하는 것이 인간의 '참현실'일 것입니다.

여러분이 지난 세월 학문을 닦아 온 경희도 바로 이 현실의 연장선상에 서 있습니다. 단단해 보이는 기성 현실의 틈을 찾아, 틈 밖의 또 다른 현실을 지향해 왔습니다. 그 지향의 한가운데 "문화세계의 창조"가 있습니다. 우리에게 주어진 현실이 관념으로 나뉘든, 편견으로 나뉘든, 아직 온전히 알지 못하고 도달하지 못한 인간의 양심과 가치, 문화의 세계를 거듭 찾아 나서자는 것이 경희의 정신세계입니다. 그 세계에 의지와 실천을 담아내자는 것이 경희의 역사이자 전통입니다.

이제 여러분은 사회라는 현실에 첫걸음을 내딛습니다. 기성화돼 있는 현실은 앞서 말했듯이 생존과 경쟁의 바다로 이뤄져 있다고들 합니다. 이에 따른 갈등과 대립이 삶 그 자체라고 합니다. 그러나 생존과 경쟁, 그에 부수하는 사회현상만을 반복해서 말한다면, 우리는 10년, 50년, 또 100년, 1,000년 후에도 똑같은 현실을 마주하게 될 것입니다. 우리가 매년 '다사다난'을 말하고, '새 희망'을 되풀이해 말하는 까닭은 우리가 원하는 미래를 현실로 전환하기 위해서일 것입니다. 만델라의 용기. 우리 모두에 내재된 다르게 사유하고 행동할 수 있는 역량. 현실과 이상의 틈에서 열린 인간의 문화세계를 이루려는 꿈. 이 용기와 역량, 꿈과 희망이 어려운 현실을 헤쳐 가야 할 졸업생 여러분께 다소나마 힘이 됐으면 합니다.

끝으로 여러분의 앞날에 경희인 모두의 힘을 담아 응원을 보내면서, 경희의 출발을 알린 "문화세계의 창조"에 관한 말을 덧붙이고자 합니다. "문화세계의 창조"는 1951년 출간된 설립자의 저서 〈문화세계의 창조〉에서 비롯됐습니다. 이 책은 그 철학적 기초를 이렇게 전합니다.

> '우리는 인류의 복리를 위해 진심, 진력하는 동시에 전체의 이익을 배반하고 … 자신의 이익만을 추구하는 … 주의, 주장을 경계해야 합니다.' '세계는 인간을 세우는 문화주의로 전환할 때 진정한 민주주의를 실현할 수 있습니다.'….

현실엔 두 얼굴이 있습니다. 시대사조와 자신의 아성(牙城)에 갇힌 현실. 인간과 우주, 미래로 열린 현실. 이 두 가지 현실이 공존하는 것이 '오늘의 현실'입니다. 무엇을 선택할지는 우리의 몫입니다. 그 몫에 대한 인간의 책무를 다할 때, 우리는 더 큰 희망을 말할 수 있습니다.

졸업생 여러분. 경희의 전통과 함께 더 큰 희망, 더 큰 미래의 주역이 되길 축원합니다.

혼돈의 문명세계, 전환의 정치세계

오늘은 뜻깊은 날입니다. 유엔 세계평화의 날 35주년입니다. 자리를 함께해 주신 내빈 여러분, 감사와 환영의 인사를 드립니다. 영상 메시지를 보내 주신 반기문 유엔 사무총장님, 감사합니다. 부다페스트클럽(The Club of Budapest) 어빈 라슬로 회장님, 로마클럽(The Club of Rome) 로베르토 페체이 부회장님, 세계예술과학아카데미(World Academy of Art and Science, WASS) 아이토르 후르훌리노 드수자 회장님과 회원 여러분. 함께하게 돼 영광입니다.

지난해 연말, 파리에선 특별한 일이 있었습니다. 에펠탑에 "섭씨 1.5도"란 전광 글씨가 불을 밝혔습니다. 유엔 '기후변화에 관한 정부간 협의체'는 역사적인 순간을 맞았습니다. '1850년 산업화 이전 시기에 비해 지구 기온 상승폭을 섭씨 2도 훨씬 아래로 억제하고, 1.5도로 막기 위해 노력한다.' 세계 195개국이 서명한 '파리 협정(Paris Agreement)'이

유엔 제정 세계평화의 날 35주년 기념 Peace BAR Festival 2016 기념사, 2016년 9월.

선포됐습니다. 수천여 명이 운집한 회의장은 감격과 환호에 휩싸였습니다.

'감격과 환호의 회의장.' 그럴 만한 이유가 있었습니다. 지난 반세기여 국제사회는 기후변화에 관한 수많은 보고서를 내놓았습니다. 지구촌이 뿜어내는 과도한 탄소가 지금 인류를 위협하는 기후변화의 주원인이란 분석을 내놓았습니다. 그러나 '기후변화는 현실이다' '그 현실은 인류가 뿜어낸 탄소에 기인한다'는 과학적 분석이 합의를 이루기까진 '고난의 시기'가 있었습니다. 헬싱키와 오슬로에서, 리우와 교토에서, 몬트리올과 코펜하겐에서 치열한 논쟁과 갈등이 거듭됐습니다.

왜 이토록 험난한 여정인가? 답은 생각보다 단순합니다. 산업문명과 소비의 욕망, 그리고 세상의 현실정치가 다가올 미래를 부차적으로 돌렸기 때문입니다. 개인과 사회의 경제성장 논리, 자국 우선의 정치 논리가 오랜 '이견과 갈등, 현실 안주'의 지루한 시간을 만들어 냈기 때문입니다. 파리 협약은 그런 배경에서 태동됐습니다.

파리 기후협약 사례가 보여 주듯이 서로 다른 이익과 관점이 충돌할 때 합의를 이뤄 내는 것은 결코 쉬운 일이 아닙니다. 그 합의가 우리 모두의 '공동선'을 위한 일일지라도 힘겨운 노력과 투쟁의 역사는 되풀이됩니다. 때로는 협상과 로비가, 때로는 술수와 허위 정보가 수반되는 것이 오늘의 현실입니다. 지구사회를 위협하는 또 다른 난제들도 이와 크게 다르지 않은 것 같습니다.

근래 들어 우리는 이런 경고를 자주 듣습니다. '매장된 화석연료가 머지않아 고갈된다.' '바다 어장이 불과 수십 년을 버티지 못한다.' '인류의 식량 위기가 머지않아 도래한다.' '초국적 기업이 수십 년 내 전쟁을 치를 능력까지 갖출 전망이다.' 미래학자, 문명 전망 기관들이 내놓은 이 충격적인 예측이 지금 이 순간에도 머지않은 미래의 현실로 굳어지는 것은 아닌지 우려를 자아냅니다.

오늘 우리는 인류의 미래를 위해 헌신적인 노력을 기울여 온 세 기관과 자리를 함께하고 있습니다. '지구의 유한성'과 '인류 공동 의제'를 깊이 고민해 온 로마클럽. '우주 공간(cosmic plenum)'과 '지구 행성 의식(planetary consciousness)'의 필요성을 일깨운 부다페스트클럽. 과학기술의 오용을 경고하며, 예술 · 과학 · 인문의 '통합적 사유(integrated thoughts)'를 권고해 온 세계예술과학아카데미. 양일에 걸쳐 우리는 현대사회가 마주한 '혼돈의 문명세계'를 논합니다. 지속 가능한 미래를 위해 현실정치가 안고 있는 근원적인 문제를 되짚고자 합니다.

델포이 신전엔 "너 자신을 알라(Know thyself)"라는 경구가 있습니다. 이 문구는 '신(우주)'에 대한 겸손과 신을 향한 인간의 고양 역량을 회복하자는 뜻으로 해석됩니다. 우주 내 생명의 역사와 함께 출현한 인간 의식의 주요 단면을 상징적으로 표현합니다. 동양 고대 철학도 이와 크게 다르지 않습니다. 무궁한 세계 속의 '진아(眞我) 찾기.' '비운 채 있음' '없는 듯 있음(眞空妙有).' 이를 통한 '궁극의 물음.' 그 세계를 향한 삶의 철학이 오랜 기간 전수돼 왔습니다. 우파니샤드와 불교 경전, 유교와 도가의 가르침은 '인간 실상'을 향한 수도와 수련의 의미를 일깨웁니다.

수천 년이 지난 오늘 이 순간에도 고대 철학의 전통은 이어집니다. 그러나 숨 가쁘게 돌아가는 '현대의 일상'과 '생존의 수레바퀴'는 본질적 사유를 부차적으로 돌리라는 메시지를 거듭 보냅니다. '살기 위해 경쟁하라.' '성공 위해 투쟁하라.' 그런 삶의 규준이 현대사회의 '성공과 성취의 문화'를 만들어 갑니다.

세계는 이런 인간 의식의 여정과 함께 기술혁신과 경영혁신, 사회혁신을 단행해 왔습니다. 전례 없는 '산업문명'과 '부 축적의 문화'를 이뤄 왔습니다. 그런 가운데 역사의 중심축인 '정치세계'도 새로운 양상을 띠기 시작했습니다. 지구촌 상호 의존도가 점차 깊어짐에 따라 세계 곳곳의 정치는 "문제는 경제야!"란 '이념 아닌 이념'을 받아들였습니다. 성장경제의 표심을 확보해야 하는 현실정치. 그 정치는, 지역에 따라 정도 차이는 있겠지만, 점차 심화되고 있습니다.

인간은 여느 생명체와 마찬가지로 본능을 가진 존재입니다. 생존과 번성의 본능입니다. 그 본능의 지상명령, 이를 스스로 지켜 내지 못하는 순간 종의 진화는 멈추고 맙니다. 그러나 지구상 모든 생명체에 숙명적으로 다가서는 본능의 세계 외에, 인간은 스스로 '인간됨의 특권'을 부여했습니다. 특유의 정신세계를 열었습니다. 오랜 진화의 여정과 함께해 온 가치의 세계, 의미의 세계, 목적의 세계를 열었고, 더 나은 미래를 향한 또 다른 '정치의 세계'를 지향해 왔습니다.

우리는 지난 세기 기성 정치의 오류와 모순에 항거하면서 대안을 찾아 나섰던 한 정치인을 기억합니다. 어린 시절 하굣길에 하늘로 피어오르는 검은 공장 연기를 바라보면서 감수성을 키웠던 인물입니다. '벨벳 혁명'의 주역 바츨라프 하벨입니다. 하벨은 전체주의 억압에 맞서 자유와 양심의 정치를 말했습니다. '신의 선물'인 자유와 책임, 양심과 도덕의 열린 가능성과 함께 정치의 새로운 가능성을 말했습니다. '진실과 마주하는 삶.' '양심과 도덕에 책임지는 삶.' 거의 모든 것이 조직화돼 있는 억압 체제에서 자유와 양심과 도덕을 고양하는 '불가능의 예술' '초월의 정치'를 갈망했습니다.

인간은 현실을 살아갑니다. 그 현실의 진실은 인식과 해석, 통찰에 열려 있습니다. 그러나 우리는 주변의 규범과 관행에 따라 사유하는 경향을 보입니다. 자신과 타인, 나와 사회의 주어진 관계 속에서 우리가 처한 현실을 읽어 내곤 합니다. 그러나 그 읽어 냄은 결코 온전할 수 없습니다. 의식 형성 과정에 노정된 풀지 못한 과제가 이를 표상합니다. '진정한 나를 확인하지 못하는 나.' '타자와의 관계 너머 존재하는 나.' '개인 너머 존재하는 사회와 자연.' '이 모든 것의 시원인 궁극의 실재.' 우리를 초월해 존재하는 생명의 역사와 자연의 가르침은 우리를 항상 또 다른 '열림의 세계'로 초대합니다. 우리가 읽어 내는 주어진 현실과 고정관념의 지평을 넘어설 것을 주문합니다.

저는 그 인식과 논리의 장벽을 넘어서려는 정치를 '포월(包越)의 정치(politics of transcendental engagement)'라고 말합니다. 인위적 기성 현실의 범주를 넘어 현실의 또 다른 지평을 찾아 나서는 일입니다. 성찰과 소통, 통찰과 공명(resonance of mutual influence)의 지대를 탐색하고 도모하는 일입니다. 자신을 표현하고, 타자와 관계 맺고, 나와 세계, 나와 우주의 열린 의미세계를 찾아 나서는 일. 그 일이 포월의 과업입니다. 우리는 이 과업을 통해 '벗어나고 넘어서고 포괄하는' 사유와 실천의 세계와 만날 수 있습니다. 도래할 미래의 더 많은 가능성을 열 수 있습니다. 인간에게 주어진 현실과 미래는 폐쇄적 현실정치, 서로 빗장을 걸어 잠근 진영정치를 넘어 또 다른 가능성인 초월과 연결의 정치를 찾아 나설 때, 더 많은 가능성으로 다가섭니다.

현대의 첨단과학은 '초연결의 세계(hyper-connected worlds)'를 말합니다. 물리와 의식 세계의 상상의 지평을 넓혀 가면서, 사물과 현상과 생명을 관류하는 과거, 현재, 미래, 그리고 미시와 거시 세계의 초연결성을 탐색합니다. 그 세계에선 모든 구분과 경계가 모호해집니다. 물질과 파동, 정보와 의식, 물리적 현상과 인식이 서로 잇대어져 있는 것으로 인식합니다. 그런 인식의 연장선상에서 주관과 분리, 환원의 맥락에서 조형되는 인간의 현실세계는 작위적이고 제한적일 수밖에 없다는 점을 이 과학철학은 시사해 줍니다.

미래의 정치는 이 점에 주목해야 한다고 봅니다. 초연결의 시대. 서로 촘촘히 연결된 '그 모든 것'의 가능성이 새롭게 인식되는 이 시대엔 성찰과 교감의 가능성을 통해 미래를 내다보는 안목이 필요합니다. 벗어나고, 넘어서고, 포괄하는 실천적 사유와 함께 다가올 미래의 위협을 새로운 가능성의 세계로 전환해 내는 일이 필요합니다. 오늘 자리를 함께하신 어빈 라슬로 박사님의 말씀처럼 새로운 '의식의 지도' '현실(실재)의 지도' 그리고 나아가 '실천의 지도'가 절실한 때입니다.

존경하는 내빈 여러분.

오늘의 현대사회는 유례없는 '소비와 성장의 시대'를 열어 왔습니다. 삶의 편익과 풍요를 위한 더 많은 가능성을 열었습니다. 그러나 이 시대는 또 다른 문제를 야기하고 있습니다. 하나의 예지만, 앞서 말씀드린 '기후변화 문제'입니다. 인공위성이 전하는 황적색 지구의 모습은 더 이상 인간이 거주해 온 지구 행성을 '청록별' '푸른 진주'라 불러야 할지 큰 의문을 갖게 합니다. 인류가 편익과 풍요를 위해 확대 재생산해 온 산업혁명과 그 동력인 화석연료 연소가 지금 인류가 감당하기 힘든 지구 과열 현상을 가속화하고 있습니다. 지구촌 곳곳의 기상이변으로 인한 극심한 가뭄과 홍수. 지구 생명체의 서식지 파괴. 자원과 식량 부족. 이와 같은 지구적 차원의 현상이 심화하는 가운데 인류의 안녕과 평화, 지속 가능성을 위협하는 기아와 질병, 인구 폭증과 같은 인류사회의 난제에 대한 대응이 점차 역사의 뒷전으로 밀려나는 것 같습니다.

이 모든 문제는 우리의 손길을 필요로 합니다. 우리 개개인과 사회, 국가와 국제사회의 시급한 관심과 행동을 청합니다. 그러나 현대의 현실정치는 '고정불변의 현실 인식' '유한 지구에서 무한 성장'의 신화를 이어 가고 있습니다.

'현실의 진실.' '진실의 현실.' 그 내막을 깊이 들여다보는 일은 시대의 과업입니다. 새로운 열린 사유의 정치가 그 어느 때보다 필요한 때입니다. 눈앞 과제에 경도된 정치, 경제와 성장, 나라 안 정치 현실의 눈으로 거의 모든 것을 바라보는 현실정치를 넘어 지속 가능한 미래를 위한 꿈과 희망을 담아내는 '전환의 정치'가 시급해 보입니다. 이런 일들을 이루려는 노력은 '혼돈의 문명세계'를 미래세대로 넘겨주지 않으려는 기성사회, 기성세대의 최소한의 책무일 것입니다. 또 우리가 오늘 이 자리에 모인 이유이기도 합니다. 양일간 펼쳐질 '열린 대화'가 문명사적 혼돈의 원인과 처방을 밝히는 성찰과 모색의 장이 될 것이라 믿습니다.

감사합니다.

탈진실의 시대, 학문과 평화의 길

1949년. 경희의 역사가 시작된 해입니다. 1년 후인 1950년. 한국전쟁 발발과 함께 경희는 피란길에 올랐습니다. 부산 동광동에서 첫 캠퍼스 시대를 열었습니다. 자그마한 판자 교사 3채. 재학생 120여 명. 교직원 다섯 분. 그것이 시작이었습니다.

이제 70년이란 세월이 흘렀습니다. 많은 변화가 있었습니다. 전쟁의 총성과 포화로 폐허가 돼 버린 한반도. 모든 것이 힘겹기만 했던 신생 대학. 그 어려움 속에서도 경희는 경희만의 역사를 써 내려왔습니다. "의지는 역경을 뚫고, 협동은 기적을 낳는다." 설립에 깃든 신념처럼 무에서 유를 창조했습니다. 경희의 변천사를 써 내려왔습니다.

이 역사의 배경엔 경희 정신이 있었습니다. '대학다운 미래대학 건설'을 위한 소명의식이 있었습니다. 교가는 그 시절의 다짐을 이렇게 노래

경희대학교 70주년 기념식 기념사, 2019년 5월.

합니다.

온오한 학술 연구 온갖 노력 바치고
변전하는 세계의 진리를 연구하여
문화의 상아탑을 쌓으려는 젊은이 …
인류 위해 일하고, 평화 위해 싸우세 …

'진리 탐구를 통한 문화세계 창조 70년.' '학문과 평화 70년.' 이 모두 지난 세월 경희가 함께해 온 남다른 가치입니다. 경희인 모두의 헌신적 노력의 결과입니다.

이제 개교 100주년을 바라봅니다. 학문과 평화를 위한 '대학다운 미래 대학 건설.' 그 꿈과 포부를 간직한 채 경희는 오늘도 한 걸음 한 걸음 나아가고 있습니다.

그간 경희인이 함께 이룬 성취를 돌아보면, 미래는 더 크게 열릴 수 있습니다. 무에서 유를 창조했듯이 빛나는 역사를 쌓아 갈 수 있습니다. 뜻을 세우고 힘을 모을 때, 우리는 지금보다 더 멋진 미래, 학문과 평화의 전당을 이룰 수 있을 것입니다. 그러나 그렇게 되기까지는 넘어야 할 산도 있습니다. 시대의 드센 변화의 물결이 도전적 창조를 기다립니다.

2년여 전 일입니다. 옥스퍼드 사전이 '올해의 단어'를 선정했습니다. '탈진실'이란 단어입니다. '내가 보고 싶은 대로.' '믿고 싶은 대로.' 객관적 사실이나 진실보다는 자기 편향의 해석과 판단에 따라 행동하는 현상이 점증하면서 사람들은 '탈진실'이란 용어를 많이 찾았다고 합니다.

그 원인을 저는 두 가지로 봅니다. 하나는 우리가 사는 현실의 '뿌리 없음'에 대한 믿음입니다. 이념의 종언, 역사의 종언, 신의 종언, 인간의 종언과 같은 '탈담론'이 확산되면서 기성 정치에 관한 믿음이 점차 쇠락의 길을 걸어왔다는 점입니다. 또 다른 원인은 정치가 표방해 온 정치 질서의 정당성에 관한 것입니다. 지난 세기를 풍미한 이념과 진영정치. 그 정치가 내세우는 국익과 보편, 공익과 가치. 거듭되는 정치 변동에도 불구하고 균열의 현실정치는 폭넓은 사회적 공감과 합의를 상실한 채 신뢰의 기반을 약화시키고 있다는 점입니다.

이런 시대의 흐름과 함께 세계 도처에서는 포퓰리즘이 다시 고개를 들고 있습니다. 미래를 냉철하게 내다보는 엄정한 사유보다는 대중의 마음을 사로잡는 정치가, 조화와 수렴을 이루려는 안목보다는 정략과 술책이 대립과 갈등의 불씨를 키웁니다. 이와 같은 시대의 현상은 오늘을 살아가는 우리에겐 충분히 위협적인 것입니다. 나라의 미래보다는 눈앞 이익이 현실을 지배하는 경향을 보입니다. 유럽과 미주에서, 아시아와 중동에서. 우리는 지금 그런 시대의 기류를 피부로 느낍니다. '탈진실의 정치.' 그 역사의 흐름과 함께 세계는 지금 표류하고 있습니다.

그러나 안타깝게도 우리가 마주한 현실은 그것이 전부가 아닙니다. 표류하는 기성 정치의 세파와 함께 삶의 근원을 흔드는 또 다른 국면이 미래를 위협하고 있습니다. 기후변화에 얽힌 이야기입니다.

최근 들어 과학자 대다수가 기후변화의 심각성을 말합니다. '기후변화는 현실이다.' '인간의 산업 활동에 기인한다.' 요즘 연이어 나오는 수많은 기관 보고서와 연구 결과는 또 이렇게 전합니다. '1850년 산업화 시기를 기점으로 지구 평균기온이 섭씨 0.5~1도 더 오르면 '걷잡을 수 없는 기후변화'를 피할 수 없게 된다.' '극한의 기상이변으로 인간을 포함한 지구상 거의 모든 생명체가 존재의 위협에 직면할 수 있다.'

산업화 이전 시기에 비해 지금 이미 1도 오른 상태입니다. 이로 인해 전례 없이 드세진 열파와 가뭄, 폭풍과 홍수, 해수면 상승과 같은 기후변화의 여파가 지구촌 곳곳에서 일어납니다. 또 다른 기후학자들은 지금 북극을 예의 주시하고 있습니다. 그 지역의 얼음이 녹아내리면 지구 행성의 기후 체계는 변곡점을 넘어설 수 있기 때문입니다. 2017년 니니스퇴 핀란드 대통령이 트럼프 대통령을 만났을 때 "북극을 잃으면, 지구를 잃는다(If we lose the Arctic, we lose the globe)"라고 했던 이유입니다. 이로 인해 지구 온도가 순식간에 2~3도 더 오를 수 있습니다. 지구 행성의 사계절 온도를 적절히 조절하던 얼음이 사라지고, 영구동토층과 해저에 매장돼 있는 엄청난 양의 메탄이 해수로, 지상으로 방출될 수 있습니다. 메탄은 10년을 기준으로 이산화탄소보다 수백 배의 온난화 효과를 갖습니다.

구테흐스 유엔 사무총장은 지난해 매우 강경한 어조의 메시지를 발표했습니다. 이례적인 신년사에서 세계를 향해 "적색경보"를 울렸습니다. 또 다른 자리에선 인류는 지금 "벼랑 끝에서 심연을 내려다보고 있다"는 다급한 심경을 전했습니다. 유엔에 따르면, 인류는 2020년까지 경로를 바꿔야 합니다. 2030년까지 탄소 배출량을 거의 절반으로 줄이고, 2050년엔 탄소 중립을 이뤄야 합니다. 말 그대로 다급한 상황입니다. 기후학자들이 '세계대전과 같은 전폭적인 대응체계'가 지금 당장 필요하다고 말하는 이유입니다.

그러나 세상의 정치는 좀처럼 적극적인 대안을 내놓지 않습니다. 오히려 국제사회 일각에선 '기후변화는 거짓이다' '자연현상에 불과하다' '경제 이익을 누리려는 세력의 음모다'라는 목소리를 키웁니다. 그런 가운데 많은 나라들이 2015년 파리 협약에서 스스로 약속한 탄소 감축량 절반에도 훨씬 못 미치는 약속만을 이행하고 있습니다. '숨겨진' 북극 빙권의 천연자원을 찾아 자국의 경제성장을 위한 추가 자원을 경쟁적으로 찾아 나섭니다. 탈진실의 그림자. 세계의 과학자 대다수가 인정하는 기후변화의 심각성이 거부되는 현실이 오늘의 현주소입니다.

조지 웰스는 지난 세기 초 이런 말을 남겼습니다. '미래는 교육과 재앙의 경주에서 누가 승리하는가에 달려 있다.' 훗날 어느 과학철학자는 이 말에 빗대서 이 시대의 난제를 이렇게 말합니다. '미래는 새로운 인간 의식과 재앙의 경주에 달려 있다.'

교육과 의식과 재앙. 인류의 미래, 미래세대의 미래를 위해 주목해야 할 시대의 화두입니다. 누구도 원치 않는 지구적 재앙의 가능성, 그래서 개개인의 '실존적 위협'으로 다가설 수밖에 없는 가능성을 줄이려면 전환이 필요합니다. 아주 큰 전환이 필요합니다. 이를 현실로 전환해낼 수 있는 '집단의식과 의지, 새로운 사회적 실천의 지평'이 요구되는 상황입니다. 그러나 현실정치는 기후변화로 인해 초래될 수 있는 '지구적 차원의 식량 위기' '문명 붕괴' '여섯 번째 대멸종'과 같은 학계의 경고에도 불구하고, 여전히 '탄소문명'의 신화를 이어 갑니다. '유한 지구에서 무한 성장'의 정치를 꿈꿉니다.

경희인 여러분. 이 시대에 교육기관에 주어진 과업은 다양합니다. 학생들을 위해 진학과 사회 진출을 성심껏 도와야 합니다. 구성원 복리도 증진해 가야 합니다. 또 무엇보다 이 모든 것의 기본이 되는 학문과 교육의 탁월성을 구현해야 합니다. 그러나 동시에 시야를 넓히는 일도 중요합니다. 위기의 시대를 맞아 미래세대의 미래를 이어 가는 것이 교육기관의 존재이유이기 때문입니다. 성찰과 모색을 통해 우리의 관심을 사회로, 세계로, 미래로 넓히는 것이 이 시대가 요청하는 교육기관의 책무일 것입니다.

오늘 앞서 말씀드린 두 가지 이야기는 우리가 당면한 현실의 부분적인 예입니다. 이외에도 현대사회엔 여러 문제가 있습니다. 생명과 환경, 기아와 빈곤, 불평등과 같은 시대의 난제가 우리의 손길을 기다립니다. 최근 국제사회는 '지속 가능한 미래'를 그 어느 때보다 강조하고 있습니다. 그 말 자체에 주목할 필요가 있습니다. 행간을 읽으면, 우리가 함께 힘을 모아 노력하지 않으면 지속 가능하지 않은 세상이 올 수도 있다는 말입니다. 현대사회, 각축의 경쟁사회에 압도된 삶의 일상. 그 일상만으론 주어진 역사의 과제를 해결하기가 매우 어렵습니다. 전향적이고 전환적인 인식과 실천의 지혜가 필요해 보입니다.

경희학원은 이 시대의 요청과 함께 몇 가지 일에 주력하고자 합니다. 우선 탁월성 추구입니다. 탁월함은 빼어남, 뛰어남, 우수함을 뜻합니다. 또 다른 차원에선 인성과 품성의 존귀함을 뜻할 수 있습니다. 경희학원 산하 아홉 기관이 교육과 학술, 공적 실천 면에서 탁월함을 견지해 세상이 존중하는 사학의 길을 걸을 수 있도록 더 많은 노력을 기울일 것입니다.

두 번째 과업은 문명사적 난제 해결을 위한 노력입니다. 앞서 말씀드린 시대의 과제와 함께 그간 준비해 온 몇몇 분야에 집중하고자 합니다. 기후변화와 양극화, 시대가 요청하는 사회사상 문제에 더 많은 노력을 기울이고자 합니다. 이를 위해 제도를 정비하고, 기금 운용을 준비해 갈 것입니다.

끝으로 학교법인의 책무에 관한 문제입니다. 법인은 정관과 관계 법령이 정하는 법적 책임을 담당하는 곳입니다. 학원의 설립 취지를 계승, 발전시키고 각급 기관의 경영에 관한 주요 사항을 의결합니다. 위기와 기회 요인을 예찰해 기관 운영에 차질이 발생하지 않도록 더 많은 주의를 기울일 것입니다.

경희학원이 추구해 온 "학문과 평화"의 전통은 경희를 위한 것입니다. 동시에 경희 너머 사회와 세계, 미래를 위한 것이기도 합니다. 평화복지대학원 교정엔 "평화는 개선(凱旋)보다 귀하다"는 말이 '평화의 탑'에 새겨져 있습니다. '승리'보다 소중한 '평화.' 이 말은 전쟁과 폭력 없는 평화를 말합니다. 더 넓은 의미도 있습니다. '마음의 평화' '사회의 평화' '인류의 평화'를 아우르는 '인간적인 문화세계' 건설로 더 나은 미래를 열자는 염원을 담고 있습니다. 자신을 위해 성취하되, 어려운 타인을 위해, 우리의 지속 가능한 삶의 터전을 위해 성취를 함께 나누자는 이상을 담고 있습니다.

끝으로 한 철학자의 말을 전하면서 기념사를 마치겠습니다. 한스 요나스는 이렇게 전합니다. '인간 존재로 태어난 우리는 '책임의 윤리'를 지켜야 합니다.' 책임 윤리는 '삶이라는 이름에 합당한 조건'을 '어떤 대가를 치르더라도 미래세대에 넘겨주는 것'입니다. 경희는 설립 이래 그 책임을 위해 노력해 왔습니다. 인간의 인간적인 세상, 지속 가능한 미래를 위해 기여하는 것이 경희가 품어 온 이상향이자 미래향입니다.

그간 경희의 여정에 함께해 주신 모든 분의 노력과 헌신에 깊은 경의를 표합니다. 더 크고 멋진 경희의 미래를 위해 힘을 모았으면 합니다.

'긴급성의 시대,' 희망의 또 다른 지평

새해, 새 아침입니다. 서로의 새 희망을 축원할 때입니다. 어렵고 힘겹던 지난 일들을 뒤로하고, 희망의 미래를 함께 나누는 시간입니다.

지난 연말 서가에서 책 한 권을 꺼내 들었습니다. 이매뉴얼 월러스타인의 〈유토피스틱스〉란 책입니다. 사회과학을 전공하시는 분들은 아시리라 생각합니다. 월러스타인 교수는 30여 년 전 소련을 비롯한 동구권이 쇠락의 길을 걸을 때, 그 역사적 사건을 오래전에 읽어 낸 분입니다. '세상엔 유일 체제가 있다.' '자본주의 세계체제다.' '그 체제에 편입되지 않은 국가체제는 머지않은 미래에 몰락의 길을 걷게 될 것이다.' 누구도 예측하지 못했던 동구권 해체. 소련의 페레스트로이카와 글라스노스트. 그분의 통찰이 시사했던 세계사의 큰 그림입니다. 그런 주장을 펼친 지 20년 뒤인 1998년 출간된 책이 〈유토피스틱스〉입니다. 몇 년 전 이곳 평화의 전당에서 강연을 하셨습니다. 애석하게도 지난 8월

2020년 경희학원 시무식·교례회 신년사, 2020년 1월.

말 유명을 달리하셨습니다. 다시 한번 이 자리를 빌려 깊은 애도의 마음을 전합니다.

〈유토피스틱스〉. '유토피아'란 말을 상기하면 세상에 존재하지 않는 세계가 아닐까 하는 느낌을 줍니다. 현실 너머 존재하는 희망의 세계를 연상케 합니다. 보기에 따라 이 책은 그렇게 읽힐 여지도 있습니다. 책 출간 시점으로부터 수십 년 후인 2020년대 중반과 2050년 사이에 이런 일이 있을 것이라고 말합니다. '억압적 국가체제는 쇠락의 길을 걷게 된다.' '대신 개인과 집단의 자유의지와 비전이 유례없이 고양되는 전환적 국면을 맞게 될 것이다.' 자유로운 세상을 꿈꿔 온 사람들에겐 그 시대의 도래는 크게 반길 일일지 모릅니다. 자유롭게 자신을 표현하고, 서로 의견을 나누고, 함께 삶을 영위하는 일은 예나 지금이나 많은 이들이 꿈꾸는 세상일 것입니다.

그러나 그 책엔 또 다른 내용이 담겨 있습니다. 좀처럼 해결되지 않는 풍요 속 빈곤과 불평등, 국가 간 상업과 지구적 자유경제 이념을 둘러싼 갈등과 대립, 지구가 감당하기 어려운 심각한 환경파괴…. '긴 16세기' 이래 국경을 넘나들며 확산돼 온 자본주의 국가체제가 뿌리 깊은 딜레마의 무게를 감당하지 못한 채 결국 붕괴의 위기에 처하게 될 것이라는 전망입니다.

20여 년 전에 나온 그 전망은 바로 우리가 사는 이 시대 이야기입니다. 전례 없이 확장된 소셜 미디어와 증대된 개인의 힘. 그 힘은 그 어느 때보다 빠른 변화의 조짐을 확인해 줍니다. 그러나 동시에 지금 우리가 겪고 있는 변화의 또 다른 기류는, 앞서 거론된 인류사적 난제와 함께, 문명사적 대혼란과 붕괴를 앞당기는 것은 아닌지라는 우려를 낳습니다.

지난달 스페인 마드리드에 세계 정상들이 모였습니다. 기후변화에 관한 유엔 당사국총회가 열렸습니다. 최근 기후변화를 이 시대의 '결정적 위협(defining threat)' '실존적 위협(existential threat)'으로 규정해 온 구테흐스 사무총장은 예년에 비해 더 강경한 이런 요지의 발언을 이어 갔습니다.

> '기후 재앙은 더 이상 지평선 너머에 있지 않습니다.' '가시권 안에 있습니다.' '우리를 향해 돌진해 오고 있습니다.'

> '다가올 10년.' '기로에 선 우리에게 주어진 선택은 두 가지뿐입니다.' '굴복(surrender), 아니면 희망(hope)입니다.' '마주한 위험을 모른 채 몽유병 환자처럼 돌이킬 수 없는 지점을 넘어서거나, 희망의 경로를 찾아내는 것입니다.'

구테흐스 사무총장은 그 연설에서 '지구온난화(global warming)'를 더 이상 지구온난화라 부르지 않았습니다. '지구 과열(global heating)' 현상이라 불렀습니다. 기후 위기의 도래 이후 오랜 세월 지속돼 온 '과학계의 침묵(scientific reticence)'을 뒤로한 채, 인류가 처한 위기의 실상을 있는 그대로 전했습니다.

기억하실 겁니다. 오늘의 이 상황은 새로운 것이 아닙니다. 몇 해 전부터 유엔을 비롯한 국제사회는 2020년에 주목해 왔습니다. '2020년까지 경로를 바꿔야 한다.' '전환을 이뤄 내야 한다.'…. 그해가 올해입니다. 유엔 '기후변화에 관한 정부간 협의체'는 또 '2030년까지 탄소 배출을 절반으로 줄이고, 2050년까지 탄소 제로(탄소 중립) 에너지 구조를 달성해야 한다'고 강조해 왔습니다. 말 그대로 '혁명적인 목표'입니다.

이런 국제사회의 긴급성에도 불구하고 미 행정부는 결국 파리 협약에서 탈퇴했습니다. 중국과 러시아를 비롯한 많은 나라들도 여전히 기후 대응에 미온적입니다. 우리도 예외는 아닙니다. 의미 있는 진전을 이뤄내지 못한 채, '기후 악당 국가'로 불리는 불명예를 안았습니다. 우리는 2020년 새해를 그렇게 맞이하고 있습니다.

지금 지구촌 곳곳엔 재앙의 조짐이 더 뚜렷해지고 있습니다. 지난해 북극 지역과 유럽과 미주에서, 아마존과 아프리카, 동남아 열대우림에서 수천, 수만 건의 전례 없는 대형 화재가 줄을 이었습니다. 당시 우주에서 바라본 지구는 마치 '불타오르는 행성' 그 자체였습니다. 북극과 남극, 북반구 고산지대는 지난 1만여 년의 간빙기를 통틀어 얼음 총량이 최하를 기록했습니다. 지구촌 곳곳이 해수면 상승과 거대 폭풍우로 물난리를 겪고 있는 동안, 또 다른 지역에선 가뭄과 물 부족, 식량 부족, 정치적 혼란으로 인해 기후난민이 줄을 이었습니다. 20년 단위로 이산화탄소의 80여 배, 10년 단위로 수백 배의 온난화 효과를 지닌 메탄가스도 지금 이 순간 북극의 영구동토층과 해저에서 지표 위로, 수면 위로 솟아오르고 있습니다. 그간 기후학자들이 50~70년 후에나 일어날 수 있는 '최악의 상황'으로 생각하던 일들입니다.

예측을 뛰어넘는 이런 긴급한 현실 속에서, 기후학자들은 언젠가 경험하게 될지 모를 '급작스럽고, 돌이킬 수 없는 기후변화'를 경고하고 있습니다. '거주 불능의 지구'를 초래할 수 있는 '지구온난화의 폭포수 효과'에 주목합니다. '이젠 너무 늦었다' '붕괴의 시점까지 10년이 채 남지 않았다'는 주장까지 나옵니다. 또 지난 몇 년 동안 극심한 여름 열파와 상상을 초월한 대형 들불에 시달렸던 호주 대륙에선 안타까운 일이 일어나고 있습니다. 평생 몰두해 온 연구 활동을 접고, 가족과 함께 이주 계획을 세우는 기후학자들이 늘고 있다고 합니다. 영국에선 '멸종반란(Extinction Rebellion)'과 같은 사회저항운동이, 유럽과 미주, 지구촌 도처에선 분노에 찬 청소년들이 '미래를 훔쳐 가는 어른들의 무책임'에 항의하는 '학교 파업'을 이어 갑니다. 이 모두 지구사회가 맞닥뜨린 오늘의 현실입니다.

'혼돈의 기후 체계.' '지구적 삶의 붕괴 가능성.' 앞으로 수년, 또는 수십 년 내 어떤 미래가 펼쳐질지 누구도 장담할 수 없을 것입니다. 지구 행성과 같은 복잡계의 미래는 기후과학의 예측을 넘어 존재하는 영역일 수 있습니다. 그러나 지금 우리는 과학자들의 분석에 의존할 수밖에 없습니다. 병에 걸리면 병원에 가서 진단을 받고 의사 판단을 따르듯이, 전문가에 귀 기울이는 것이 현실적인 대안일 것입니다. 우리 눈앞에서 펼쳐지는 기후 현실의 위중함을 감안하면 더 그렇습니다. 지난 몇 년간 출간된 권위 있는 보고서와 연구논문들은 이런 분석과 전망을 전합니다. '인간의 산업 활동과 환경 개입이 유례없는 인위적 기후변화(anthropogenic climate change)의 원인이다.' '온난화의 주원인인 대기 중 이산화탄소 농도가 최근 들어 인류 역사 300~400만 년에 걸쳐 최고조에

달했다.' '지금 같은 방식의 경제활동이 지속되면, 머지않은 미래에 '인류문명의 기능적 붕괴' 나아가 지구 행성의 거의 모든 생명체가 사라지는 '여섯 번째 대멸종' 사건을 피할 수 없다.'

그러나 인간은 '희망을 찾는 존재(Homo esperance)'입니다. 필멸의 존재지만 삶과 죽음 사이에서 희망의 지평을 찾아 나섭니다. 그 숙명과 함께 우리는 이제 인간 생존에 위협적인 요인들을 줄여 가야 합니다. 지구에 서식하는 수많은 생명체의 멸종을 막기 위해 획기적인 방도를 찾아 나서야 할 것입니다. 이 모든 일은 엄청난 일입니다. 지레 포기하고 싶은 마음이 앞설 수 있습니다. 그러나 아직은 그 효과와 부작용이 검증되진 않았지만, 일말의 기대를 걸어 볼 과학기술이 전혀 없는 것은 아닙니다. 대기 중 이산화탄소 포집과 태양복사열 관리를 비롯한 지구공학(geo-engineering)에 대한 연구·개발이 진행 중입니다. 탄소문명의 폐해를 줄여 갈 청정에너지 기술도 그 어느 때보다 향상된 상태입니다.

'굴복, 아니면 희망.' 이 절박한 선택지와 함께 펼쳐지는 학계와 국제사회 일각의 고군분투가 희망의 미래로 이어지기 위해선 선결해야 할 또 다른 차원의 과제가 있습니다. 반세기 넘도록 이어진 기후변화의 인류사적 현실을 성찰하면서, 시급히 떠안아야 할 과제입니다.

우선, 위기를 모면할 '역사적 대안의 시급성'에 관한 문제입니다. 우리 모두가 이를 인식하는 일입니다. 그 어느 때보다 지식과 정보, 물적 자원이 넘쳐 나는 '산업문명의 시대' '4차 산업의 시대,' 인류는 왜 목전에 닥친 위기의 실상을 있는 그대로 바라보지 않는 것일까? 그 답은 필연적으로 우리 일상에 대한 성찰을 요구합니다. 일상과 함께해 온 개개인의 실존 양식은 과연 어디를 향하고 있는 것일까? 무엇을 위해 존재하는 것일까? 위기 이후의 시대는 어떻게 전개될 것인가? 우리가 지속 가능한 미래를 원한다면, 개인적 성찰과 모색의 계기를 찾아 나서는 일이 중요해집니다. 눈을 들어 주변을 살피면, 기후 재앙의 실상에 관한 정보와 지식은 넘쳐 납니다. 주의와 관심이 필요할 뿐입니다.

이 점은 또 다른 과제를 부릅니다. 현대인에게 '주어진 사유와 학습, 실천의 틀'에 관한 일입니다. 그것을 넘어설 수 있는 삶의 공간을 찾아 나서는 일입니다. 산업사회, 시장문명이 청하는 사유와 학습 체계. 그 틀의 규범은 '무한 욕망과 성장' '경쟁적 쟁취'에 경도된 삶의 질서를 만들어 왔습니다. 때론 삶의 가치와 의미를 학습할 기회도 주지만, 그 기회는 세파에 밀려 시류 형성에 미미한 역할을 할 뿐입니다. 삶의 가치와 의미, 공유할 미래를 함께 상상하면서 압도하는 현대사회의 지상명령을 헤쳐 갈 대안을 찾는 일이 필요합니다. 인간 존재와 실존이 위협받는 상황에선 이 일에 무게를 싣는 노력이 필수적입니다. 그런 삶의 지평을 열어 가는 것이 미래를 존재하게 하는 일일 것입니다.

긴급성의 시대는 '아주 큰 전환적 노력'을 필요로 합니다. 개인과 시민, 국가와 기업, 국제사회가 체계적이고 포괄적인 준비를 해 나갈 때, 위기에 대처할 수 있습니다. 그런 뜻에서 적지 않은 기후학자들은 '전시와 같은 대응체제'의 필요성을 말합니다. 세계대전 후에 시행된 전후 복구 사업처럼 '기후 비상사태'에 걸맞은 전적이고, 포괄적이고, 협조적인 지구적 차원의 대응이 전개돼야 한다고 말합니다.

이와 같은 과제는 '새로운 정치'의 출현을 필요로 합니다. 현실정치는 사회의식의 저변 없이는 선뜻 나서지 않습니다. 그것이 지구상에서 반세기여 지속돼 온 기후 정치의 교훈입니다. 사회의식이 부재한 상태에선 현실정치는 종전의 작동 방식을 되풀이합니다. 힘과 권력과 이를 위한 세상 읽기에 집착하는 정치의 오랜 관습을 이어 갈 뿐입니다. 새 정치의 흐름은 새로운 사회의식에서 비롯됩니다. 표에 기반한 정치는 사회의식에 민감할 수밖에 없습니다. 그런 점에서 사회는 기후 현실에 더 많은 관심을 기울여야 합니다. 학계는 일반 시민이 이해할 수 있도록 시시각각 변하는 가공할 지구의 기후 현실을 있는 그대로 전해야 합니다. 그 사회적 파장을 말해야 합니다. 그럴 때만이 우리의 미래, 거리로 나선 지구촌 미래세대의 미래를 말할 수 있습니다. '미래를 위한 새 정치.' 개인과 사회, 학계와 국제사회가 진실을 말할 때, 크게 외칠 때, 지금과 다른 정치의 모습을 기대할 수 있을 것입니다.

프랑스의 어느 철학자는 이렇게 말합니다. '인간이 신이 아니라면 인간은 인간도 될 수 없다.' 동서고금의 문학과 철학의 드넓은 세계에서 이따금 세상과 만나던 그 논거는 '전지전능한 신'을 말하는 것이 아닙니다. 저 높은 곳에서 우리의 삶과 행동, 운명을 조정하는 초월적 존재를 지칭하는 것이 아닙니다. 천체물리학이 말해 온 '이 모든 것의 역사' '무의 요동'에 한 걸음 더 다가서게 해 주는 그런 신입니다. 그 삶으로의 가능성을 되새기는 일입니다. 그 일은 저 밖에 있지 않습니다. 우리 안에 있습니다. 우리 안의 편견, 습성의 틀을 넘어서려고 노력할 때, 진리의 세계는 문을 열지 모릅니다. 기후와 문명사적 재앙에 대처하는 우리의 힘을 발견할 수 있을 것입니다. 미래세대의 미래, 인류의 미래는 그런 가능성을 발견해 나갈 때, '성난 야수'가 아니라 '인간과 생명 친화적인 모습'으로 돌아올 수 있을 것입니다.

경희학원은 '변전하는 세계'에서 '진리'를 탐구해 왔습니다. '정신적으로 아름답고, 물적으로 풍요롭고, 인간적으로 보람 있는 세계'를 꿈꿔 왔습니다. 경희는 학술·교육·실천 기관으로서, 우리가 함께 일궈 온 '자연과 세계, 인간적 힘의 조화와 균형을 고양하는 탁월성'을 축으로 또 다른 미래에 도전해야 할 책무를 안고 있습니다. 이 자리에 계신 분들의 열정과 노력이 우리가 마주한 '긴급성의 시대'를 극복하는 힘과 지혜, 또 다른 희망의 원천이 되길 기원합니다. 감사합니다.

연결, 모색, 전환의 지평

졸업생 여러분, 반갑습니다. 여러분은 이제 경희와 함께한 캠퍼스 생활을 뒤로하고 새로운 여정에 나섭니다. 그간 수고 많으셨습니다. 마음 깊이 축하합니다. 학부모 여러분께도 같은 마음을 전해 드립니다. 졸업생 여러분의 배움과 학습의 길을 성심껏 돌봐 주신 교수, 교직원 여러분께도 감사와 경의를 표합니다.

우리는 지금 이례적인 시간대를 지나고 있습니다. 코로나 팬데믹으로 어렵고 힘든 시기입니다. 얼마 전 일입니다. 주말에 영상을 하나 접했습니다. "COVID 첼로 프로젝트, 현을 위한 아다지오(COVID Cello Project, Adagio for Strings by Samuel Barber)"란 영상입니다. 감동적이었습니다. 지구촌 첼리스트 자원봉사자 수백여 명이 모자이크 방식으로 연결된 '화상 공연장'에서 협연을 이어 갔습니다. 시공의 차이를 넘어 장엄하게 울려 퍼진 이 협연은 지금 이 순간 우리가 겪는 지구적 고통을 웅변으로 보

2020학년도 학위수여식 축사, 2021년 2월.

여 주었습니다. 사랑하는 이들과 작별을 고한 분들께 이별의 연주를 헌정했습니다.

누적 확진자 1억 1,000만여 명. 사망자 240여만 명. 지금 이 순간에도 참담한 현실은 계속됩니다. 그런 가운데 우리는 지금 묻고 있습니다. '어디를 향하고 있는 것일까?' '미래는 과연 어떤 모습으로 우리에게 다가설까?'

미래에 대한 예측만큼이나 답은 그 모습을 쉽게 드러내지 않습니다. 팬데믹과 함께 찾아온 불황과 경제위기. 대량 실업과 깊어지는 취업난의 고통. 당연시했던 일상의 실종. 이 모두 시대의 아픔으로, 역사의 비운으로 큰 시련을 주고 있습니다.

10여 년 전 일입니다. 수십만 명의 희생자를 낸 신종 인플루엔자와 금융위기가 국제사회를 엄습했을 때입니다. 어느 원로 학자는 인류가 마주한 위기의 실체를 이렇게 전했습니다. '인류가 겪고 있는 위기는 일과성 위기가 아닙니다.' '우리는 지금 감당하기 매우 힘든 '위기의 쓰나미'를 경험하고 있습니다.'

'위기의 쓰나미.' 무엇이 겹겹이 밀려드는 문명사적 위협의 드센 파고를 이루고 있는 것일까요?

지난 반세기여 세계 지성은 거듭 경고했습니다. 수백 년 지속돼 온 현대문명의 눈부신 성장. 그 성취 이면에 짙게 드리운 어두운 그림자. 성장과 팽창의 사조가 유례없는 풍요의 시대를 열었지만, 도 넘은 환경과 생태 훼손, 양극화와 사회 혼란, 현실정치의 균열이 우리가 감내하기 힘든 삶의 장애를 초래할 것이라는 일관된 경고였습니다. 특히 근래 들어 현대사회의 '탄소문명'은 히로시마에 투하된 원자탄 40만 개의 열량을 연일 뿜어내고 있습니다. 지구 빙권(氷圈, cryosphere)의 광범한 해동과 북극 기류의 붕괴, 극심한 열파와 한파, 예측을 넘어서는 폭우와 폭설 같은 '인간 활동에 기인한 기후변화(anthropogenic climate change)'의 여파가 치명적인 재앙을 만들어 내고 있습니다.

'10년의 미래.' '30년의 미래.' 이 '찰나의 지구적 시간대'가 문명사적 대붕괴 여부를 가름할 결정적 시기라는 관측이 나날이 힘을 얻고 있습니다.

'에너지 혁명을 통해 '탄소 배출 제로'를 만들어야 한다.' '지구상 거의 모든 생명체가 사라질지 모를 '여섯 번째 대멸종'이 한창이다.' '지구 행성 체계가 흔들린다(The state of the planet is broken).' '시간이 얼마 남지 않았다.' 이 모두 마치 '지구 멸망의 날'을 설파하려는 호사가의 말처럼 들립니다. 그러나 이 표현들은 유엔과 교황청, 그리고 권위 있는 전문가들의 최근 현실 인식입니다.

졸업생 여러분.

저는 지금 축사를 통해 암울해 보이는 미래를 말하게 돼 안타까운 마음입니다. 그러나 진실은 공유돼야 합니다. 눈앞에서 펼쳐지는 지구적 현실을 우리는 직면해야 합니다.

시대를 풍미하는 현대의 기성 체제. 그 체제는 그간 '틀의 시대'를 만들어 왔습니다. 과도한 '성장과 욕망의 틀' '왜곡과 정쟁의 틀' '쟁취와 패권의 틀.' 그 틀의 역사를 반복하면서 미래를 향한 위태로운 전진을 거듭해 왔습니다. 성찰적 문제의식도 그간 없던 것은 아닙니다. '유한한 세계'에서 '무한 성장과 팽창의 욕망'을 꿈꾸는 현대사회에 경종을 울린 다양한 지구적 실천이 존재해 왔습니다. 그러나 역사를 반추하면, 역부족이었습니다. 인구와 도시는 과도하게 팽창했고, 생산과 소비, 교역은 나라의 경계를 넘나들며 전례 없이 급증했습니다. 하늘과 땅, 바다로 스며든 탄소 배출량은 상상을 초월합니다. 그런 가운데 야생동물의 서식지는 대량 파괴됐습니다. 사람과의 거리가 전례 없이 줄어들었습니다.

결과는 지금 이 시대가 마주한 팬데믹 상황입니다. 환경과 생태, 기후 체계의 교란과 붕괴 가능성입니다. 양극화에 적절히 대처하지 못한 정치의 균열 또한 시대의 아픔으로 뿌리 깊게 자리 잡았습니다.

예견된 재앙의 미래는 시급히 관리돼야 합니다. 정치의 궁극적 목적은, 근대 현실정치학의 태두 마키아벨리조차 말했듯이, '미래 관리'에 있습니다. 그러나 그 과업을 '권력 의지'에 집중하는 세상의 현실정치가 실행에 옮길 수 있을지 의문입니다. 지난 반세기여 국정 우선순위의 뒷전에 밀려 있던 환경과 생태, 기후 체계의 붕괴에 관한 해법 부재가 이를 말해 줍니다.

정치의 근간을 이루는 우리 의식이 변해야 합니다. 시대의 기류를 이끌어야 합니다. '전환의 지평'에 관한 시민의식, 지구시민의식이 작동될 때, 우리는 그간 당연시했던 '지속 가능한 미래'를 말할 수 있습니다. 국제사회가 다급히 경고를 보내는 '지구적 긴급사태(global emergency)'를 대처해 갈 수 있을 것입니다.

대자연과 인간, 공동체와 개인에 대한 새로운 연결과 모색. 그 길의 정당성을 위해 분투하는 일은 이제 지구시민의 몫입니다. 우리는 지금 일상의 틀을 넘어서야 합니다. 일상과 현실에 충실하되, 새로운 감응성과 함께 그 너머 세계를 주목해야 합니다. 재앙의 시대에 조응하는 공감과 실천을 이끌어 내야 합니다. 내일의 현존(現存)과 실존(實存)을 위한 전환의 지평을 우리 스스로 개척할 때, 미래는 우리와 함께할 수 있을 것입니다. '의식과 실천의 여백'을 우리 스스로 만들어 낼 때, 이 도전적 과업은 가능해질 것입니다.

이를 위해선 세 가지 과업이 중요해 보입니다. 첫 번째 과업은 '생각의 여백'을 우리 삶에 초대하는 일입니다. 눈앞 일상과 현실 너머 무엇이 더 있을까? 어떤 일을 더 할 수 있을까? 이를 상상하는 일입니다. 두 번째 과업은 무한한 '연민의 가능성'을 스스로 품는 일입니다. 타자와 세계의 문제를 주시하면서 나 스스로 발견할 수 있는 수용과 포용의 가능성, 내면의 창조 역량을 이끌어 내는 일입니다. 끝으로 이런 상상과 연민, 연결의 가능성을 통해 '사회적 실천'에 주목하는 일입니다. 이를 통해 미래를 향한 도전과 창조의 실천세계를 펼치는 일입니다.

졸업생 여러분.

경희는 지난 70여 년 '학문과 평화'의 길을 걸어왔습니다. 앞서 낭송된 '눈을 들어 하늘을 보라, 땅을 보라'는 나와 세계, 대자연의 전일적(全一的) 사유의 존재이유를 말합니다. 이미 물질계의 초연결성을 이해하게 된 현대 과학. 우주의 정신성, 정신의 우주적 맥락을 인식하는 오늘의 실천 지성. 이 둘의 결합을 통해 시대의 난제를 풀어 가는 것이 학술기관 본연의 책무일 것입니다. '학문과 평화'의 전통을 이어 온 경희인의 소임일 것입니다.

이례적인 시기를 맞아, 여러분 한 분 한 분의 더 큰 성취가 있기를 기원합니다. 동시에 그 성취가 지구 행성에 거처하는 개인과 인간, 인간과 생명, 생명과 대자연의 현묘(玄妙)한 공존의 길을 위해 존속하길 축원합니다.

희망하는 인간
전환의 길을 묻다

초판1쇄 인쇄 2021년 9월 21일
초판1쇄 발행 2021년 9월 21일

지은이 조인원
펴낸이 한균태
펴낸곳 경희대학교 출판문화원
주소 서울시 동대문구 경희대로 26
전화 02-961-0106~8, 팩스 02-961-0291
설립 1960년 9월 16일 제5-8호
등록 1977년 11월 8일 제6-5호
홈페이지 www.khupress.com
전자우편 press@khu.ac.kr

ISBN 978-89-8222-706-6 (03040)

※ 표지의 작품 사진은 아르날도 포모도로 재단의 허가를 받아 게재했습니다.